OPIUMESSERS DRACHENJAGD
IN ZWÖLF BILDERN

VON
VICTOR MALA

NACHTSCHATTEN VERLAG
2002

Verlegt durch
Nachtschatten Verlag AG
Kronengasse 11
CH-4502 Solothurn
www.nachtschatten.ch
info@nachtschatten.ch

1. Auflage

Herausgeber: Wolfgang Bauer

Lektorat: Anupama Grell
Bearbeitung und Satz: Victor Mala
Umschlaggestaltung: Uli Kollenberg & Anubis/7Sisters, Berlin

Druck: WB Druck GmbH & Co., Rieden
Printed in Germany

ISBN 3-907080-38-6

INHALT

Zueignung

Den hochverehrten mutigen Gefährten,
Die leichten Sinn und Todesmut gezeigt,
Die Ehre nicht noch Haufen Gold begehrten,
Das Herz, wie ich, dem Drachen zugeneigt,
Wir sprechen jetzt, so hört, und laßt uns walten,
Was unsren Träumen ahnungsvoll entsteigt;
Die Herzen fühlt ihr abgrundtief erschüttert,
Vom Todeshauch, der unsren Zug umwittert.*

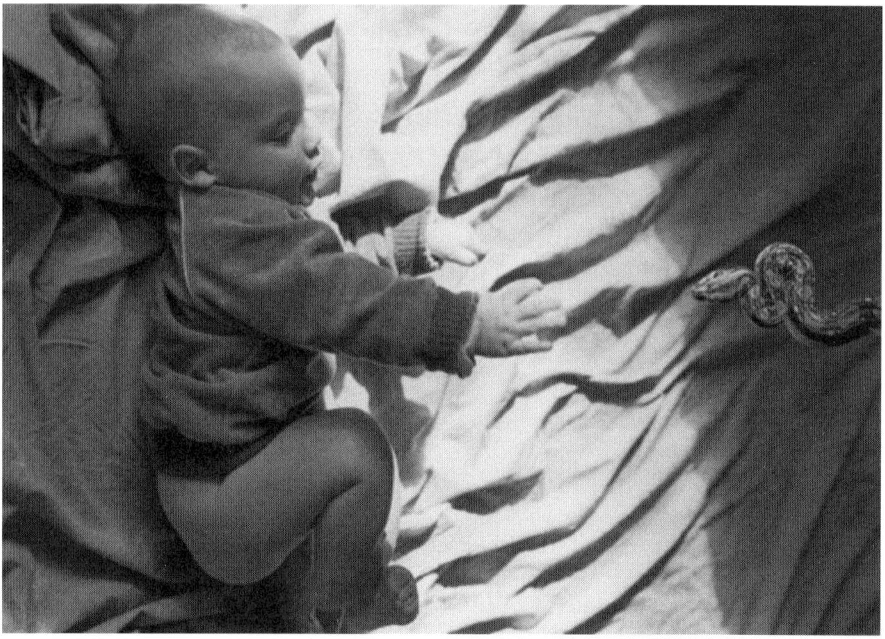

1.
Morgen

Mein Erwachen zu Freud und Leid der berauschten Lebensweise begann vor über dreißig Jahren mit einer Reise zum Anfang der Welt. Damals war ich noch ein mittelmäßiger, vielleicht ein wenig aufsässiger Schüler der Oberstufe des Gymnasiums einer kleinen Stadt und niemand hätte ahnen können – ich am allerwenigsten – daß ich binnen eines Tages, genauer gesagt, während einer Nacht, bei Rückkehr von dieser Reise, um viele Leben gealtert sein würde!
Der Leser wird denken ich scherze, doch ich kann ihm versichern, niemand ist zu Scherzen aufgelegt, der sich auf Drogen einläßt. Um den bitteren Ernst dessen, was ich hier vorzubringen gedenke glaubhaft zu machen, werfe ich das Andenken eines Freundes in die Waagschale, eines guten Freundes, der nun schon einige Jahre tot ist – an den Folgen seiner ausschweifenden Lebensweise viel zu früh gestorben.
Dieser Freund war mein Führer, mein Vergil* durch die Hölle meines Erwachsenwerdens, just zu der Zeit der sogenannten psychedelischen Jahre.
In allen menschlichen Gemeinschaften gibt es einen, der kraft der Autorität seines Alters und seiner größeren Lebenserfahrung dem ganzen Kreis seinen Zusammenhalt schenkt. Und dieser Auserwählte nannte sich Chandra.
Chandra war mein Freund und der Älteste von uns allen. Er war sehr alt, äußerst alt, nämlich beinahe dreißig Jahre alt; wenn er in dreister Unbekümmertheit auszurufen pflegte: ›Besser ein Tag mit Dope aber ohne Geld, als ein Tag ohne Dope aber mit Geld‹, so schafft das über den Stand unserer Lebensweisheit hinreichend Klarheit.
Wie gesagt, Chandra spielte für mich die Rolle des Präzeptors, des Steigbügelhalters, der mich gründlich in die Kunst der berauschten Lebensweise einführte.
Wir hatten uns angewöhnt, auf dem nackten Fußboden zu hocken, ein paar Räucherstäbchen brannten vor einem großen Poster mit dem lässig posierenden Gott aller Raucher, *Schiva**, der anstelle eines leidenden Christus am Kruzifix lächelnd an der Wand hing. Dazu passend kreiste

von morgens bis abends ein qualmendes *Chillum** unter uns Adepten: fünf bis zehn junge Frauen und Männer, die ihre Ausgestoßenheit in fröhlicher Geringschätzung ihr *Drop-out* nannten.
Jeder von uns steckte noch in irgendeiner Ausbildung. Einige studierten, andere gingen zur Schule, um sich auf das Abitur vorzubereiten, und wieder andere wollten Profimusiker werden.
Tatsächlich hatten wir viel wichtigeres zu tun, als trockenen Lehrstoff zu pauken oder den Tag mit schlechtbezahlter Arbeit zu verbringen, wir widmeten uns der Veränderung unseres Bewußtseins und nannten dies: Bewußtseinserweiterung! Nachdem die linke Revolution der sechziger Jahre gescheitert war, suchten wir *uns* zu verändern, vielleicht würde dergestalt auch *die Gesellschaft* in Bewegung geraten. Und in der Tat, die Veränderung zeitigte rasch Fortschritte. Unser Äußeres wandelte sich gleichsam im Schneckentempo, nicht schneller als die Haare wuchsen, die freilich immer länger wurden. Die wirklich rasante Veränderung fand in unserem Inneren statt. Wir *turnten* uns an, das heißt, wir berauschten uns, schwangen uns aufeinander ein und stiegen aus, aus der Gesellschaft ehemaliger Totenkopfträger und breithüftiger, blonder Germanias – so glaubten wir, in Wahrheit wurden wir ausgestoßen.
Heute versteht man die hehren Worte Timothy Learys, *turn on, tune in, drop out* vielleicht etwas besser, da alle Welt ein englisches Kauderwelsch spricht, damals aber gehörten diese Worte noch zur Geheimsprache der Mystiker, der Eingeweihten in den kalifornischen Hippiekommunen oder der *Acid-Heads* um Timothy Leary und Dr. Richard Alpert an der Universität von Kalifornien.
Ich erinnere mich sehr gut, wie ich damals zu dieser eingangs erwähnten Reise aufbrach, das heißt, wie ich meinen ersten LSD-Trip* nahm. Es war ohne Zweifel die einschneidendste Erfahrung meines bis dahin kurzen Lebens. Von einem Tag auf den anderen war ich vollkommen verwandelt, gestorben und wiederauferstanden! Es geschah 1968 – was geschah nicht in diesem Jahr?! – an einer Sonntagnacht im Oktober, wenige Tage vor meinem 18. Geburtstag, als um halb Elf meine Freundin und ich den Entschluß faßten – jedenfalls glaube ich, daß wir einen Entschluß faßten, vielleicht war alles auch so vorbestimmt, im großen kosmischen Plan fest angelegt von Beginn an – wir beschlossen also eine

dieser bunten Pillen zu schlucken, die so phantastische Namen trugen wie *Window Pane* oder *Purple Haze*. Wenn wir zusammenlegten, würde unser Taschengeld gerade ausreichen, einen Trip zu kaufen. Wir teilten uns die winzige Angelegenheit und spülten sie mit etwas Apfelwein hinunter. Nach einer halben Stunde sollte der ‚Spaß' beginnen, so hatte uns ‚der Lange', der Dealer, versprochen – doch nichts geschah. Wir wurden ungeduldig und glaubten uns von dem Langen betrogen. Er blickte ein wenig bekümmert auf unsere strahlenden Kindergesichter herab. Obwohl auch er kaum älter war als wir, so trug er doch etwas Greisenhaftes in seinem Antlitz, die Erfahrungen zahlreicher LSD-Trips standen ihm tief ins Gesicht geschrieben. Mit kummervollem Blick zog er einen weiteren Trip hervor und sagte, eigentlich könne er das gar nicht begreifen, denn gerade diese *Purple Haze*, die er im Augenblick habe, seien außergewöhnlich stark. Doch, weil wir das erste Mal LSD nähmen, da wolle er uns nicht enttäuschen. ‚Aber, Vorsicht!', hob er warnend die Stimme, ‚Diese Trips haben's in sich'. Wir teilten einen weiteren dieser kleinen, blauen Löschpapier-Schnipsel und schluckten mit feierlichen Mienen die Winzigkeit hinunter. Inzwischen war es elf Uhr geworden. Nur noch zwei Stunden bis zur Schließung des Lokals. O du unbekümmerte Jugend! Wir wußten damals nichts, gar nichts über *Acid* – wie LSD auch genannt wird – zum Beispiel, daß ein guter Trip wenigstens acht bis zwölf Stunden dauert. Wahrhaftig eine Ewigkeit für einen, der im Kosmos schwebt, Hölle und Himmel durchwandert aber gewiß mit keinem Bein mehr auf der Erde steht.

Was hatten wir eigentlich erwartet? Gewiß nicht das, was wir bekamen, ein Abenteuer von galaktischen Ausmaßen. Vielleicht zeigte sich darin unsere intuitive Weisheit, denn niemals wurden Abenteuer erlebt, nach denen man verlangte. Kaum hatten wir die zweite Hälfte geschluckt, da fing die erste an sich bemerkbar zu machen. Binnen weniger Augenblicke veränderte sich unser Bild von der Welt auf dramatische Weise. Wir saßen nicht länger in einem rauchigen Kellerlokal, Menschen-überfüllt, von Zigarettenrauch, Apfelwein- und Bierdünsten geschwängert, sondern in einem Blumenparadies, in einem Feen- und Zwergenland, mit dicknasigen Wichten, die im Dickicht einer Waldwiese auf Glokkenblumen schaukelten oder von Grashalmen rutschten, wie von der Rutschbahn auf einem Kinderspielplatz, so fing es an. Ich erinnere mich noch gut an diese ungeheuerliche Veränderung binnen weniger Augenblicke – und dies war erst der Anfang! Was würde geschehen, wenn auch die andere Hälfte des Trips–? Bei diesem Gedanken bekam ich zum ersten Mal eine Vorstellung von dem Grauen, das mich erwartete, weil ich unvorbereitet LSD genommen hatte. Ich fragte mich, irgendwo ganz am Rande meines zu kosmischen Dimensionen aufgeblähten Bewußtseins, wie kannst du diesem Wahnsinn wieder entrinnen? Würde ich jemals zurückkehren von dieser Reise? Plötzlich war alles, was gerade noch so phantastisch, so unfaßbar schön erschienen war, in sein Gegenteil verkehrt: Angst, Horror, Grauen rasten über mich hinweg, wie die drei apokalyptischen Reiter. Ich schrie, ohne einen Laut von mir zu geben:

»O Herr, laß Abend werden!«

Dabei war es doch gerade erst die Morgenröte meines Erwachen, der Anfang aller Erkenntnis. Zeit und Raum gingen gänzlich aus den Fugen. Im Nu war es ein Uhr geworden, ohne daß ich oder meine Freundin sich noch einen Begriff von der Zeit hätten machen können, wie dies gewöhnlich zu geschehen pflegt, mittels zweier Zeiger, von denen der eine etwas schneller läuft als der andere. Zeit besaß für uns, wenn überhaupt, die unerbittliche Realität einer Betonwand, einer verschlossenen Tür! Ich drehte mich in einem riesigen Kaleidoskop tausender von Bildern, war zwischen Himmelhoch und Abgrundtief ausgespannt, wie auf ein Kreuz genagelt. Wenn ich meine Augen öffnete und in die Welt hinausschaute, sah ich vielfarbige Formen, zu sinnvollen Mustern oder Ornamenten geordnet; wenn ich die Augen schloß und nach innen blickte, überfielen mich schillernde Lichträume von unendlicher Ausdehnung, in denen ich mich in Gedankenschnelle fortbewegte. Die Studentenkneipe hatte sich zu einer funkelnd-, strahlend-hellen Grotte verwandelt, mit Rundbögen, korinthischen Säulen, um die sich unzählige Blumen rankten. Die Menschen darin waren zu Zauberwesen geworden mit phantastisch entstellten Zügen: tierhafte Fratzen, schattenhafte Typen, ätherische Wesen... Und dann die Musik! Sie hatte sich ‚atomisiert', jeder Ton war eine Symphonie, jeder Trommelschlag ein ganzes Universum an Rhythmen. Die Äonen von Jahren alte, festgefügte Welt, in der alles seinen vertrauten Platz inne hatte, war zerborsten und in zahllose neue Universen aufgespalten, eines phantastischer als

das andere, ineinander verwoben, auf geniale Weise miteinander in Beziehung stehend und doch auch vereinzelt, in verschiedenen Galaxien hausend, durch Millionen von Lichtjahren leeren Raumes voneinander getrennt.
Meine Freundin war weit entrückt, obwohl sie noch immer auf Tuchfühlung neben mir saß, ebenso fassungslos staunend, in ihren Gesichten versprengt, im Meer ihrer Halluzinationen ertrunken wie ich. Ihr Antlitz verwandelte sich wie eine im Fluß befindliche, gallertartige Masse vieler lachender und weinender Gesichter, im Augenblick noch kindhaft-menschlich war es gleich darauf schon zu etwas zauberisch-greisenhaftem entglitten. Dies alles war entzückend und grauenerregend zugleich. Ich vermochte sie nicht lange anzublicken, denn was ich sah, war furchtbar. Vor allem die Hellsicht meiner Halluzinationen erregte ein Grauen... ein Grauen...
Ganz gleich wie phantastisch die Bilder auch sein mochten, sie enthielten doch den bitteren Kern der Wahrheit. Nichts war bloß Gaukelwerk, über das man lachend hätte hinweggehen können, nein, dies war die ganze, vielschichtige Wirklichkeit, die höhere Wahrheit, wie sie im geheimnisvollen Weben der Atome und Moleküle ebenso gegenwärtig ist wie in den harmonischen Bewegungen der Gestirne und Galaxien, oder im fein abgestimmten Zellenaufbau des Leibes, den endlosen Verwindungen der Eiweißmoleküle. Hier war die Welt zum Zeitpunkt der Entstehung, als jede zukünftige Entwicklung noch in ihrem Keimzustand begriffen war aber schon vollkommen zu erkennen, wie es die Zeit in Milliarden von Jahren einmal ausformen würde. Und ich saß mitten in diesem kosmischen Samenkorn und erblickte die Welt jetzt, hier und zugleich! Es war eine genuin religiöse Erfahrung, eine Wiederanbindung an jenen Zustand vor der Geburt – oder vielleicht vor der Vertreibung aus dem Paradies – und es war entscheidend viel mehr als das, die Unschuld war verloren: Luzifer/Prometheus/die Schlange hatte uns das Fürchten gelehrt, unsere Augen geöffnet und wissend gemacht, das heißt unser Bewußtsein in Flammen gesteckt.
Bis zum heutigen Tag zehre ich von diesen Visionen meines ersten LSD-Trips, wenn Zweifel meinen Glauben an alles Transzendente anfechten wollen, wenn die Wirklichkeit wieder einmal zu banal geworden ist, zu böse und häßlich, zu schmerzhaft und bedrückend, als daß

noch ein Gott der Liebe und der Weisheit darin einen Platz fände.
Das Ende dieser Reise ist schnell erzählt, obwohl die Rückkehr mich hart und schmerzvoll ankam. Der Lange, welcher uns die Trips verkauft hatte, mußte wohl erkannt haben, daß wir in diesem Zustand nicht allein gelassen werden durften. Wir befanden uns auf einer Reise zur Kassiopeia oder zum Mittelpunkt der Erde und hätten niemals den Weg in diese irdische Welt, in der wir unser zu Hause hatten, wiedergefunden. Also nahm er uns bei der Hand und brachte uns zu einem Freund, und dieser Freund war Chandra. Er lebte damals im Rotlichtviertel der Stadt, über einer Kneipe, in einer Zwei-Zimmer-Altbauwohnung, und die einzigen Möbelstücke, über die er verfügte, waren ein paar schmutzige Matratzen. In dieses ‚verwunschene Zauberschloß' führte uns der Lange und dort saßen wir die ganze Nacht. Ich erinnere mich noch gut, in der Sonne des Südens gesessen zu haben, wie sie hell leuchtend über den antiken Säulenheiligtümern aufging. Die Einweihungsstätten der Altvordern durcheilte ich, an den Erweckungsfeiern zu Demeters Ehren in Eleusis nahm ich teil, die verschiedenen Tränke habe ich gekostet und das Gotteskind erblickt in der Vulva der Göttin steckend, Namen, die mir damals noch gar nicht geläufig waren. Wir, die wir auf dem Boden der Altbauwohnung saßen, waren die Adepten unserer Zeit und unsere Einweihung erfolgte ohne Vorbereitung und noch vor der Einweihung ins Leben selbst. Es war der zweite Schritt vor dem ersten und darin lag die ganze Tragik dieser ‚psychedelischen Erfahrung'.
Später, als meine Freundin und ich wieder gelandet, auf den schmutzigen Dielenboden der Studentenbude Chandras zurückgekehrt waren, blickten wir uns fassungslos in die übermüdeten Augen. Wir schienen gänzlich voneinander entfremdet, wie ein altes Ehepaar, das sich nach Jahrzehnten auseinandergelebt hatte. Und doch haben wir gemeinsam noch einen Schwur abgelegt, (den ich, nichtsdestotrotz, schon sehr bald wieder brechen sollte), wir schworen, niemals wieder eine solche Droge zu nehmen. Meine Freundin erklärte mir, sie sei in dieser Nacht mehr als einmal gestorben und hätte sich geschworen, wenn sie jemals wieder erwachen und zur Normalität zurückfinden sollte – was ihr als höchst unwahrscheinlich erschienen sein mochte – dann würde sie niemals wieder eine Droge anfassen. Ich glaube, sie blieb ihrem Gelöbnis wirk-

lich treu, denn sie hat bald darauf geheiratet, wurde schwanger und übergewichtig. Ihr Gemahl, ein vielversprechender junger Mann, ging einer regelmäßigen Arbeit nach und nahm keine Drogen, aus Angst. Auch ich war ängstlich geworden, aber nicht in dem Maße, daß ich der Faszination hätte widerstehen können. Für mich hatte die Reise gerade erst begonnen.
Als unmittelbare Konsequenz dieser ersten, tiefgreifenden Drogenerfahrung zog ich fort aus dem Elternhaus und mietete mit einigen Adepten zusammen ein Haus an, indem wir uns mit großer Ernsthaftigkeit der Veränderung unseres Bewußtseins widmeten. Wir rauchten von morgens bis abends Haschisch und ließen uns mit gelegentlichen LSD-Trips zu den Rändern des Universums tragen, von denen wir manchmal nur mühsam wieder zurückfanden, weil alles so wahrhaftig erschien und die Welt so falsch.

Pre mortem Blues

Des Nachts, wenn ich wach auf dem Zellenboden liege und mich erinnere, was gewesen ist, lange vor meiner Inhaftierung im Karachi Central Prison, da etwas Herbstliches mein Sinnen überkommt und Regen gefallen ist, früh am Morgen und mittags der Himmel aufreißt, Lid, das sich auftut ob der Sonne feuriger Glut und Fäden spinnt zu schwarzen Erdschollen und goldenen Blättern, dann sehe ich, daß der Augenblick nicht mehr ferne ist, fürs Sterben sich zu rüsten.
Glücklich, ohne es zu wissen, lebte ich damals allein, in die Betrachtung der Welt vertieft: unter einen Baum hingehockt, sah und lauschte ich. Das trockene Blattwerk über meinem Scheitel raschelte, eine traumesschwere Zeit, ein Gesäusel der Stille...
Nun aber stehe ich an, auch dieser bitter-süßen Schwere ein Ende zu machen.
Die praktischen Schwierigkeiten sind groß aber nebensächlich. Kein idealer Ort zu sterben, das Gefängnis, noch dazu in einem ›drittklassigen Land‹, wie der S.i.R. zu versichern pflegt, wenn die Rede auf Pakistan fällt. Viel besser mitten im Meer zu ertrinken oder sich in eine

Gebirgsschlucht zu stürzen oder vom 17. Stock eines Hauses (mit der Gefahr, auf einen Passanten mit Hund zu fallen, dieser ist tot, ich selbst nur schwer verletzt!). Dann besser doch bei der Rettung eines Kindes den Flammentod zu finden, gleichsam als Held von dieser Welt zu scheiden – doch an welchem Ort? Wo finden sich die Gelegenheiten? Nein, das Gefängnis ist ein Platz so gut wie jeder andere, um zu sterben, sich auf Nimmerwiedersehen zu verabschieden oder besser noch, ohne Gruß und langes Palaver von der Welt abzutreten.
Frei der leiblichen Hülle zu entschlüpfen, ist das nicht ein Akt des Willens, der bewiese, es gibt sie doch, die menschliche Freiheit, von der soviel die Rede ist? Wenn einer sich selbst umbringt, beweist das wirklich, es war sein freier Wille? Oder sind es doch wieder bloß die Umstände, *die Riesen, genannt Verhältnisse**, welche die Hand geleitet haben, den Faden zu durchtrennen? Auch Selbstmord kann im Plan der Schöpfung inbegriffen liegen, wie ein roter Königsfaden ins Tau des Lebens eingeflochten.
Eine andere Frage, die sich dringend stellt: entweicht der Geist, die Seele mit dem letzten Ausatmen? Ist uns ein ›Danach‹ in einer anderen Welt beschieden oder herrscht nur ein tiefes, undurchdringliches Dunkel, die ewige Nacht? Ich habe lange erwogen, wie ich der Welt diese wichtige Nachricht hinterbringen könnte, zumindest ihr die Richtung anzuzeigen, wenn ich in Kürze... Denn darin liegt doch ein möglicher Vorteil des Freitods vor den unfreiwilligen Sterbensarten, den Zeitpunkt und die Umstände selber bestimmen zu können und damit – nun, vielleicht Bedingungen zu schaffen, welche Aufklärung über jenen ungeklärten Punkt am Ende brächten, was mit uns weiter geschieht.., wohin...? Oder bedeutet Freitod nur, früher das Zeitliche zu segnen als von Natur aus vorgesehen?
Es scheinen am geistigen Horizont der Christenheit blut- und flammenrot einige Bilder und Vorstellungen auf, wie die Hölle wohl beschaffen sein mag, daneben aber kaum mehr als nur ein paar dürre Andeutungen über *unseres Vaters Reich*. Herrscht im Himmel eine jahraus-jahrein andauernde Friedens- und Freudenfeier der Lammfrommen? Oder kommen uns auf Wolken gebettet, zu den Tönen von Harfen und Zimbeln schreitend, die endlosen Reihen der Totenheere vors Angesicht? Werde ich die Möglichkeit haben, auch Platon* und Patanjali*,

Thomas Münzer* und Joseph Conrad* und meinem deutschen Landsmann, Herrn Einstein* begegnen zu dürfen?

»Was ich Sie schon immer fragen wollte, Herr Melville*, ja, Sie, Herman! War das Beet Schlafmohn, das Sie hinter dem Haus Ihres Landguts in Berkshire stehen hatten, war dieser Mohn zur Selbstverköstigung bestimmt? Als Sie den Moby Dick niederschrieben, jenes Universum eines Buches, in dem die Fülle aller schalkhaften Weisheit... kurzgesagt, als Sie diese amerikanische Odyssee schrieben, waren Sie da ...?« Was wäre, wenn der gute Melville die Pfeife aus dem Mund nähme und antwortete:

»Ja, es gibt im Universum ein Element, das den Menschen ein wenig mit seinem Leben aussöhnen kann. Dieses Element hat angeblich der Teufel erfunden, nun wie dem auch sei, es zieht mir die Dornen aus der Seele. Dieses Element kommt von einer Blume, betörend schön und ist angetan mit den Bildern und Träumen eines Märchenerzähler-Bazars, der Bedürfnislosigkeit eines Asketen und dem Sitzfleisch eines alten Säufers. Hier, iß mein Freund, Du kennst den Stoff, es ist ein wirklich gutes Opium.«

Nicht eine wache Stunde hier im KCP vergeht, in der ich nicht ans Sterben denken muß. *Tod, Ende, Finis, das kraftvolle Wort, das die spukhaften Schatten des Schicksals vom Haus des Lebens verbannt**.
Damals, als ich meinen ersten Atemzug tat, damals schon bin ich zu dieser Reise aufgebrochen, ohne zu wissen woher und wohin.

LEBEN, das gelebt werden will, vor dem Sterben.

Ein goldener Tag und erster Frost und ein schneidender Wind von Ost; Graugänse zeichnen ihren Pfeil auf die tiefblaue Himmelskuppel, die Spitze nach Süden zeigend.

›Hört! laßt mich mit euch ziehen!‹ rufe ich zu ihnen hinauf, ›So wie ihr, bin ich von nimmer zu stillender Sehnsucht nach der Ferne ergriffen!‹.

›Quak, quäk..!‹ (Will sagen: ›Die Ferne wird nah, doch die Sehnsucht bleibt. Nähre dich redlich!‹) Das tiefe, makellose Blau des Himmels ist der Lebensraum ihrer wochenlangen Wanderung zur Stätte ihrer Jugend, wo der Sonne mildtätiges Licht, vielfarbig ausgegossen, Wunder über Wunder vollbringt. Allhier indes rundet sich das Jahr und blätterlösend 'schrickt uns ein böiger Wind. Gedanken an den Tod zwingen mich, etwas fürs Leben zu tun. Das kleinste Bemühen, der Schönheit des Kosmos teilhaftig zu werden: Zeuge sein dem Licht und seiner erhellenden Wahrheit.

*Glück ist, nie geboren zu sein...**

An einem Oktobertag vor über vierzig Jahren, im Kreißsaal des Krankenhauses nahe einer großen Kirche, hat mein Leid schon früh seinen qualvollen Anfang genommen: Abwärts, durch den Geburtskanal sich zwängend, in die kalte, damals von keiner Zentralheizung tüchtig erwärmte Welt hinein.
Ein kühler Wind von Ost, fünf Jahre nach dem Ende des Zweiten Weltweiten Totentanzes, wehte garstig um die Ecken in die Trümmer der ausgebombten Stadt hinein und brachte, notgeboren, die Mode der dicken Strümpfe und fadenscheinigen Mäntel hervor. Hochaufgestellte, abgewetzte Kragen, hinter denen, hohlwangig-blaß die Gesichter, der Irrwitz ihres trotzigen Gebarens ein Versteck fand, ungeachtet der Scham in ihren Herzen. Ein Volk beleidigter Leberwürste! Die überlebten Verlierer, eine Nation schmählicher Versager, verdammt weiterzuleben.
Zu früher Stunde, durch die sonntäglich leere Gasse vor dem Krankenhaus, hallten vereinzelt noch Schritte über das Pflaster zur Frühmesse hin. Sie eilten vorbei an den Trümmern und den von Unkraut überwucherten Brandmalen der Stadt. Denn noch gab es in der gelichteten Häuserlandschaft viele dieser schrecklichen Durchblicke, häßlich wie Zahnlücken, Mahnmale gegen das Vergessen. Doch schon wurde fieberhaft gearbeitet, rasch zu vergessen. Menschen mit gehetzten Blicken glaubten, in der ruhelosen Tätigkeit ihrer Hände die Trümmer in den Städten und die Scham in ihren Herzen tilgen zu können. Und die ersten Hoffnungszeichen waren gesetzt, das Vergessen machte Fortschritte. So kam es, daß der Fortschritt zu einem Fetisch wurde.
Die Schreie jenes krebsroten Neuankömmlings im Kreißsaal der Klinik

waren das Kriegsgeschrei eines Siegreichen, denn sein Kampf war gewonnen, der erste Atemzug getan, just als im Osten das Himmelslicht über den Horizont stieg.
Die Sonne hatte in jenem denkwürdigen Augenblick, um sieben Uhr fünf mitteleuropäischer Zeit, ihr gleißendes Antlitz erhoben und die Häuserruinen in ein leuchtendes Blutrot getaucht.
Kein Heer von Astrologen stand ums Bett versammelt, um eilfertig Horizont- und Meridianachse, Häuserspitzen und Planetenstände auf Gradsekunde genau zu errechnen. So wollen wir der Chronistenpflicht genügen und stellen fest, es war der 28. Grad der Waage, welcher aszendierte und just von der Sonne konjunktiert wurde. Auf beiden, Sonne und Aufgangspunkt, lag der unheilvolle Schatten des dunklen Herrschers der Unterwelt, Pluto*, zu dessen Ruhm gerade erst zahllos viele Ehrenmale errichtet worden waren: Gedenksteine und Kreuze für die Toten, wenn ein Lebender sich fand, sie zu begraben. Die segensreiche Macht des unersättlichen Gesellen liegt in dem Reichtum seiner Totenheere, Reichtum, der aus Gräbern erwächst: eine fruchtbare Erde, von 55 Millionen toten Gebeinen gedüngt, ein Füllhorn, das, heute wissen wir, schon über fünfzig Jahre seinen Reichtum über uns ergießt. Pluto, der nahe des Medium Coelis im Löwen kulminierte, stand Aug' in Aug' mit seinem Bruder und Gegenspieler, Zeus-Jupiter*, der dem finsteren Gesellen hellstrahlend vom mitternächtlichen Himmel herauf drohte und in huldvoller Weise einzuschreiten versprach, wenn der schwarze Fiesling aus der Unterwelt, in seinem unheilvollen Einfluß, mich in ein finsteres Loch stoßen würde, auf (un-)absehbar lange Zeit. Die Tröstungen, welche Jupiter dem Eingesperrten schenkt, sind Wissen und Weisheit – wenn auch zu spät.
Zeus-Jupiter erstrahlt wie kaum ein zweites Licht am Firmament, wie ein Edelstein so hell funkelt er zur Mitternacht, weil sein Wesen dem hellen Tageslicht verwandt ist: im Verein mit der Sonne – von ihr überstrahlt, im Rampenlicht des Mittags fühlt er sich am wohlsten. Hier unten aber, zur Mitternacht, im Reich der Weiber am heimischen Herd ist er launig und griesgrämig, weil er niemandem die verschwenderische Fülle seiner Großherzigkeit angedeihen lassen kann. Und da er von seinem Wesen her alles Falsche verabscheut, ist ihm der geborgte Glanz des Mondes ein Greuel. Hier, am unteren Himmel, verkommt

der liebestolle, streitbare Herr der Gelehrsamkeit zu einem gelangweilten Hausvater; von den Weibern umsorgt und verwöhnt, sucht der schweigsame Patron sich an der Ofenglut zu wärmen.
Es war eine Gründerzeit, eine Zeit aufkeimender Hoffnung, das Elend werde überwunden und der Frieden noch ein wenig länger währen, diesmal, wo kein Stein mehr ungewendet auf dem anderen saß. Vielleicht war es abzusehen, daß dieses gedemütigte Volk, gleich dem Phönix aus der Asche wieder erstehen würde; aber gewiß konnte kein noch so gewitzter Sternengucker ahnen, daß aus diesem kleinen quäkenden Bündel, aus diesem menschlichen Keimblatt mit Staubgefäß, ein solcher Taugenichts werden würde – davon abgesehen haftet den männlichen *homo sapiens sapiens** immer etwas ›Überfließendes‹ an, das diese oft genug durch frühen Tod, in unsinnigen Mutproben, Kriegen und sonstigen Opferriten, vor den Augen ihrer Weiber gewaltsam zum Schweigen bringen – es war nicht abzusehen, daß dieser neue Erdenbürger im vierzigsten Jahr seines Lebens Gedanken wie diese in seinem Hirn ausspinnen und niederschreiben würde. Vielleicht hätten Arzt oder Hebamme weniger Mühe auf eine reibungsarme Niederkunft verwendet und irgendein technisches Versagen zum Anlaß genommen, dem Blut- und Fruchtwasserbenetzten Ankömmling, sein erstes quälendes Atemholen zu ersparen. Sie hätten ihm nicht die Mühsal eines Menschendaseins aufgebürdet, von dem einer gesagt hat, *Glück ist, nicht geboren zu sein und früh zu sterben fast ebenso gut**. Und wer, außer der Mutter hätte den Verlust schon betrauert?
Bin ich ihnen und der Mutter dafür dankbar? Sollte ich ihnen dankbar sein, mich ins Leben gezerrt, aus dem feucht-warmen Dunkel ihres Leibes in das trocken-kalte Licht einer Leuchtstoffröhre gepreßt zu haben? Ein Leben, immer dem Tod so nahe, Krankheit, Elend und tausenderlei Gebrechen, Kälte und Hitze ausgesetzt, immer im Glauben an einen besonderen Schutz, einen Stern, den zu besitzen doch nur der Auserwählte sich rühmen darf? Aber worin besteht diese Heldentat, die mich unsterblich machen und meinem Uranos entspringend zum Himmel vieler werden könnte? Ein Gedicht? Ein passendes Wort zur rechten Zeit? Wo ist die Berufung, die jenen ersten Atemzug und die vielen nachfolgenden rechtfertigen, und alle Fehltritte und Sünden, jeglichen Mangel an Klugheit und allen Eigennutz entschuldigen hülfen?

...und früh zu sterben ist fast ebenso gut.

In den guten Tagen macht sich die Todessehnsucht rar und besitzt die Wirklichkeit einer geträumten Spukgestalt. Doch wehe, wenn die schlechten Tage kommen, dann steht das alte Gespenst wieder auf und dominiert das Haus der Grauzellen wie ein gestrenger Zuchtmeister. Die Schwäche vom Vortag, die sich in Lebensmut geäußert hat, ist nur noch eine verblassende Erinnerung, ein verwehender Atemhauch.
Doch bald habe ich alles zusammen, was es braucht, sich, wie's heißt, den Hahn abzudrehen: eine Spritze, ein Feuerzeug, ein Eßlöffel aus Metall... bloß das Wichtigste fehlt noch, das Tausendstel eines Kilos jener pudrigen Substanz, welche die Kraft hat, mir die Pneuma auszutreiben. In Milligramm eingenommen vermag das Teufelszeug ein Wohlbefinden von der allerfeinsten Art hervorzurufen – nicht vergleichbar dem billigen Rausch von Schnaps. Die hervorragenden Eigenschaften des potenten Puders könnten sich als ein Problem erweisen, da die begehrte Droge, sobald sie sich in meiner Tasche befindet, dort keineswegs ruhig verhält, wie ein stiller Gast, sondern ganz frech sich bemerkbar macht, das ‚Zeuch' doch einmal zu probieren, nur ein bißchen, versteht sich – um mir nachhaltig die Schwermut auszutreiben; denn selbst ein Hundertstel Gramm in mich aufgenommen, durch Rauchen oder Schnupfen vertreibt im gleichen Augenblick jeden Gedanken an den Tod. Erst wenn der Stoff zur Neige geht und ich des Morgens in der Latrine hockend die letzte *Linie* vom Papier gerüsselt habe, dann kommt die Todessehnsucht wieder zurück, nur diesmal mit ungleich größerer Macht, denn jetzt gesellt sich dem ‚normalen' Überdruß noch ein besonderer hinzu, ein *turkey** von der allerübelsten Sorte – eine starke Packung nasser, kalter Decken aufs nackte Fleisch. Nun aber fehlt der Stoff, ‚das Auge zuzudrücken', wie die Rede geht.
Bis auf den potenten Seelenmacher sind alle Siebensachen in meiner Tüte, das heißt neben der Zahnbürste liegt die Fixe und Nadel, ein Löffel... Das Feuerzeug, das unabdingbare, um das Pulver in Wasser und Zitronensaft kochend aufzulösen, das Einwegfeuerzeug hat mein Erzfeind S.i.R. mir geschenkt. So stelle ich mir den alten Soldaten jetzt in einer schwarzen Uniform vor, mit einer Mütze auf dem Kopf, dessen Schild ein Totenkopf ziert.

»*Thank you, Sir, very considerate*« eine wirklich menschliche Geste. Für den S.i.R. wäre es vermutlich ganz dasselbe, ob ich auf diese oder jene Weise meinen Platz freimache, nur freimachen sollte ich ihn. Er ist äußerst perfide und einfallsreich, mich aus der Zelle zu drängen, denn er ist eifersüchtig wie ein junges Weib. Die Freundschaft zwischen mir und Fakhri, dem Chef unserer Zelle, schmerzt ihn heftiger, als der Ehebruch seines Weibes je imstande wäre.

Hier, im Karachi Central, sterben im Augenblick nur Katzen. Ihrem Sterben geht oft ein langwieriges Siechtum voraus, manchmal über Wochen, bis eines Morgens unser *Muschakti*, ›Mann-für-alles‹, eine tote Katze unter einem Busch hervorzieht. Auch dieses Bild des ausgehöhlten, struppigen Todes läßt die Hand zögern, nach der Fixe zu greifen und auf sich selbst zu schießen: *bang-bang, shoot-shoot – happiness is a warm gun*... Denn ich weiß, wie sie die tote Katze unter einem Busch hervorholen, so werden sie dich aus der Latrine ziehen, die Fersen durch den schwärzesten Kot, durch den Schmutz niemals ausgekehrter Pfützen schleifend. Zu diesem Zweck werden drei- bis vier *Mukadams*, [›Männer-fürs-Grobe‹], *brick heads*, wie sie wegen ihrer roten Mützen und geringen Verstandesgaben auch genannt werden, diese Grobiane also werden dich an den Armen gepackt aus dem Verschlag ziehen und mit Schwung in die rollbare Blechwanne werfen. Während die Gefangenen eingesperrt in ihren Zellen hocken und an den Gittern kleben, um mit angehaltenem Atem zu erspähen suchen, was passiert ist. Indes flanieren der Arzt und die anderen des *jail-staffs*, einschließlich des Superintendenten, an dem toten *Gora** in der rollbaren Schüssel vorüber, begaffen ihn in seiner Nacktheit, werfen sich wissende Blicke zu und raunen:

»Eine Spritze wurde in seinem Arm steckend gefunden, als sie ihn aus der Latrine zogen.« so werden sie sprechen und daran denken, daß jetzt wieder eine *Jardi*, Zellendurchsuchung fällig sein wird, denn irgendeiner muß dem *Gora* das Pulver verkauft haben.

Zweifellos sind die Umstände, die unabänderlichen Bedingungen in diesem Gefängnis, und hier vor allem der vollkommene Mangel an Abgeschiedenheit, das größte Hindernis, das sich meinem heimtückischen Ansinnen entgegenstellt – heimtückisch gegenüber dem Leib, der bis heute all mein törichtes Handeln geduldig ertragen hat. Unzählige Male schon bin ich in Gedanken die Einzelheiten durchgegangen. Wo zum Beispiel werde ich in einem vollkommen kahlen, dichtbewohnten Raum einen Platz finden, an dem sich in Ruhe ein Schuß aufkochen läßt, ohne nicht wenigstens von zwei Dutzend der drei- bis vierhundert Augenpaare dieser Abteilung gesehen und gleich anschließend verraten zu werden? Und wo kann ich schließlich die letzte Handlung vollziehen: die Injektionsnadel in die Vene stechen, etwas Blut anziehen, um sicher zu gehen, daß die Vene getroffen ist und nicht das Muskcl-fleisch und dann... abdrücken, die wässerige Lösung ein- und das leidige Leben herauspressen – wo und wann?

Glück ist, …
Der Bauer und seine Frau

Die Geschichte einer anderen Geburt, diesmal aus dem ländlichen Sindh*, für deren Wahrheitsgehalt niemand einstehen kann, wenngleich mir allen Ernstes versichert wurde, es habe sich so und nicht anders zugetragen.

Es geschah vor einigen Jahren im Distrikt Larkana, einem Landstrich im Süden Pakistans, in einem Dorf mit Namen Ibrahim Haidri, daß die Frau eines Bauern nach Jahren der Unfruchtbarkeit, in Erhörung der flehentlichen Bitten beider Eheleute, endlich einmal empfangen hatte und Mutterfreuden entgegensehen durfte. Die vierzig Wochen ihrer Umstände verstrichen mit der üblichen Beschwernis, und als die Zeit der Niederkunft nahe war, bat der ängstlich besorgte Mann sein Weib, Jasmin, ihm in die Stadt zu folgen, wo sein Bruder ein großes Haus bewohne und viele Weiber anwesend seien, ihr zu helfen in ihrer Stunde. Hier auf dem Land wäre er ganz allein und wisse ihr keinen Rat. Freilich, es gab eine Hebamme im Dorf Ibrahim Haidri, doch diese war schon alt und halb erblindet.

»Jasmin, meine teure Magd, morgen, in der Frühe, werde ich den Ochsen vor den Karren spannen und mit dir und der segensreichen Frucht deines Leibes in die Stadt fahren.«

Seinem Weib aber gefiel der Gedanke nicht und sie brachte allerlei Einwände vor. Doch hatte sie zu lange schon nach innen gelauscht, auf die Töne ihres Kindes und konnte sich ihrem Mann nicht verständlich machen.

Am nächsten Morgen, noch ehe die Sonne aufgegangen war, bestiegen sie ihren Karren und fuhren den steinigen Weg hinauf, der zu einer festen Straße führte, welche Stadt und Land miteinander verband.

Doch der Weg war beschwerlich und als die Sonne in ihrer allesverzehrenden Glut am Firmament schon hoch über ihren Köpfen stand, daß ihr Glast das Auge schmerzte, da begann das Weib zu stöhnen und bat mit schwacher Stimme ihren Mann, dort im Schatten des Baumes eine Weile zu rasten, ihre Schmerzen seien zu groß und sie fühle von den Stößen und Schlägen des Karrens, wie das Kind in ihrem Leib sich zu regen beginne, gerade so als wolle es schon jetzt ans Licht kommen. Der Bauer, als er diese Worte vernahm, blickte ängstlich zum Himmel auf, als erwarte er von dort sein Unglück nahen und sprach:

»Jasmin, meine teure Magd, ich fürchte in die Nacht zu kommen, wenn wir schon jetzt rasten. Habe noch ein wenig Geduld.«

Also trieb er mit seinem Stock den gemächlich trottenden Büffel tüchtig an, wovon das schwerfällige Tier zwei- drei Bocksprünge machte, daß der Karren noch heftiger über die Steine holperte, um dann wieder in seine alte Gangart zu verfallen. Das Knarren des hölzernen Karrens, das Quietschen der rostigen Achse war laut und der arme Bauer konnte nicht hören, was sein Weib in ihrer Not zu ihm sprach und was sie von ihm begehrte.

Bald darauf kam die Straße in Sicht und das Dröhnen der Überlandbusse und schweren Lastwagen fuhr wie ein Wettergrollen über sie hin. Da jubilierte der törichte Mann und sprach zu seinem Weib,

»Siehe, Jasmin, meine teure Magd, du Trost meiner Nächte, dort fahren die brüllenden Motorwagen, dort ist der Weg in die Stadt. Nun wird alles gut, wir werden einen Sohn haben, dem noch viele andere Söhne folgen werden, welche uns das Brot und den Tee bereiten sollen, wenn wir einmal alt geworden sind. Wir werden ihnen beim Arbeiten zusehen und vielleicht, wenn sie tüchtig sind, in ein neues Haus ziehen und alle Bequemlichkeit darin haben, wie nur der Landlord sie genießen kann. O Weib, freue dich, denn du sollst mir viele Söhne schenken, so wohlgebaut und stark, wie kein Mensch von Ibrahim Haidri sie je zu Gesicht bekommen hat. Sie werden den Erstgeborenen suchen und ihn bestaunen, und alle Leute von Sindh werden seinen Namen hören und sich wunderbare Dinge von seiner Schönheit und Stärke erzählen. Denn wir haben Allah, unseren Herrn viele Jahre lang in unseren Gebeten angerufen, daß er uns mit einem Sohn segnen möge, so groß und stark, wie Muhammad der Prophet selbst, Friede seiner Seele, damit er uns rächen kann für die erlittene Schmach während der Jahre deiner Unfruchtbarkeit.«

Und dergestalt sprach der geschwätzige Mann ohne Unterlaß und hörte nicht das Wimmern seines Weibes in ihrer Not.

In jenem Augenblick aber, da sie auf die Straße einbogen und der Mann in seiner Verblendung glaubte, der große Lastwagen müsse doch stehenbleiben, angesichts des Bauern mit seinem Weib, das den Erstgeborenen in sich trug, da warf der Büffel seinen mächtigen Kopf in die Höhe, rollte die Augen himmelwärts und machte einen verzweifelten Sprung nach vorn, als er den Bus heranjagen sah. Der Karren brach mitten entzwei und der Bauer, welcher vorn auf der Deichsel gesessen hatte, wurde hoch in die Luft geschleudert und blieb in dem Geäst eines großen Baumes hängen, welcher die Wegkreuzung markierte.

Als er nach einer Weile, nur halb bei Sinnen, wieder herabstieg, fand er bereits eine Schar von Menschen um etwas versammelt, das unweit des zertrümmerten Karrens auf der Straße lag. Er trat hinzu, bahnte sich voll unguter Ahnung einen Weg durch den schweigenden Haufen und erblickte zu seiner maßlosen Bestürzung das Weib, das er *Begum** nannte, in ihrem Blute liegen. Die Züge ihres Antlitz' trugen einen Frieden, den sie zu Lebzeiten nie gekannt, wie's heißt. Der Bauer brach neben ihr zusammen, ergriff ihre leblose Hand und schrie:

»Allmächtiger, Du zorniger Gott, was habe ich getan? Mußtest Du mich so strafen?« so schrie er und der Zorn in seiner Kehle, faustdick, erstickte die weitere Klage. Die Umstehenden begriffen nicht gleich und versuchten zu helfen.

Einer, der auf einem Motorrad dahergekommen war, trat vor und sagte, er sei ein *Hakim** und wolle sehen, ob in dem verunglückten Weib noch Leben sei. Er stieß zu dem schreienden Bauern vor, welcher sich über sein sterbendes Weib geworfen hatte. Der Hakim bat ihn, Vernunft anzunehmen und das Geschrei einzustellen,

»Trage Deinen Schmerz mit Anstand, Bruder; und laß mich sehen, ob Deinem Weib noch zu helfen ist.«

Zwei Männer mußten den verzweifelten Bauern schließlich aufheben, damit der Hakim seine Arbeit tun konnte. Doch selbst dieser kühle Mann, der schon viel Leid gesehen und mit Opium zu lindern gewußt hatte, erschrak, als er sah, daß der tote Leib der Frau ein Leben in sich barg, das auf halbem Wege ans Licht stecken geblieben war. Der Heilkundige bat einige der umstehenden Frauen, ihm zu helfen. In aller Eile taten sie, was sie konnten. Die Männer mußten sich abwenden und traten hinter den Bus und rauchten, während der Hakim und einige Frauen schnell und beherzt zugriffen. Und siehe, es gelang das größte aller Wunder, einen lebendigen Knaben aus dem toten Leib der Mutter zu ziehen. Das Kind schrie und weinte der Welt zum Gruß und ihr zum Gefallen. Freilich war das Kunststück im letzten Augenblick gelungen, denn das Kind wäre fast erstickt. Sein winziger, krummer Leib war blau angelaufen, wie auf manchen Bildern die Hindugötter dargestellt sind, und wurde von schweren Händen liebevoll umsorgt und schließlich in ein Tuch gewickelt.

Als man dem Bauern begreiflich gemacht, welches Glück im Unglück sich zugetragen, da trocknete er rasch seine Tränen, schneuzte sich und begehrte ohne Verzug seinen Sohn im Arm zu halten. Und weil er närrisch war, lachte er und schrie vor Freude beim Anblick des schlafenden Knaben. Er nahm das Bündel auf und wollte sogleich den Heimweg antreten, als die Menge hinzutrat und ihn fragte, was er mit dem Kind anzufangen gedenke und was mit dem Leichnam seines Weibes geschehen solle?

»Was fragt Ihr mich? Begrabt sie hier im Schatten des Baumes, welcher mich und das Kind gerettet hat. Ich weiß keinen besseren Ort und habe jetzt wichtigeres zu tun. Mein Sohn muß heimgebracht werden, denn er muß leben, damit er mich rächen kann.«

Die Leute sahen, daß es um die Gesundheit des Bauern nicht gut bestellt war, doch entsprachen sie aus Mitleid seinem Willen und begruben das Weib an Ort und Stelle. Der Bauer eilte mit seinem kostbaren Gut den Weg zurück, den er gekommen war, und obwohl er zu Fuß gehen mußte, wurde ihm das schlafende Kind nicht zu schwer, ja, er nahm sogar manchen Umweg in Kauf, wenn die unbefestigte Fahrrinne zu viele Steine und Löcher in seinen Weg stellte und ihn ins Straucheln brachte.

Als er schließlich in seine armselige Hütte trat und sie leer und verlassen vorfand, keine still und emsig arbeitende Frau mehr vor dem heißen Öfchen hockte und sein Essen bereitete, da wurde ihm das erste Mal so recht deutlich, wie groß der Verlust war, den er erlitten hatte. Von nun an würde er kein zärtlich besorgtes Weib mehr um sich haben, die all seine Not und das bißchen Freude mit ihm teilen konnte. Ein furchtbares Schaudern überfiel ihn, wovon das schlafende Kind erwachte und erst zu jammern und dann ganz entsetzlich zu schreien anfing, daß der Bauersmann in seiner Hilflosigkeit nicht wußte, wie er das kostbare Leben anfassen sollte.

Endlich glaubte der besorgte Mann zu wissen, was dem Kind fehlte: die Nahrung, es hatte gewiß Hunger. Nun aber war der Bauer erst richtig verzweifelt, denn er wußte nicht, wie er das Kind füttern sollte. Er hatte darin keine Erfahrung, dies war stets die Arbeit der Frauen gewesen und kein Mann wurde in der Nähe gelitten, wenn sie ihren geheimnisvollen Tätigkeiten nachgingen. Kurzum, er eilte hinüber in das Haus seines Nachbarn und bat dessen Weib, nachdem er rasch erzählt hatte, was sich zugetragen, sie möge ihm eine Magd geben, die ihm zeigen könne, wie das Kind zu füttern sei. Die Frau und ihre Magd kamen und suchten mit all ihren Künsten dem Kleinen etwas einzuflößen, doch der schwache, winselnde Knabe spie alles sogleich wieder aus, es fehlte ihm die erste Milch aus den Brüsten der leiblichen Mutter.
In der Nacht schließlich lagen sie alle erschöpft, wußten sich keinen Rat mehr und schliefen für eine Weile, als hätten sie schwerste Erntearbeit geleistet.
Es mochte um die Mitternachtsstunde gewesen sein, als die Mutter des Kindes, das Weib des Bauern, lautlos in die Hütte trat. Sie trug noch den blutbefleckten Sari und ihre Haare waren erdverkrustet und nur notdürftig unter einem Kopftuch versteckt. Sie lief zielstrebig, ohne der Schlafenden zu achten, ans Lager ihres Kindes, hob den erwachenden Knaben auf ihren Arm und reichte ihm die prall gefüllte Brust.
Das Kind fand sicher, was es so lange entbehrt und trank gierig die fettreiche, warme Kost.
Am nächsten Morgen, als gegen vier Uhr der Muezzin zum *Fajr-Asaan**, dem ersten Gebet des Tages rief, da erhoben sich die Frauen im Hause des Bauern und fanden den Knaben schlafend und gestärkt in seinem Bette liegen. Die Magd der Bauersfrau erzählte, sie habe in der Nacht einen seltsamen Traum gehabt. Die Mutter des Kindes sei erschienen und habe den Knaben aufgehoben und gestillt. Aber noch ehe die Nacht verstrichen, wäre sie wieder in der Dunkelheit verschwunden, gerade so, wie sie gekommen sei.

»Wie hat sie ausgesehen, das arme Weib?« wollte die Bauersfrau wissen und auch der Vater des Knaben lauschte ängstlich und warf einen Blick zur Tür hin, als erwarte er ein Gespenst eintreten zu sehen.

»Nicht anders, als wäre sie dem Grab–« Sie brach plötzlich ab, denn der Bauer hatte sich über den Korb des schlafenden Kindes gebeugt und einen Erdklumpen aufgehoben, den er nun furchtsam zwischen den Fingern drehte und mit stierem Blick betrachtete. Die Frauen umstanden ihn steif und schweigend und blickten nicht minder erschrokken auf den brüchigen Beweis ihrer Mutmaßungen. Furcht stieg in ihre Augen, als sie begriffen, wie alles zusammenhängen mußte.

»So ist sie tatsächlich hier gewesen, heute nacht.«

»Schweig still, du dummes Weib. In meinen Armen ist sie gestorben und liegt jetzt begraben unter einem Baum«, schrie der Bauer grob, wenngleich seine Stimme nur Angst verriet.

Der irre Blick des Mannes wurde ganz leer und über sein Antlitz lief ein Sträuben, vor dessen Anblick sich die Frauen entsetzten. Sie flohen den Mann wie einen Aussätzigen.

In der darauffolgenden Nacht fanden die beiden Frauen den armen Vater in seiner Kammer liegen, an der Seite des Knaben. Sie beschlossen abwechselnd zu wachen, um zu sehen, ob die Mutter des Kindes wieder erscheinen würde, um den Kleinen zu stillen, wie in der Nacht davor.

Die ersten beiden Stunden hielt die Nachbarsfrau Wache, doch die Zeit verstrich ereignislos und auch in den beiden Stunden der Magd geschah nichts weiter.

Es mochte wohl um die Mitternacht gewesen sein, daß unser Bauer sich das bißchen Schlaf aus den Augen rieb, nachlässig seinen Schador um die knochigen Schultern schlug und sitzend seine Wache antrat. Es gab weiter kein Licht im Haus als den Schein des Mondes, der durch das Fenster hereinfiel. Der Korb, in welchem das Kind lag, wurde von der fahlen Mondsichel im offenen Fenster silberhell erleuchtet. Vom Strahl des bleichen Lichts geküßt erschienen Vater und Sohn weiß wie Gespenster. Der Knabe hatte seinen Kopf abgewendet, als ob es ihm unmöglich wäre, die traurige Gestalt seines Erzeugers anzublicken. Schließlich aber, als die Mutter vor den Korb trat, da öffnete das Kind die Augen und der halbe Mond spiegelte sich darin, wie in einem See fetter Milch. Dem Bauern, als er sah wer durch die Tür getreten war, schien es gar nicht geheuer und er fürchtete sich sehr. Ein Frösteln lief von seinem Haarschopf hinab bis zu den Fersen, als hätte er einen kalten Frosch in der Faust zerquetscht, und er verkroch sich zitternd unter sein Tuch und sagte,

»In Gottes Namen, es ist wider die Vernunft.«
Doch der Bauer und jene, die mir seine Geschichte erzählt haben, wußten nur wenig von des Menschen Vernunft und fanden, gerade am ‚Unvernünftigen' sei etwas Wahres zu finden.
Das Mondlicht wanderte indes durchs Zimmer, schnitt seine Masken aus der Welt der Schatten und floß hierhin und dorthin, flüchtig und unwirklich, warf eine Garbe schimmernden Lichts auf die erkaltete Feuerstelle, versilberte die Seitenwand einer Kiste, deren Nägel nur halb eingeschlagen waren.
Schattenlos strich die Frau vorüber, hob das Tuch von des Knaben Korb, ohne ihres Mannes zu achten, zumal dieser, zitternd am ganzen Leib, sich unsichtbar zu machen suchte, als er Jasmin, sein totes Weib, erkannte. Sie hob den in Windeln gewickelten Knaben an ihre Brust und sang zu seinem gierigen Saugen leise ein Lied. Jedenfalls mochte es dem Bauern so erschienen sein. Er meinte zu sehen, wie ihre Augen überflossen von all dem Schmerz und dem Angstgeschrei der Welt, ja, er glaubte sogar, die folgenden Worte vernehmen zu können:

»Heißer Scham und reuevoll, wildem Grimm zum Raube,
Schlag ich voller Bitterkeit an mein Herz das taube,
Windgeschaffen, federleicht, locker wie von Staube,
Gleich ich loser Lüfte Spiel, gleich ich einem Laube.«*

Am nächsten Tag in aller Frühe fanden die Bauersfrau und ihre Magd das Kind gestärkt und in bester Gesundheit vor, nur der Bauer wirkte angeschlagen. Er antwortete nicht, wenn man ihn bei seinem Namen rief, er lachte ungefüllt und sprach fortan nur selten und seltener noch so, daß ihn einer verstand. Die Menschen begriffen, es mußte ihm etwas Furchtbares zugestoßen sein. Manche glaubten, der Engel des Herrn sei ihm erschienen, einige aber sprachen von einem Ziegelstein, der ihm als Kind auf den Kopf gefallen, und wieder andere mutmaßten, daß er unter dem Druck der obwaltenden Verhältnisse den Verstand verloren – kurzum man hatte Mitleid mit ihm, gab ihm Brot zu essen und eine Stätte sein wirres Haupt zu betten.
Die Mutter des Knaben soll noch eine Zeitlang erschienen sein, das Kind zu stillen, doch bald, als der Bub aus dem Gröbsten war und rund

und stark bei der Nachbarin im Korb saß und schelmisch bisweilen über sein rundes Gesicht lachte, da blieb sie aus und ward bis heute nicht wieder gesehen.

2.
Leib und Leben
»Blume des Bösen«

Mein nächster bedeutender Einweihungsschritt in die Welt der künstlichen Paradiese erfolgte im Januar des Jahres ..., zehn Jahre nach dem ersten Ritual. Ich stand vor einer Reise nach Indien und just am Tag des Abflugs begegnete mir Chandra in den Straßen von F. wieder. Wir hatten uns für einige Jahre aus den Augen verloren, und obwohl ich bereits auf dem Weg zum Flughafen war, stiegen wir noch rasch hinauf in seine schäbige Wohnung im Ostend der Stadt. Es blieb uns nur wenig Zeit bis zu meinem Abflug, doch Zeit genug für ein weiteres Einweihungs-Ritual. Bis dahin hatte ich, getreu des Leitmotivs unserer Hippie-Kommune, das wir Chandra zu verdanken hatten, nur nette Drogen genommen und keine Suchtstoffe wie Opiate oder Kokain angerührt. Mit Verachtung hatte ich auf jene herabgeblickt, die Opiate nahmen, diese waren Junkies, und wir waren die echten Hippies, die wahren Freaks, die Erben des Himmelreiches.
Es war eine sehr eitle Hoffnung, unbefleckt durch den Schmutz waten zu können, unversucht in die Hölle des Versuchers hinabzusteigen und dabei noch *clean* bleiben zu können.
Chandra war inzwischen weit über dreißig Jahre alt geworden und hatte den nächsten, unheilvollen Schritt längst vollzogen. Wir ließen uns auf dem Boden nieder und mein Freund zog ohne Zaudern eine polierte Achatscheibe zu sich heran, denn die Zeit war knapp. Er schüttete aus zwei kleinen Briefchen eine braune und eine weiße Substanz auf die spiegelblanke Fläche und rieb sie mit Hilfe eines Messers zu feinem Pulver. Mit einer Rasierklinge zog er sodann vier Linien auf dem Achat, nahm ein Silberröhrchen zur Hand und sog zwei der Linien in seine Nasenlöcher. Dann reichte er mir die flache Scheibe samt Röhrchen und überließ es meinem Gutdünken, ‚den Cocktail einzufahren', wie er sich ausdrückte. Ich zauderte einen Augenblick lang, doch nicht so lange, wie es dieser folgenschwere Schritt eigentlich erfordert hätte.
Zehn Jahre hatte ich allen Argumenten der Drogengegner Hohn

gesprochen, Hasch müsse notwendig zu harten Drogen führen, sozusagen als ein dem Stoff innewohnender Effekt. Alles Lügen!
Ich fühlte in diesem Augenblick keineswegs, auf die Probe gestellt zu werden und ahnte darum auch nicht, wie schrecklich mich diese Niederlage ankommen würde! Obwohl ich das braune Pulver, Heroin, links liegen ließ und einzig das Kokain einfuhr, so war die Sache doch abgemacht, der Same gelegt.
Was hatte mich bewogen, das Bollwerk meiner Überzeugungen und guten Vorsätze so leichtfertig einzureißen? Das Vorbild meines Freundes! Obwohl Chandra zu jener Zeit den Glorienschein seiner Jugendtage längst verloren hatte, so nahm mir sein schlechtes Beispiel doch die Scheu vor harten Drogen... gab mir einen Handlungsimpuls, ohne meine eigene Entschließung über diesen wichtigen Punkt abzuwarten. Genauer gesagt, ich habe zwar nicht zugestimmt aber auch nicht ‚nein' gesagt und nur so weit erstreckt sich meine ‚Schuld'.
Chandra lachte geringschätzig auf meinen schüchtern vorgebrachten Einwand, es seien doch süchtigmachende Drogen.

»Ich – süchtig? Pah, ich doch nicht! Körperlich... nun ja, vielleicht – aber hier im Kopf bin ich frei... alles bloß eine Frage der Einstellung!«
Armer Chandra, guter alter Freund, damals schon warst du ein Kind des Drachen, hingst fest in seinen Klauen bis zu deinem frühen Tod. Du bist an deinen Irrtümern gescheitert, vor deinem Hochmut zu Fall gekommen und lange vor der Zeit ins Grab gesunken. Aber, ohne zu wissen was er tat, hat er mich damals infiziert mit diesem heimtückischsten aller Erreger.
Gleich nachdem ich Chandra verlassen hatte, fuhr ich zum Flughafen und brach zusammen mit meiner Frau zu einer Indienreise auf. Wir flogen nach Colombo, Sri Lanka und von dort nach Indien und Nepal. Unterwegs, an einem von Goas goldenen Stränden, hörte ich, daß in Malaysia ohne große Gefahr Heroin von der besten Sorte zu kaufen sei. In Malaysia also, wenn auch nicht gefahrlos. Von Katmandu aus flogen wir nach Singapur und von dort weiter nach Kuala Lumpur, der Hauptstadt des Malayischen Staatenbundes. Meine Frau – wir waren zwar nicht verheiratet, aber näher bin ich einer Ehe aus ganzem Herzen nie wieder gekommen – meine Frau also hatte heftig protestiert und unter vielen Tränen auf mich einzuwirken versucht, von dieser Reise nach

Malaysia abzusehen; sie muß instinktiv gespürt haben, welche Gefahr dort auf mich wartete, denn von meinen wahren Beweggründen zu dieser Reise hatte ich ihr nichts verraten.
Penang ist eine langweilige kleine Ferieninsel vor der Westküste Malaysias, unweit der thailändischen Grenze. Somerset Maugham soll einmal hier gewesen sein und Joseph Conrad selbstverständlich, auch Rudyard Kipling muß den Flecken im Gelben Meer einmal gekreuzt haben, außerdem gab es dort wirklich ein ausgezeichnetes Heroin. Ohne Not habe ich damals zum ersten Mal diese Droge genommen. Ich wollte sie nur einmal probieren, nichts weiter. Nur einmal... ja, nur einmal – am Tag, jeden Tag nur einmal, die ersten Wochen – und dann nie wieder! Nach sieben Wochen legte ich eine Pause ein, ‚wollte sehen, ob ich schon süchtig geworden war'. Ich glaube, ich war sogar ein wenig enttäuscht, keinen Entzug erleiden zu müssen – leider, denn nun konnte ich mir vorgaukeln, zu jener Schar Auserwählter zu gehören, wie Chandra, die nicht süchtig wurden, alles schien tatsächlich nur eine Frage der Einstellung zu sein. Und so fuhr ich fort in meinem unheilvollen Beginnen, als wäre es bloß ein Spiel.
Zu Anfang fiel es schwer zu begreifen, was Menschen von dieser Droge süchtig werden ließ. Es war kein Rausch, den ich erfuhr, keine Euphorie, keine Exaltiertheit, keine Halluzinationen oder Ähnliches, es war vielmehr nur ein unbestimmtes Wärmegefühl, ein gewisses Behagen, nichts weiter. Ich befand mich augenscheinlich vollkommen normal, fühlte mich wie nach einem guten Winterspaziergang, wenn ich wieder in der warmen Stube hockte und ein prickelndes Wohlbehagen unter meiner Haut empfand. Allerdings gewann jeder Gegenstand, mit dem ich mich beschäftigte, etwas fesselnd Interessantes. Die Stunden des Tages waren jetzt ausgefüllt mit vielen anregenden Beschäftigungen. Wenn ich spät in der Nacht oder morgens endlich einschlief, fiel ich in einen dunklen, traumschweren Schlaf, obgleich mir gar nichts daran lag, zu schlafen. Opiate besitzen zuvörderst eine stimulierende Wirkung.
Meist lag ich die ganze Nacht reglos da, acht- neun Stunden immer in der gleichen Stellung, wie in einem Sarg. In Morpheus' Armen zu liegen, das bedeutet es, nach dem Genuß von Opiaten zu schlafen.
Täglich redete ich mir ein, noch kannst du jederzeit aufhören, du bist

nicht süchtig, es macht also nichts, wenn du heute noch einmal etwas nimmst, aber morgen – morgen soll Schluß sein. Und so fand ich jeden Tag einen neuen ‚guten Grund' das Pulver einzufahren. Nach einigen Wochen erst lernte ich mehr über die Wirkung dieses Giftes – als ich nämlich damit aufhören wollte. Was bedeutete es eigentlich, unter dem Einfluß von Heroin zu stehen? Könnte man sagen, es war damit eine Steigerung des gesamten Lebensgefühls verbunden? In der Tat glaubte ich in diesen ersten Wochen, etwas Besonderes zu sein, herausgehoben aus dem trüben Brei des Alltäglichen. Heroin ist wie alle Tage Sonntag, wie ein fortwährender Ausnahmezustand, aber es erzeugt niemals einen Rausch. Gleich zu Anfang wurde mir klar, daß Heroin die Kraft besitzt, den sexuellen Appetit recht wirkungsvoll zu sättigen. Darüber empfand ich eine gewisse Genugtuung. Zweifellos eine sehr persönliche Ansicht, es werden mir nicht viele meiner Geschlechtsgenossen darin zustimmen. Der französische Bühnendichter *Jean Cocteau**, der über viele Jahre Opium geraucht hat, sagte: »Beim Mann schläfert die Droge nicht das Herz ein, sondern die Sexualität, bei der Frau umgekehrt.
Man kann nicht sagen, das Opiat beeinträchtige den Mann, weil es ihn von aller sexuellen Unruhe befreie, denn es ruft durchaus keine Impotenz hervor, sondern ersetzt diese, reichlich niedrige Unruhe durch eine Art höherer, sehr eigenartiger Unruhe, die ein Organismus mit normaler Sexualität nicht kennt. Unsere einzige Unbesonnenheit liegt darin, zugleich ein Opiat nehmen und an den Privilegien der Nüchternen teilhaben zu wollen. – Es geschieht selten, daß einer sich vom Opium trennt. Das Opium trennt sich von ihm und läßt nur Ruinen zurück. – Es ist eine Substanz, die jeder Analyse spottet, eine lebendige, launenhafte Substanz ... Kurz, es gibt keine anspruchsvollere Mätresse als die Droge, die ihre Eifersucht bis zur Entmannung des Rauchers treibt.«
Ich glaube zuweilen, Opium bringt eine große Vereinsamung mit sich. Jean Cocteau war der Ansicht, »Aus einem immer zugespitzteren Individualismus ergeben sich nur Einsamkeiten.«
Nach einigen weiteren Wochen täglicher Exzesse zog es mich eines Tages wieder einmal zu Chandra. Ein trüber Sommertag war zu Ende gegangen und eine merkliche Unruhe hatte mich ergriffen, mein Vorrat an Heroin ging im Sauseschritt zur Neige. Als ich Chandras Wohnung betrat, steckte er in einer üblen Verfassung. Noch auf der Treppe fragte

er mich, »Hast du noch ein paar von den Steinen aus Malaysia?« Ich log und sagte, nein, ich hätte selber schon alles aufgebraucht. Tatsächlich saß nur noch ein kleiner Rest auf dem Boden meines Gläschens. Das böse Erwachen würde nicht mehr lange auf sich warten lassen.
Chandra war nicht allein, er saß mit fünf Gästen im engen Gehäuse. Einer von ihnen jammerte gottserbärmlich und konnte nicht eine Sekunde still sitzen. Ich wußte nicht, was ihm fehlte, bis Chandra eine Bemerkung darüber fallen ließ, der junge Mann leide unter Entzug, Heroin fehle ihm, wie überhaupt der ganzen Bande. Sie alle saßen wie auf glühenden Kohlen und warteten auf irgendeinen ‚Freund', der ihnen versprochen hatte, ‚etwas zu besorgen' – schon vor zwei Tagen. Die Stimmung unter den Anwesenden war, wie unter diesen Umständen nicht anders zu erwarten, scheußlich bedrückend. Gespräche kamen nicht recht zustande, bis auf dieses langweilige Gerede über Heroin. Sie sprachen tatsächlich über nichts anderes als, wer, was, wann, wo und wieviel bekommen hatte und wie gut es gewesen sei. Es wurden ein paar *Chillums* geraucht, doch ohne wirklichen Genuß, der alte Zauber von Cannabis war lange schon dahin.
Obwohl die bedrückende Atmosphäre in dieser unaufgeräumten, schmutzigen Wohnung etwas ganz und gar Abstoßendes besaß, fand ich nicht die Kraft, aufzustehen und mich schleunigst davonzumachen. Irgend etwas fesselte mich an das Elend der anderen. Ich selber hatte ja noch niemals einen richtigen Entzug durchlitten, dies alles stand mir noch bevor – und zwar schon am nächsten Tag.
Ich sah wieviel Leid diese Menschen über sich gebracht hatten und ich konnte mich nicht länger davon ausschließen. Auch ich würde so leiden müssen wie sie.
Noch am selben Abend nahm ich mir vor, kein Heroin mehr zu nehmen. Ich wohnte damals in einer kleinen Universitätsstadt in Bayern und weilte nur zu Besuch in der Gegend, in der das Haus meiner Eltern stand. Als ich in der Nacht von Chandras Wohnung aus dorthin zurückkehrte und das dunkle Anwesen meiner Eltern betrat, da überfiel mich eine große Traurigkeit. Hier spukte es noch von den Erlebnissen meiner Kindheit, hier roch es so vertraut wie vor zehn- fünfzehn Jahren, doch was war inzwischen aus mir geworden? Ein lausiger Junkie!
Ich schloß mich eilends in mein ehemaliges Zimmer ein und wollte hier,

inmitten der Erinnerungen an meine Kindheit und Jugend den Entzug erwarten. Ich lag von Beginn an beständig in einem Kampf mit mir selbst. Wenn die Hand zu dem Gläschen ging, das den Rest des Heroins barg, schrak ich sogleich wieder zurück, weil mir die Versammlung ‚abhängender' Junkies in den Sinn kam.

Es kostete all meine Kraft, mich aus dem Labyrinth wieder zu entfädeln, in das ich leichtsinnig geraten war. Ich stieg die Leiter herab, auf der ich unmerklich eine schwindelerregende Höhe erklommen, zu einem Punkt, von dem es kein Vor- nur noch ein Zurück geben konnte. Ich wollte mich unter allen Umständen vom Heroin entziehen. Aber, oh Gott, die Zwischenstadien, wie schwer waren sie zu halten. Sämtliche Schmerzen eines wirklichen Martyriums mußte ich durchleiden: die scheußlichen Verwüstungen in der Ökonomie meines Nervensystems, die von Heroin herbeigeführt worden waren, der kranke Abscheu, der jeden einzelnen Atemzug begleitete, die profunde Verwüstung meines leiblichen Universums – all diese Stürme mußten überstanden werden. Ohne die Stimulans (wie falsch und trügerisch auch immer), welche die übliche Dosis Heroin einst beigesteuert hatte, machte sich jede Stunde quälend bemerkbar. Es gab die Kollision zweier Übel – das Übel des fehlenden Heroins in meiner Blutbahn und das Übel des Verlangens nach Heroin. Das erste erzeugte einen Zustand sich ständig steigernder Qualen, das andere wollte niemals abnehmen.

»Die Martern des Opiat-Entzuges kommen von einer Rückkehr zum Leben, einer Rückkehr ‚gegen den Strich'. Ein voller Frühling durchtobt die Adern und spült Eisklumpen und glühende Lava mit sich. .. eine ganze Apokalypse in der Sternennacht des menschlichen Leibes.« [Jean Cocteau, Opium, 21,22]

Wenn ich mich zum Schlafen niederlegte, war es am schlimmsten. Schon nach kurzer Zeit schreckte ich wieder hoch, von einer scheußlichen Pein in sämtlichen Gliedern aus dem Schlaf gerissen, Schweißgebadet und mit rasendem Puls. Ein unmöglicher Zustand. Ein Empfinden größter Unpäßlichkeit und des jammervollsten Trübsinns hatte von mir Besitz ergriffen und eine scheußliche Unruhe steckte in mir. Rastlos wälzte ich mich von einer Seite zur anderen und das bei größter Mattigkeit der Glieder. Mir war speiübel, das Herz raste, mein ganzer Leib war von kaltem Schweiß genäßt, ich fror und währenddessen spie ich Galle. Zu allem Übel befand sich meine animalische Natur in starker Erregung, schon die zufällige Berührung eines harten Gegenstandes führte zu einer explosionsartigen Entleerung. Ich war nur noch ein zitterndes, welkes Laub. Und zugleich war mir bewußt, wie schwach dieser Entzug nur sein konnte, kaum mehr als eine große Unpäßlichkeit, denn schließlich hatte ich erst kurze Zeit und nur kleine Mengen Heroin zu mir genommen.

Der zweite Tag war ebenso schlimm wie die Nacht. Da ich nicht geschlafen hatte, war ich sehr erschöpft; es fehlte mir jeder Antrieb, jede Kraft, jedes Interesse. Was ich bisher mit Freuden erledigt, und was die Stunden des Tages kurzweilig verzehrt hatte, war mir nun gleichgültig, ja, zuwider geworden und dehnte die Minuten verdrießlicher Langeweile ins Endlose.

Als ich das kleine Zimmer im Haus meiner Eltern nicht länger ertragen konnte, besuchte ich einen Freund. Ich erzählte ihm von meinen Nöten, und da er wußte, von was ich sprach, schlug er vor, mit mir spazieren zu gehen, mich körperlich zu ermüden, das helfe immer, sagte er. Doch woher die Kraft zu dieser Anstrengung nehmen? Wir rauchten ein paar *Chillums*, hörten etwas Musik und gingen schließlich hinaus zu einem Gang durch Wald und Flur. Niemals ist mir ein Spaziergang so lästig gefallen. Ich quälte mich hügelan, hügelab, schnaufte, seufzte, stöhnte und sprach kaum ein Wort – anders gesagt, ich war gewiß der langweiligste Gesellschafter, der sich denken läßt.

Auch in der zweiten und dritten Nacht fand ich keinen Schlaf, alle quälenden Symptome hatten sich noch verstärkt. Erst am vierten Tag fühlte ich, wie das Leben ganz allmählich wieder in seine natürliche Ordnung kam. Nach vier Tagen ist das Schlimmste eines Opiat-Entzugs überstanden, ganz gleich wie lange die Zeit der Abhängigkeit währte. Was dann folgt, ist die Phase des Umgewöhnens an die nüchterne Lebensweise, die, je nach Dauer der vorhergegangenen Abhängigkeit, noch Monate in Anspruch nehmen kann, manchmal Jahre – ein ganzes Leben!

Jean Cocteau hat dazu bemerkt: »Nach der Entziehungskur. Der schlimmste Augenblick, die schlimmste Gefahr. Die Gesundheit mit diesem gähnenden Loch und einer grenzenlosen Traurigkeit. Die Ärzte überantworten uns in aller Biederkeit dem Selbstmord.«

Trotz der scheußlichen Tortur eines kalten Entzugs, dauerte es nicht lange und ich nahm wieder von diesem Gift. Cocteau sprach in diesem Zusammenhang einmal sehr treffend von der ‚Werwolftücke' dieser Droge.

Des Leibes Notdurft

In der Zelle, auch *Coli* genannt, sitzt Nahim, ein *Dacoit** oder Räuber, der schon zwei Jahre hier eingesperrt ist; er spricht auf Sindhi mit Salim, seinem Vetter, wie er ein Räuber nur viel jünger.
›Valentin Käskopf‹ – sein tatsächlicher Name lautet Vaziem Khan, ein cholerischer Pathane, der angeblich seit zwanzig Jahren in Holland lebt, – sitzt wegen versuchten Schmuggels von 1,8 kg Heroin ein und liest im Augenblick seine dritte Tageszeitung, verzweifelt in seinem Bemühen, Schritt zu halten mit dem entweichenden Leben draußen, in Wahrheit mit seinem eigenen verrinnenden Leben, er ist 53 Jahre alt.
Ismelda, der kindliche Päderast aus dem Pandschab, liest und rezitiert wie üblich den Koran, ohne ein Wort Arabisch zu verstehen; dazu hat er sich auf einem kleinen Gebetsteppich in einen nach Mekka zeigenden Winkel der Zelle niedergelassen, das Gesicht zur Wand gekehrt. Von seinen Lippen fallen die Blüten arabischer Weisheit, wie die Flüche seiner pandschabischen Heimat.
›Schaffett‹, Javed, auch ein Pathane wie ›Valentin‹, allerdings jünger, hockt neben mir vor seinem Öfchen, das eine Stufe tiefer steht und rührt in unserem gemeinsamen Abendessen: Kartoffeln, Tomaten, Zwiebeln, grüne Pfefferschoten, frisches Koriander-Kraut, sehr viel Butterfett, Salz, *Garam Marsalla**, roter und schwarzer Pfeffer. Dazu gibt es für jeden zwei *Rotis**, runde Fladenbrote, die in der Gefängnisküche gebacken worden sind.
Eine 20-Watt-Birne, in drei Metern Höhe angebracht, spendet nur ein trübes Licht, nicht unpassend für die Dunkelheit, welche unser Leben befallen hat: sieben Männer, in den besten, leistungsfähigsten Jahren, dazu verdammt ihre Tage, die niemals wiederkehrenden, in einer Zelle zu verdösen, ohne jede geistige oder körperliche Herausforderung.

Am Tag darauf die gleiche Szene, mit dem kleinen Unterschied im heutigen Abendmahl: Chinesische Eierspeise, Reis, Rotis, Tomaten und Zwiebeln in Yoghurt.
Das Essen wie üblich in großer Hast hinuntergeschlungen. Wenn wir alle aus einem Topf essen, überfällt mich eine noch unbekannte Empfindung, die ich nur mit Futterneid bezeichnen kann, das heißt, ich blicke voller Mißgunst auf die Finger der anderen, wenn sie ihre Brotstückchen in den Topf tunken. In besonderer Weise erregt hier meinen Abscheu der neben mir sitzende Ismelda, wenn er in seiner bedächtigen Art die Schüssel ausputzt. Immer angelt er sich auf ›meiner Seite‹ die dicksten Brocken. In solchen Augenblicken verfolge ich die emsige Tätigkeit seiner Hände geradezu mit Haß. Er betet täglich fünfmal, rezitiert viele Stunden den Koran, von dem er kein Wort versteht, weil er in Arabisch geschrieben ist und gibt sich überhaupt sehr fromm. Aber ich habe den Verdacht, er will damit nur der gewöhnlichen Arbeit entgehen (wie jeder Arme ist er gezwungen zu arbeiten für das Privileg, in einer 7-Mann-Zelle hausen zu können). Jeder Handgriff, der zu seinen täglichen Pflichten gehört, muß ihm befohlen werden. (In Wahrheit ist er ein bescheidener, ruhiger Geselle, der immer freundlich lacht und empfindsam leise spricht, ein junger Mensch mit gesundem Appetit).

Leibesfülle

Haji Lallu-Sahb ist ein mächtiger, das heißt ein reicher Mann von beachtlicher Leibesfülle. Er muß niemanden fürchten, weder draußen noch hier drinnen. Denn alle beugen ihr Haupt vor ihm, wenn der weißhaarige Herr, von kleinem Wuchs, ausladender Gestalt und mit eindrucksvoll weißem Bart, sich wieder einmal blicken läßt. Heute hat es ihm gefallen, uns in Zelle 7F/6 einen Besuch abzustatten. Wir, die wir bequem dasaßen, sprangen sofort von unseren Plätzen auf und beugten das Haupt in aufrichtiger Verehrung vor dem hohen Gast.
In Begleitung einiger Vasallen läßt sich der Sahib würdevoll durchs Gitter herein und nimmt, gleich nach der Begrüßung, auf dem Boden

Platz. Instinktiv läßt er sich auf dem Ehrenplatz nieder, im Mittelpunkt der Zelle. Sein weißes Barthaar, der makellos weiße Anzug, die schwere goldene Uhr am Armgelenk, die Zigarettenmarke, alles strahlt eine satte Wohlhabenheit aus, der wir bewundernd unsere Hochachtung zollen. Wir eilen den berüchtigten Mann willkommen zu heißen. Selbst unser Stärkster, Nahim, fällt mit der Nase platt auf den Lehmboden und ist ganz Unterwürfigkeit. Er redet und redet, um Haji Lallu zu beeindrucken von seiner nie versiegenden Beredsamkeit. In des Sahibs Schweif von Dienern hat es auch den *Sepoy** hereingeweht, den uniformierten Mann vom Government, unseren Wächter. Alle nehmen auf dem Boden Platz, ein großer Kreis von etwa zehn Männern. Noch während der üblichen Liebedienerei zieht der verehrte Graubart und berüchtigte Drogenbaron aus Belutschistan eine Zigarette aus der Packung, sodann entnimmt er seiner Westentasche eine dünne Spaghetti Cannabis und wickelt die schwarze Nudel spiralförmig um den schlanken Docht.
Angesichts dieser Demonstration der Stärke und Unverfrorenheit, in Anwesenheit der Staatsmacht sein Haschisch zu rauchen, fällt das lebhafte Gespräch im Nu in sich zusammen, bis nur noch ein nervöses Kichern und Flüstern zu hören ist. Der Blick eines jeden haftet aufmerksam an Haji Lallus Händen. Bald liegt die dünne Schlange *Charras** in engen Windungen am Zigarettenpapier an und der würdige Mann mit dem weißen Haar setzt in aller Ruhe das aufwärts sich windende Kunstwerk in Flammen. Der milchig weiße Rauch steigt spiralförmig in die Höhe und schlingt sich um unsre Häupter. Jemand lacht erregt, einige werfen sich in die Brust, ihre Augen blitzen vor Erregung. Nach drei ruhigen Zügen gibt Haji Lallu-Sahb den qualmenden Docht an Nahim weiter. Der Chef von Zelle 6 ist das Gegenteil der Ruhe unseres hohen Gastes, denn Nahim ist verzweifelt angespannt. Er springt halb von seinem Platz auf, zappelt an sämtlichen Gliedern und wirft krampfhaft lachend einen Blick auf den Sepoy, unseren Wächter, der selber in einiger Verlegenheit steckt. Die anderen grinsen verschlagen und beobachten Nahim, wie er theatralisch am Joint saugt. Er hustet und sein Kopf läuft schwarz an. Der rundliche Gefängniswärter verliert zunehmend den Anschluß zur allgemeinen Heiterkeit. Er rutscht unruhig auf seinem Platz hin und her und hält es nicht länger

aus. Er springt in die Höhe und schlängelt sich wie eine Katze durch die Gittertür nach draußen. Mit einer Entschuldigung auf den Lippen enteilt er tänzelnden Schrittes.

Die Flughafenbande

Kurz vor Ende des 20. Jahrhunderts wurde die Stadt Karachi von einem kühnen Schurkenstreich in Aufregung versetzt, dem sogenannten ›55-Millionen-Airport-Ding‹, das in ganz Pakistan größte Aufmerksamkeit fand. Etwa drei Monate nach diesem spektakulären Raubüberfall wurden zwei Gruppen, die eine zu vier-, die andere zu sechs Mann festgenommen und ins Gefängnis gesteckt. Damit war das plötzliche Ende des waghalsigen Unternehmens eingeläutet und der überstürzte Anfang nicht enden wollender Qualen von zehn Männern und ihrer gramgebeugten Familien herbeigeführt worden.

Einer aus der Gruppe der vier Räuber, die ›das Ding‹ tatsächlich ›gedreht‹ hatten, war Fakhri, ein gutaussehender, sehr männlich blickender junger Pakistani Ende zwanzig, der aus einer respektablen Familie der sogenannten Bessergestellten von Karachi stammte. Zur Enttäuschung seiner Eltern hatte Fakhri nach dem College die höhere Laufbahn eines Polizisten eingeschlagen. Allerdings dauerte diese Episode in seinem Leben auch nicht länger als die vielen anderen Abenteuer, auf die er sich als junger Mann eingelassen. Dennoch verriet es in gewisser Weise Fakhris Haltung und die Loyalität vieler Staats-Bediensteter, ganz abgesehen von der Polizei Karachis, zu den Werten ihrer konservativen Muslim-Gemeinschaft. Freilich, sie alle wollten gute Muselmanen sein, aber die Wirklichkeit der 15-Millionen-Metropole Karachi, am Ende des 2. Millenniums, paßte schlecht zu den Gepflogenheiten eines jahrhundertealten Glaubens, zumal dieser Glaube einem fremden Land, Arabien entstammte. Für seine Eltern war Fakhri nichts weniger als das liebste Kind. Und wie sooft in derart herzinnigen Beziehungen konnte der geliebte Sproß die hohen Erwartungen nicht erfüllen, ja, in Wahrheit legte er die kostbarsten Träume der Eltern in Schutt und Asche.

Sein Vater, ein wirklich ehrenhafter Mann von einiger Bildung, der die

Tugenden eines gestrengen Muselmanen in höchstem Ansehen hielt, sein eigener Vater pflegte zu sagen, daß ein Übeltäter, seine Strafe auch verdient hätte. Dennoch gab er sein eigenes Blut nicht auf, und insgeheim finanzierte er durch die Hand seiner Frau den ziemlich kostspieligen Aufenthalt seines Sohnes im Gefängnis, ganz abgesehen von der Last, seine Schwiegertochter versorgen zu müssen und den einjährigen Enkelsohn, den Fakhri seiner Obhut überlassen, nachdem ihn die Polizei ins Gefängnis geworfen hatte.

Einmal hinter Gittern bewies der junge Mann seine bemerkenswerten Fähigkeiten, zu denen die hervorragendste der Wohlstand seiner Familie gezählt haben dürfte – daneben vielleicht auch seine Bereitschaft, jedermann, außer denen, die es wirklich verdient gehabt hätten, seine Freundschaft anzudienen und sich nebenher das zu verschaffen, was er am dringendsten begehrte: ein faules Leben und einen kurzweiligen Aufenthalt im Gefängnis. Was sonst wäre von Bedeutung gewesen, als der Augenblick, das Jetzt und Hier? Was Gestern war, das ist nicht mehr, und was der Morgen bringen wird, das soll der nächste Tag erweisen. Im Gefängnis zählt nur das ‚Jetzt & Hier' und für diese Gegenwarts-Affären war Fakhri bestens ausgerüstet von all den halb- und ganzseidenen Halunken im Karachi Central. Die Mehrheit der 4000 Eingesperrten mußte arbeiten für Brot und Unterkunft. Die Auserwählten, wie Fakhri zum Beispiel, besaßen Geld und taten nichts als den ganzen Tag zu reden – meist würdelose Abweichungen von der Wahrheit und grob beleidigende Redensarten – nebenher verteilte er noch ein paar große Scheine hier und ein Bündel kleinerer dort, je nachdem wer gerade Dienst hatte. Dies waren die zeitraubenden Tätigkeiten, denen Fakhri tagsüber nachzugehen pflegte, stets auf den nächsten *Mullagat** wartend, der ihm Geld bringen würde. Und sie trafen ein, die Besucher, fast täglich.

Im Knast machte er sich schnell mit seiner Umgebung vertraut, obwohl er sich stets gefürchtet hatte, eingeschlossen zu sein in einem kleinen, engen Raum, unfähig irgend etwas zu tun, als auf das Öffnen der Tür zu warten – eine dunkle Zelle ohne Fenster oder Licht, eine immer verschlossene Tür, allein der Gedanke daran vermag tiefe Depressionen hervorzurufen. Und doch war der Knast nicht das, was er sich vorgestellt hatte. Tatsächlich war es schlimmer und einfacher zugleich, im

Gefängnis zu sitzen, denn selbst in der Hölle war Geld von großem Nutzen und geradezu lebensrettend im Karachi Central Prison. Während seine drei Komplizen, in ihrer Verzweiflung und Angst vor den ständig drohenden Schlägen, wie gelähmt waren, währenddessen war Fakhri auf der Suche nach einer stillen Ecke für ein Schläfchen. Der *Munchi** oder Obergefangene – in der Gefängnishierarchie rangierte er unter dem einfachen Schließer aber deutlich über seinen Mitgefangenen – dieser *Munchi* der Quarantäne Baracke warf die leere Zigarettenschachtel fort, öffnete eine neue Packung *Gold-Leaf* und wußte nichts von einem Schläfer in seinem Bezirk.

Eine Befreiung vom Zwang, arbeiten zu müssen, war nicht billig, zumal für einen Ruhmreichen wie Fakhri, einem Mitglied der 55-Millionen-Bande. Eine Menge Geld konnte aus einem so ausgezeichnet beleumundeten Herrn erpreßt werden. Das Wachpersonal war glücklich über die gute Kundschaft, und weil Fakhri von Natur aus großzügig war, galt er schon bald nach seiner Einkerkerung als der Auserwählte jedes Bediensteten. Fast täglich wurde er von einem Munchi zur Hauptpforte gerufen. Dort wartete, zum Beispiel, ein ernstblickender Oberaufseher und erklärte, er befinde sich augenblicklich in einer sehr schwierigen finanziellen Lage und benötige dringend ein ‚Darlehen' von... nun, vier- oder auch fünfzigtausend *Rupien**... Fakhri pflegte sein gewinnendstes Lächeln aufzusetzen und den Wächter in seiner guten Meinung über ihn zu bestärken, indem er sagte:

»Fürchte kein Unheil, Bruder, so lange ich bei dir bin. Nach meinem nächsten Besuch werde ich deinen Nöten ein Ende setzen, denn so will es unser starker Glaube.«

In der Tat, Fakhri verschenkte alles, was er besaß, behielt nur wenig für sich, bis auf eine Reihe an Privilegien, die ihn deutlich über die anderen Insassen erhob.

Bald darauf wurden die vier wirklichen Räuber – die andere Gruppe der sechs hatte ‚das Ding' nur geplant – von der Quarantäne-Station des Karachi Central in ‚meine Abteilung' verlegt, dem sogenannten ‚*Tschakker*', und kurz darauf traf ich Fakhri das erste Mal.

Seltsam, daß es nicht seine äußere Vortrefflichkeit war, die mir zuerst an ihm aufgefallen, sondern seine Großzügigkeit und unfehlbare Gastfreundschaft. In den vielen Monaten, die ich mit ihm zusammen ver-

bracht habe, hat er nicht einmal eine Bitte oder ein Hilfegesuch rundweg ausgeschlagen.
Eines Tages gegen 14 Uhr 30, als sämtliche ehernen Zellengitter schon verschlossen waren, wurde ich nach 9F9 gerufen, wo Fakhri und drei seiner Bande residierten, »nur vorübergehend und sehr kurz«, wie sie gutgelaunt erklärten. Tatsächlich aber sollte ihr Elend viel länger währen, als sie angenommen hatten. Zuletzt war ihre Niederlage doch vollkommen.
Pünktlich trat ich durchs Gitter ihrer Zelle. Fakhri war nicht allein, seine Bande war anwesend. Da gab es einen Major, klein, rund mit einem mächtigen Schnurrbart. Ein anderer hieß Ruffus und war groß, glattrasiert und schwul, ein *Schiite** und rechter Wonnebrocken. Neben ihm saß Brian, ein kleiner, fetter Christenbursche und zugleich der jüngste der Bande und ›persönliche‹ Diener von Ruffus. Ein junger Pathane mit Namen Rajwalli tat zu jener Zeit die Hausarbeit.
Erst am Tag zuvor war ich ihnen vorgestellt worden von einem anderen, Englisch sprechenden Gefangenen. Ich war also nicht wenig überrascht, so bald schon von ihnen eingeladen zu werden.
Nach der formellen Begrüßung und dem üblichen Austausch von Artigkeiten wurde ich gebeten, Platz zu nehmen, auf dem Boden selbstverständlich, der nur mit ein paar dünnen Decken belegt war, denn es gab nicht ein Möbelstück in den Zellen und Baracken. Zunächst wandte ich mich, weil er gut Englisch sprach, ganz dem Major zu, ein kleiner, quadratischer Typ mit einem Löwenhaupt, der von seiner ganzen Erscheinung Autorität, Wohlwollen, Vertrauen gebot, obwohl, wie ich zu meinem Erschrecken schon bald feststellen mußte, dieser etwa 35-jährige Herr ein feiger, engstirniger Mann war, der aus Gewohnheit niemals ehrlich sein konnte.
Bisher hatte Fakhri hinter mir gesessen, außerhalb meines Blickfeldes, doch nun, ganz unverhofft, bot er mir eine Tasse Tee an. Wir blickten uns in die Augen und ich erschrak über soviel Schliche und Verschlagenheit in seinem Blick. Es schien, als wäre er noch verärgert über irgend etwas, das sich vor meiner Ankunft zugetragen hatte.
Was für ein gutaussehender Bursche er doch war! Er besaß volles, schwarzes Haar, einen großen, dichten Schnurrbart, weiche, fast weibliche Züge, runde Wangen, nicht viel von einem Kinn und dazu ein

jungenhaftes, gewinnendes Lachen. Er lachte gerne und sprach laut, mit polternder Stimme, wie man es von einem Grobian erwarten würde. Doch er besaß nicht viel von einem Grobian und war nicht schlau genug, ein richtiger Schurke zu sein, obwohl er sich manchmal gewalttätig gebärdete, indem er die *Bardaschis**, die Jungs, die die Arbeit taten, verprügelte, wenngleich auf eine ‚gutmütige Weise'. Tatsächlich habe ich niemals gesehen, daß einer von denen, die Prügel bezogen, ernsthaft verletzt gewesen wäre oder sich die Sache zu Herzen genommen hätte. Wie gesagt, sprach er mich plötzlich von hinten an und errötete leicht:

»Herr...äh, wie heißen Sie?«

»Victor, wenn's recht ist.«

»Herr Victor, möchten Sie eine Tasse Tee?«

»Oh ja, gerne – und ein paar Biskuits, wenn's recht ist.«

Fakhri erkundigte sich bei den anderen nach Biskuits und bediente sich dabei des Urdu. Inzwischen hatte der Bardaschi bereits damit begonnen, den Topf aufs Öfchen zu setzen. Ich konnte mich nun viel entspannter zurücklehnen, in der Erwartung einer Tasse Tees. Ich lächelte Fakhri freundlich zu, was dieser, mit einem schelmischen Ausdruck in seinen dunklen Augen, auf ganz ähnliche Weise beantwortete.

Ein anderer der Anwesenden war ebenfalls meiner Aufmerksamkeit entgangen, obwohl dieser Knabe von hohem Wuchs schwerlich zu übersehen war. Ruffus, so hieß er, hatte ebenfalls hinter meinem Rükken gesessen und etwas zu dem Major gesprochen, was dieser sogleich ins Englische übersetzte:

»Ruffus-*bhai** möchte wissen, ob Sie verheiratet sind?«

»Kann er nicht für sich selber sprechen?«

»Nein, er spricht kein Englisch.«

Ich nahm Ruffus-*bhai* fest ins Visier und sogleich, vom ersten Eindruck sozusagen war ich tief beunruhigt. Er besaß etwas Furchteinflößendes, allein durch seine Größe. Wenn er vom Boden aufstand schien es, der Raum selbst werde kleiner. Außerdem war er ein nervöser Mensch, der über eine Reihe sehr häßlicher Angewohnheiten verfügte, wie zum Beispiel, sich beständig zu räuspern und auszuspucken, wann und wo es ihm gefiel. Außerdem besaß er den nervösen Tick, in seinem Hals ein so ein seltsames Geräusch zu erzeugen – einem Asthmatiker ähnlich, der einen Anfall erleidet – wahrhaftig, im höchsten Maße irritierend.

Sein rundes Gesicht war die meiste Zeit zu einem breiten Lachen verzogen und beide Wangen wölbten sich aus als hätte er sich ein Paar vollreifer Mangos in den Mund gesteckt. Er sprach in Punjabi und der Major übersetzte fleißig, nachdem sie alle gekichert und gelacht hatten wie eine Schar unreifer Mädchen oder feuchter Jungs.

»Mögen Sie Männer?«

»Was soll das denn heißen, ‚Mögen Sie Männer?', das hängt von den Männern ab.«

»Was er meint ist, ob Sie Geschlechtsverkehr mit Männern pflegen?«

»Oh – – tut mir leid, nein... das gehört nicht zu meinen Gepflogenheiten – obwohl ich die vielen gutaussehenden Jungen um mich herum ganz gerne sehe.«

»Wußten Sie nicht, daß alle pakistanischen Männer homosexuelle Beziehungen unterhalten?« Der Major lächelte schwach auf seine schüchterne Art und senkte die Stimme als er fortfuhr:

»Er zum Beispiel,« dabei zeigte er auf Ruffus, » er liebt von Natur aus nur Knaben. Oder, die beiden dort drüben, sehen Sie? Heute morgen haben sie sich herzinnig geküßt und sehr gefühlvoll in den Arm genommen.«

Die Worte des Majors wurden jetzt von Brian übersetzt, damit Ruffus und die anderen, die kein Englisch sprachen, verstehen konnten, was gesprochen wurde. Ihre strahlenden Augen hingen an meinen Lippen und erwarteten ungeduldig eine Antwort. Ich war nicht wenig verlegen und weit von einer Antwort entfernt. Ich versuchte etwas zu sagen...

»Vielleicht gibt es für einen Mann hier in Pakistan zu wenig Möglichkeiten, sich – ähm – in eine Frau zu entleeren?! Besonders den jungen, heißblütigen Burschen hier dürfte es schwer fallen, ein Loch für ihre Leidenschaft zu finden. Umso bereitwilliger werden sie nach anderen Wegen suchen, ihre Unrast zu besänftigen – und neben sich finden sie bequem zur Hand immer ein paar Knaben – Männer, so wie sie, in der selben irritierenden Lage...«

»Mag sein,« sagte der Major lächelnd, »aber, dies ist *haram**, verboten! eine große Sünde für einen Muselmanen, sich mit einem Mann anstelle einer Frau einzulassen!«

Am Öfchen entzündete der Bardaschi gerade einen aufgewickelten Baumwolllappen, der mit Öl oder Speisefett bestrichen war und nun, in

Brand gesteckt, einen dunklen, beißenden Qualm erzeugte, was den Raum verräucherte und die anderen Herrschaften meinem Blick entzog. Der Bardaschi wurstelte geschlagene zweieinhalb Stunden daran, den Tee zu bereiten, während ich mir redlich Mühe gab, die vielen Fragen zu beantworten. Ihre Neugier verriet nur allzu deutlich ihre Unwissenheit. Da aber Ignoranz nicht schmerzt oder häßliche Flecken auf der Stirn hinterläßt, wird nur selten auf Abhilfe gedrungen.

Nur der Major und der junge Christenbursche, Brian, sprachen ein gutes Englisch, den anderen fünf oder sechs anwesenden Männern im Raum fehlte die nötige Schulbildung. Im Kern all ihrer Reden standen immer nur ein- oder zwei Löcher der menschlichen Anatomie. Ihr Geschwätz wurde von *gaan** eröffnet und schloß mit *gaan-fahrd*, den ‚Arsch aufreißen', wie man im Deutschen sagt. Zweifellos war die Welt ein großes Arschloch und sie waren noch jung, zwanzig oder fünfundzwanzig Jahre alt, obwohl der Älteste, der Major, abgesehen von meiner beträchtlichen Zahl an Jahren, etwa Mitte dreißig sein mochte.

3. Bruderschaft

Muslimbrüder

Einige Wochen nach der ersten Einladung und einigen weiteren Besuchen in 9F9, sagte mir der Major eines Tages sehr vertraulich, wie scheußlich er unter der Gemeinheit seiner Muslimbrüder zu leiden hätte.

»Der Übelste von ihnen,« sagte er, »ist Fakhri, dieser schlaue Bastard, während sein enger Freund, der lange Ruffus, als der große Bastard bezeichnet werden kann. Ihrer fiesen Natur nach ein schönes Paar Lügner und Betrüger.«

Ich war schockiert und wußte nicht, was ich antworten sollte auf diesen Verrat – einem Freund der Familie, hinter deren Rücken, zu erzählen, was für ein Haufen Schurken die anderen seien. Wir spazierten auf und ab im Sonnenschein – wieviel angenehmer jetzt, im Dezember, wenn die Sonne am tiefsten steht, in ihrem Licht zu wandeln – Seite an Seite und von den anderen beobachtet. Der Major, in seinem väterlichen Habitus, verriet in seinen Worten das genaue Gegenteil dessen, was er den Augen bot. ‚Vertraue niemals', wie die Rede geht, ‚kleinen Männern.' Wirklich nicht?

Lachend entblößte der Major seine makellos weißen und bemerkenswert wohlgeformten Zähne und sagte,

»Vor allen anderen ist Fakhri nicht zu trauen. Er ist ein abgewichster Hund, ein Frauenheld und Trunkenbold. Früher oder später wird er Dich 'reinlegen, glaub' mir, Du kennst ihn nicht so gut wie ich. Er ist *zweimal* verheiratet!«

»Na und?« gab ich gelassen zur Antwort. »Meines Wissens war Euer *Holy Prophet* mit mehr als zehn Frauen verheiratet. Und ein frommer Muselmane, der ein ganz schön prüdes Mannsbild sein kann, darf, nach den Gesetzen Eures Landes, vier Frauen haben – obwohl es zuweilen schon bei einer schwerfällt, sämtliche Höhlungen ihrer Lust zu füllen. Desto anerkennenswerter ist die Leistung Fakhris, mit seiner herausragenden Zurschaustellung männlicher Stärke, seinen Samen auszustreuen, seinen genetischen Abdruck zu hinterlassen.«

Bald darauf verließ der Major im Zorn die Zelle und ich nahm seinen freigewordenen Platz ein – in der Zelle Fakhris, des Allerbarmers, des Gnädigen.
Außerdem wohnten daselbst noch der 26-jährige Ruffus, ein großer, schwuler, weibischer, auf-seine-Weise schlauer Betrüger und gleich neben ihm, Brian, sein schnell-sprechender, fetter ‚Junge-für-alles' (außer dem *einen*, wie er behauptete). Während der ersten sechs Monate in der Zelle 9F9, nahm ein den Platz des Bardaschis, Rajwalli, ein wilder Pathane von 18 Jahren. Anders ausgedrückt, ein echter ‚Junge-für-alles', wohlgebaut, stark und gesund. Er mußte alle Arten von Arbeit verrichten, wie zum Beispiel, die Zelle sauberhalten, den ‚Wasser-job' verrichten, das heißt, alles Wasser aus dem Brunnen heraufholen, das sieben Männer während eines Tages verbrauchen. Mit anderen Worten, er mußte sechs Meter tief in ein Loch hinabsteigen, ohne Hilfsmittel als einem Eimer oder Kanister in der Hand, darin das Wasser zu schöpfen und heraufzuholen war. Daneben mußte er einmal wöchentlich von Hand einen großen Berg Wäsche waschen, die Kleidung, Handtücher und Bettwäsche von sieben Männern. Außerdem sah es Ruffus als Teil von Rajwallis Pflichten an, die halbe Nacht sämtliche seiner übergroßen Glieder zu massieren. Der arme Junge hätte dies niemals allein bewältigen können, wenn nicht Brian, der fette, phlegmatische Bursche ihm beigesprungen wäre. Doch Brian, Angehöriger der christlichen Minderheit Pakistans, war ein fauler Bursche und überließ gern die ganze Arbeit, bis aufs Kochen einer Hauptmahlzeit, dem jungen Pathanen Rajwalli.
Brians liebste Position auf Erden war, flach ausgestreckt auf dem Rükken zu liegen, die Augen geschlossen und zu dösen. Nichtsdestotrotz ölte er manchmal seine Stimme und sang, geschmeidig-süß, die sentimentalen Lieder seiner Heimat.
John zum Beispiel, der andere Bardaschi, der Rajwalli folgte, behauptete von sich, ein Profi-Musiker zu sein, doch besaß seine Stimme nichts von Brians Qualität, außer vielleicht die angestrengte Dramatik, die allezeit in ein Kreischen umzuschlagen drohte – trotzdem hielten ihn meine Zellengenossen für einen guten Sänger und begnadeten Trommler. An jenem Tag, da ich zu ihnen stieß, war die Atmosphäre unter den vier Komplizen sehr gespannt und der Major hatte die Zelle in Zwie-

tracht verlassen. Es war wirklich bejammernswert, beobachten zu müssen, wie die Vierer-Bande auseinanderfiel über irgendeiner lächerlichen Geldangelegenheit.

Da waren' s nur noch drei: Fakhri, Ruffus und Brian. Eine ungemütliche, ja, qualvolle Zeit nahm ihren Anfang, denn der schwule Ruffus, selbst- und eifersüchtig wie er war, erwies sich als ein großes Ärgernis für mich.

Eines Tages traf Schorta ein. Ruffus-bhai nahm ihn sofort unter seine riesigen Fittiche. Ein seltsames Paar, der ungewöhnlich kleine Schorta, nur wenig über einsfünfundfünfzig groß, dennoch gut gewachsen und von gesundem Aussehen – ungeachtet seiner vielen Leiden – und der übergroße Ruffus, mit seinem Zwei-Meter-Maß. Der Lange spielte sich sogleich als der Beschützer Schortas auf und verfuhr mit ihm ähnlich einer Gans mit ihren Kleinen. Niemand bekam Gelegenheit, Schorta nahe zu kommen, ohne gleich die eifersüchtigen Blicke eines hochaktiven Ruffus auf sich zu ziehen. Fakhri, der Chef unserer Zelle, mischte sich niemals ein, zumal er sich zu jener Zeit den Tag über meistens an einem anderen Ort aufhielt, wo er mit zwei gutbetuchten Pathanen große Summen Geldes verzockte.

Am Tag vor Schortas Ankunft nahm mich der lange Ruffus beiseite und kündigte mir das Ereignis mit den Worten an:

»Es ist der junge Kurier eines guten Freundes, sie haben ihn am Flughafen geschnappt mit 1,8 kg Heroin, die er um seinen Körper gewickelt hatte. Ich muß meinem Freund diesen Dienst erweisen und mich um den Jungen kümmern.«

Dieses ,um den Jungen kümmern' des langen Ungeheuers konnte ich mir recht gut vorstellen. Er würde Fakhri bitten, seine guten Verbindungen zum *Hawaldar** und *Subedar** spielen zu lassen und sein Geld einzusetzen, Schorta vom ,New-Jail' nach dem ,*Tschacker*', wo wir lebten, verlegen zu lassen, ihn täglich mit drei Mahlzeiten zu versorgen, sein Bad richten, seine Kleider waschen zu lassen und ihn jeden Tag mit einem Päckchen Gold-Leaf Zigaretten auszustatten...

Gewiß, es war zu Anfang nicht leicht für Schorta zu durchschauen, wer die Rechnungen bezahlte und wer wieviel beisteuerte zu den enorm hohen Kosten unserer Zelle, für all die extravaganten Privilegien. Ruffus zahlte... absolut nichts! Doch erzählte er dem Jungen, wenn er ganz allein mit ihm Seite an Seite saß, was für Erzschurken die anderen in der Zelle wären, vor allem Fakhri sei nicht zu trauen. Tatsächlich hat Ruffus dem kleinen Schorta erzählt, er habe zu Beginn seiner Haftzeit einige hunderttausend Rupien ausgegeben, um hier im Knast anständig leben zu können, doch Fakhri, der Major und Brian hätten nichts beigesteuert, (in Wahrheit verhielt es sich genau umgekehrt, Ruffus hatte niemals Geld und die Zelle wurde hauptsächlich von Fakhri und dem Major unterhalten, später dann auch von Schorta und mir).

Ein Meisterstück Ruffus' Schorta gegenüber bestand in der Behauptung:

»Übrigens, diese 9.000 Rupien, die der Jailer neulich kassiert hat für Deinen Transfer vom New-Jail zum *Tschacker*, die hab' ich allein aus meiner Tasche bezahlt.« (Tatsächlich hatte die Sache nur fünfhundert Rupien gekostet und bezahlt hatte sie Fakhri) »Doch« fuhr der Lange ohne zu erröten fort, »das ist gar nichts, für einen Freund und Muslim-Bruder tue ich alles. Was ist schon Geld, was sind schon ein paar hunderttausend Rupien? Wir werden viel, glaube mir, viel mehr Kohle machen, wenn wir erst wieder draußen sind. Und Du, mein Freund, verlaß' Dich drauf, wirst schon bald wieder draußen sein. Mein Anwalt hat erstklassige Beziehungen zu Deinem Richter, dem wir ein paar hunderttausend Rupien zuschieben, so daß er Dich höchstens zu einem Jahr und fünfzigtausend Rupien Geldstrafe verurteilen wird, so daß Du in sechs Monaten wieder draußen bist, glaub mir.«

Schortas Augen glänzten wie früh morgens das Leuchten des Himmelslichts und für einen Augenblick wurde ihm ganz warm ums Herz und er hätte den Langen umarmen können. Wenngleich ihm sonst immer ganz komisch wurde, so allein mit Ruffus und von ihm umarmt und geküßt zu werden – Himmel, jedesmal auf den Mund... was für eine beschissen feuchte Angelegenheit war das. Er konnte einfach nicht verstehen, was Ruffus wirklich von ihm wollte, zum Beispiel, wenn er ihm diese innigen Blicke zuwarf oder seine Hand auf so bedeutungsvolle Weise an sich drückte. Sollte das wirklich Liebe sein, wie der Lange niemals müde wurde zu beteuern? Und Schorta mochte sich sagen,

»Doch Liebe–? Liebe zwischen Männern–? Nein, ausgeschlossen! Ruffus ist, wie ich, ein frommer Muselman, ein *Momin*, ein wirklich gläubiger Muslim. Er betet alle Tage, für jedermann sichtbar, die vorgeschriebene Anzahl an Gebeten und vergißt niemals zu betonen, wie tugendsam er ist.«

»Hör' mal,« sagte der Lange wiederholt zu Schorta, »ein Muslim, der nicht betet, was für ein Muslim soll das sein?«

Schorta wußte sehr genau, wen Ruffus meinte, wenn er so sprach. Tatsächlich, Fakhri betete nie, außer vielleicht einmal im Jahr, am letzten Freitag, während des Fastenmonats *Ramadan**, wenn das Beten ganz besonderen Nutzen bringen und sich wirklich lohnen soll.

Der Lohn, den Ruffus im Auge hatte, war eher von handfester Natur und auch weniger ungewiß als der versprochene, spirituelle Lohn für alle Gläubigen, die fünfmal am Tag beteten, im Monat Ramadan das Fasten einhielten, nach Mekka pilgerten, ihren *Zarkat** entrichteten und... und... und... Was ganz zuletzt in Ruffus' Liste stand aber weit oben bei jedem frommen Muselmanen rangierte, war der Dienst am Nächsten, die Hilfe für die Armen und Bedürftigen, den notleidenden Nachbarn. Ruffus zahlte niemals irgend etwas aus seiner eigenen Tasche, nicht den Armen, nicht den Nachbarn, nicht den Zellenkumpanen. Doch schlug er niemals eine Bitte aus, die um Zucker, Milch oder Zigaretten ging, eigentlich alles, was in der Zelle vorhanden war und entweder Fakhri, Schorta oder mir gehörte. Ruffus war ein sehr freigiebiger Mensch, wenn es darum ging, anderer Leute Geld auszugeben. Zweifellos hatten viele arme Schlucker im Karachi Central die allergrößte Hochachtung vor Ruffus-bhai und sie hielten ihn für den besten Kerl von allen, die je ihren Fuß auf diese verrottete Erde gesetzt.

Stundenlang saßen sie Seite an Seite allein draußen auf der Veranda und Ruffus prahlte mit seinem *wundersam arbeitenden, Gott-gegebenen Verstand eines Kriminellen*. Einen Haufen Lügen zu erzählen, gehörte hauptsächlich zu dieser Gabe.

»Mein erstes Unternehmen als kleiner Bub, um Geld zu machen,« so erzählte er Schorta, »bestand aus einem Eselskarren und vielen Fuhren Mist. Später, noch immer ein Kind, verkaufte ich Milch, die ich mit Wasser verdünnte, um mehr Geld herausschlagen zu können. Nachdem ich aufgewachsen war, wurde ich immer raffinierter und fabrizierte ‚schwarzen Tee' aus gefärbtem Bohnenstroh und brachte das Zeug sehr erfolgreich an den Mann.« Damit schuf er sich seinen Namen und sein Omen: Ruffus-bhai der Schwindler. Aber sein größtes ‚Ding' bestand zweifellos in dem Flughafen-Raub, zusammen mit Fakhri, Brian und dem Major. Doch dieser Coup erwies sich als eine Nummer zu groß, selbst für den Zwei-Meter-Mann Ruffus. Er wußte nicht, was er mit dem plötzlichen Reichtum anfangen sollte. Die vier Gauner begingen ihr Verbrechen in Polizei-Uniformen, und sie spielten ihre Rollen so gut, daß bis zuletzt die drei entführten Männer, die das Geld in Koffern am Zoll vorbei geschmuggelt hatten, nicht den geringsten Verdacht hegten bezüglich der Echtheit dieser ‚Polizisten'.

Schorta blickte voller Bewunderung zu Ruffus auf und in seiner jugendlichen Unbekümmertheit rief er:

»Ich begreife nicht, wie der Polizei nach drei Monaten noch die ganze Beute in die Hände fallen konnte? Hattet ihr nicht Zeit genug, die gottverdammte Kohle zu verstecken? Mann, so ein Ärger, 55 Millionen in harter Währung bereits im Sack zu haben und dann wieder alles zu verlieren?!«

»Nein-nein, nicht alles.« schrie Ruffus, »Die Scheißbullen haben von den anderen nicht bloß die Beute beschlagnahmt, sondern auch ihren Privatbesitz. Von mir gab's nur – *lande* *, nichts. Ich hab' höchstens ein paar Tausender Bares verloren, alles andere ist sicher angelegt in Appartements, Geschäften und so weiter – investiert, verstehst Du – gottgegeben der Verstand! Kriminell, verstehst Du?«

»Aber Deinen Bruder haben sie ermordet, nicht wahr?« dämpfte Schorta den Überschwang des Langen.

Ruffus wurde für einen kurzen Augenblick ein wenig feierlich und sagte mit einem tückischen Blick zur Seite:

»Die Scheißbullen haben ihn während des Verhörs zu Tode gequält! Sie waren nicht schlau genug, mich zu schnappen, da haben sie meinen Bruder genommen und ihn gefoltert, für eine Antwort auf die Frage, ‚Wo ist Ruffus-bhai, der Hurensohn...'« Sie lachten beide über diesen erbärmlichen Witz, doch gleich wurde der Lange wieder ernst.

»Mein Bruder hatte keine Ahnung über meine Verhältnisse, wo ich war und was ich tat – vertraue keinem! verstehst Du? – und dann haben sie ihn gefoltert... qualvoll umgebracht. Doch, siehst Du, selbst meiner Mutter habe ich nicht erzählt, wo ich wohne. Gottgegeben, der Verstand, kriminell, verstehst Du?« und Ruffus berührte mit dem Finger seine Stirn, während er diese feierlichen Worte sprach, um anzuzeigen, wo all diese ruchlose Schlauheit herrührte.

»Siehst Du,« fuhr er fort, jetzt ganz in seinem Element, »ich hab' diese Scheißbullen zum Narren gehalten. Hab' mit ihnen Verstecken gespielt. Irgend jemand hatte ihnen von einem Ruffus erzählt, *dem* Ruffus, der mit dem *bhai* hintendran, [›Muslim-Bruder‹, Suffix, das unter Muselmanen Respekt ausdrücken soll]. Das Schwein von einem Bullen, als er erfahren hat, daß ich der ältere Bruder von dem Jungen bin, den er umgebracht hat, der hat sich glatt in die Hosen geschissen, glaub mir. Er weiß ganz genau, daß ich ihn umbringen werde, *Benschott**, nur ein Wort von mir und er ist tot, noch heute abend. Aber ich will das allein erledigen, es war schließlich mein jüngerer Bruder, den er umgebracht hat, verstehst Du. Vorher werde ich ihm den Schwanz abschneiden und ihn zwingen, das Ding zu schlucken.«

Schorta war tief beeindruckt von Ruffus' Worten und voller Respekt fragte er den älteren Muslim-Bruder:

»Ruffus-bhai, warum läßt Du den Kerl nicht gleich kalt machen? Da gibt's doch nichts zu schonen, an so 'nem erbärmlichen Leben von einem beschissenen Polizei-*wallah**. Das bist Du Deiner Ehre doch schuldig!«

»Ja-ja, er wird sterben, keine Sorge. Sieh mal, mein Boy, der mich ein paarmal in der Woche besuchen kommt, mein Boy fragt mich jedesmal nach dem Namen und der Adresse von dem Bullenschwein. Aber, es geht nicht darum, ihn jetzt einfach auszuknipsen, das wäre viel zu billig für ihn. Er muß warten und zittern vor Angst, denn er weiß, daß er jeden Augenblick sehr qualvoll sterben kann. Sobald ich rauskomme, ist er gar, durch und durch weichgekocht vor Angst und bereit, mir jeden Gefallen zu tun.«

Schortas Augen rundeten sich vor Staunen, jetzt wußte er, was es hieß, den ‚gottgegebenen Verstand eines Kriminellen' zu haben, jetzt hatte er kapiert.

»Verstehst Du,« sagte Ruffus-bhai, und in seinem Auge schimmerte etwas Boshaft-Gemeines, »selbst hier im Knast mache ich jeden Tag einen Haufen Geld. Die Leute kommen mich besuchen und sie betteln, ‚Bitte, Ruffus-bhai, erlaube uns dein Casino-Business fortzuführen, wir bezahlen dir 25 Prozent von sämtlichen Einnahmen.' Ich sage dann kein Wort, mache nur so...« er nickte anmutig mit seinem Kopf, wie

eine bekrönte Prinzessin. »Siehst Du mein Freund, Geld ist kein Problem, ich werde Dich hier 'rausbringen, wirst schon sehen.«
Hätte Schorta bloß geahnt, daß Ruffus' ‚Casino-Business' aus einer erbärmlichen Hütte bestand, gleich neben einem Kuhstall, wo sein verkrüppelter Vater lebte und seine alte, abgeschuftete Mutter.
Ein paar Tage darauf kam der Lange ganz aufgeregt zu Schorta und sprach flüsternd, obwohl niemand in ihrer Nähe war,

»Alles klar, der Fisch hat den Haken geschluckt, doch – leider ist die Sache ein wenig teurer als wir dachten. Fünfhunderttausend sind im Augenblick flüssig, doch für mehr müßte ich erst ein paar Immobilien verkaufen, und das kostet Zeit – – vielleicht hast Du noch...?«

»Wieviel?« fragte der besorgte Junge hastig, voller Angst seine Gelegenheit zu verlieren.

»Nur 3 *Lakh**, dreihunderttausend. Mein Anwalt sagt, der Richter hat Angst, weil Du so verdammt viel Stoff schmuggeln wolltest. Ohne meine Hilfe würden sie Dir sechs Jahre Zuchthaus geben... mindestens sechs Jahre.« Ruffus war todernst für einen Moment, das übliche Lachen des ewig Siegreichen war einer Sterbensmaske gewichen.
Schorta zögerte für einen Augenblick und sagte dann, als wolle er sich entschuldigen für seine unzureichenden Mittel:

»Einhundertfünfzigtausend, das ist alles, was ich noch habe...«

»Das reicht.« erwiderte Ruffus sogleich und lachte hinterhältig triumphierend, wie ein besseres Auge als Schorta es besaß, wohl bemerkt hätte.
Die schwere Krise zwischen Fakhri und Ruffus hatte sich über Nacht eingestellt. Es war nicht bloß die homosexuelle Neigung des ‚großen Bastards', welche die Trennung der beiden alten Freunde unausweichlich herbeigeführt hatte, sondern die Tatsache, daß Ruffus die Rolle des gefährlichsten aller Feinde eingenommen – die eines Freundes.
Schorta hatte endlich begreifen müssen, daß nicht der Lange es war, der die Zelle aushielt und die Bestechungsgelder zahlte, sondern Fakhri. Wahrscheinlich zum ersten Mal seit seiner Ankunft vor drei Monaten hatte sich der junge Mann der strikten Kontrolle des langen Muslim-Bruders entziehen können. Und es war dieser eine, unbeobachtete Augenblick, da Fakhri Schorta zur Seite nahm, um mit ihm für eine gute Stunde allein spazierenzugehen, indem Schorta die Wahrheit über

Ruffus erfuhr. Die ganze Schwindelei, die der große Bastard inszeniert hatte, kam schnell ans Licht. Der junge Mann hatte seine Lektion auf die schmerzvolle Weise lernen müssen, durch den bitteren Verlust seiner ganzen Habe. Um vertrauen zu können, bedarf es zuerst einer guten Kenntnis des Menschen im Allgemeinen und besonders jenes einen, um den es geht. Hatte er nicht gleich auf den ersten Blick ein ungutes Gefühl mit Ruffus gehabt? War der lange Kerl nicht furchteinflößend in seiner Erscheinung gewesen, überwältigend in seiner Freundlichkeit, besitzergreifend in seiner Art, die Angelegenheiten eines anderen ungefragt zu regeln? Gewiß, es war nicht einfach, sich Ruffus zu widersetzen, dazu bedurfte es einer außergewöhnlichen Selbstsicherheit und einer gehörigen Portion Grobheit. Zu allem Übel war der Lange schlau genug, eine Zurückweisung lächelnd hinzunehmen, indem er noch freundlicher wurde und noch mehr zu einem lachenden Monster, als es ohnehin schon seine Gewohnheit war.

Es dauerte zwei oder drei Tage bis Fakhri genug Mut geschöpft hatte, um die Auseinandersetzung mit dem Langen für sich zu entscheiden. Eines Abends, als er von seinem Spielchen in unsere Zelle zurückgekehrt war, trat er gewaltig auf Ruffus' Schwanz. Wie Hund' und Katz' begegneten sie sich in einem kurzen heftigen Kampf: die Fetzen flogen, sie bellten und miauten – und das war's. Ruffus kroch davon, wie eine aufgeschreckte Ratte. Noch am selben Abend verließ er unsere Zelle und kehrte nie wieder zurück – und nie wieder zurück zahlte er auch Schortas 150.000 Rupien.

Nachdem Ruffus gegangen war, hatte sich die ganze Atmosphäre unter uns zum Besseren gewendet. Wir sprachen jetzt viel offener miteinander. Eine scheußliche Bedrückung war von mir genommen.

Einmal wollte ich von Fakhri wissen, wie der lange Schwindler es geschafft hatte, mit der Polizei fertig zu werden, warum ihn keiner gefoltert, wie es jeden Tag in den Polizeistuben Pakistans vorkam?

»Die Polizei sah keinen Grund, ihn zu verprügeln. Er sprach so schnell, daß sie mit Schreiben gar nicht nachkamen. Vom ersten Tag seiner Verhaftung an erzählte er alles, was er wußte.«

»Er muß sich in die Hosen gemacht haben.« pflegte der S.i.R. zu antworten, als Fakhri zum wiederholten Male die Geschichte zum Besten gab.

»Ruffus lebte in einem Kuhstall, einer winzigen Scheune mit zwei angeschlossenen kleinen Bretterverschlägen, in der drei Generationen Schutz unter einem Plastik-Dach suchten, einer Folie, die sie irgendwo gestohlen hatten. Die zweite Tür im ‚Schlafzimmer' seiner Eltern ging unmittelbar zum Stall hin, wo die Kühe auf einem Haufen Mist lagen, nur einen Schritt und man stand knöcheltief in der Scheiße. Der ganze Platz stank nach Kühen und es war ganz egal, wo du dich gerade aufgehalten hast, es stank überall gerade so als stündest du direkt neben den milchgebenden Kreaturen von friedliebender Art.«

Dienst am Bruder

Abends in der Zelle, wenn wir bequem auf dem Boden liegen, im Zug des Deckenventilators die Wände anstarren, dann kann es vorkommen, daß ein kleiner, dicker *Sepoy** sein schwarzes Gesicht und seine Froschaugen durchs Gitter steckt und ein Stück *charras** oder etwas *powder** zum Kauf anbietet. Er gehört zur Nachtschicht und ist nicht der einzige, der sich auf diese Weise ein Zubrot verdienen möchte. Fakhri führt wie gewöhnlich die Verhandlungen.

»Hallo Junge, wie geht's?« läßt auch der S.i.R. von hinten sich vernehmen, ausnahmsweise mit einer Spur Wärme im Ton, denn schließlich wird er das Harz rauchen, meist ganz allein. Gewiß, ein oder zwei Zigaretten fallen gelegentlich auch für uns ab, die übrigen drei Raucher im Coli. Fakhri rührt kein Haschisch mehr an, seit er einmal von gutem Stoff kalt erwischt wurde und die halbe Nacht nicht schlafen konnte. Angst muß ihn überkommen haben, wie sie jeden Haschraucher schon einmal erschrocken haben dürfte.

Der Sepoy hat auch heute nur minderwertige Ware im Angebot, typisch für Karachi. Dem Cannabis ist ‚Marsalla' untergemischt, das wie verbranntes Gummi stinkt und jedes Rauchers Plage ist. Der ‚Deal' bietet keine Schwierigkeiten – bis auf die Bezahlung. Fakhri geht mit seinen Verbindlichkeiten ebenso freimütig um, wie mit seinen ›ehrlich gemeinten Worten‹ oder seinen Versprechungen. Seine Technik, die Gläubiger bei guter Laune zu halten, besteht darin, sie mit einer einleuchtenden Geschichte auf später zu vertrösten: ›der *Mullagat* ist nicht eingelassen worden‹, ›Schahji muß aufgehalten worden sein, das Wechselgeld zu bringen‹ und immer endet seine Ausrede mit, ›*Subha*‹, ›Morgen früh, *tihk-hai**?!‹. Seine Beteuerungen haben nur einen Fehler, sie sind gelogen. Er hält sich die wichtigen Gläubiger auf kurze Distanz, läßt sie ungerührt ein paar Mal am Tag kommen, obwohl er genau weiß, daß er frühestens in einer Woche wieder zu Geld kommen wird. Unser Sepoy vom Nachtdienst weiß genau, daß es auch ihm nicht besser ergehen wird. Hundert- oder zweihundert Rupien bekommt er sofort, die restlichen drei-vierhundert später. Dem Sepoy macht es nichts aus, daß er seinem Geld nachlaufen muß. Er denkt sich wahrscheinlich: »Ach Gottchen, der Fakhri mit seinen verfickten Sprüchen.«

Bruderliebe

Yussuf Massih, der alte, zahnlose Babu aus dem Christen-Coli neben uns, wurde endlich nach zwei Jahren Haft entlassen. Einen schmutzigen Plastiksack halb gefüllt mit seinen Habseligkeiten in der Hand tritt er eines Nachmittags zu uns in die Zelle, um sich zu verabschieden. Mit feuchten Augen reicht er schließlich auch mir die Hand und bedankt sich, daß ich ihm in seiner Sache geholfen habe. Es war herzlich wenig, was ich für ihn hatte tun können, und so gebe ich den Dank an unseren Höchsten weiter, ›dessen Gnade und alles verzeihende Güte‹ das Wunder gewirkt haben dürfte, ohne Schmiergeld von einem pakistanischen Richter entlassen worden zu sein. Tatsächlich hatte ich für den Babu ein paar Briefe geschrieben, um seinem Richter den Fall zu erläutern. Yussuf Massih, der alte Gefangene, der zwei Jahre lang in der Anstalt die Latrinen geleert und gereinigt hatte, war von seinem eigenen Bruder unter falscher Anschuldigung hinter Gitter gebracht worden und hatte es in den beiden Jahren wohl nie verstanden, sich zu entlasten, möglicherweise sogar nur deshalb nicht, weil er des Schreibens und Lesens unkundig ist.

Sein Bruder, der üble Kerl, Junkie und Hurenbock, sei damals zu allem Elend noch dem Glücksspiel verfallen und habe allmählich sein und anderer Leute Habe verloren. Zuletzt wäre er auf die verzweifelte Idee verfallen, seine eigene Tochter als Pfand einzusetzen, um auch diese dem Spielteufel als Opfer darzubringen. Der alte Yussuf Massih, der seinen Bruder schon häufig wegen seiner Laster und Verfehlungen zur Rede gestellt und immer nur schlechte Antworten erhalten hatte, Yussuf Massih wußte sich keinen besseren Rat, als die mißbrauchte Tochter seines von allen Teufeln gerittenen Bruders zu entführen und bei sich daheim zu verstecken.

Der liederliche Vater des Kindes, der bei seinen Spielfreunden nun allen Kredit eingebüßt hatte, war außer sich über die ‚gute Tat' seines Bruders und schwor ihm Rache. Diesen Schwur tat er nahezu besinnungslos vor Trunkenheit im Bett einer Dirne, Lulu, einer stadtbekannten ‚Madam'. Mit diesem Schwur wollte er die verblichene Schöne beeindrucken, denn sie hatte ihn in letzter Zeit doch recht satt bekommen. Just am selben Tag hatte sie dem glücklosen Spieler zu verstehen gegeben, daß er sich anderswo einquartieren möchte, bei ihr im Bett sei seines Bleibens nicht länger. Das Unglück schlug also von allen Seiten auf das Haupt des Gebeugten ein. Nichts, als das verzweifelte Bemühen, ein wenig Anerkennung zu finden, mag den Spieler dazu getrieben haben, seinen Bruder ins Unglück zu stürzen. Daß er überhaupt glauben konnte, andere Leute mit einer solchen Untat beeindrucken zu können, lag gewiß nur an dem schlechten Umgang des Mannes. Er pflegte mit jenen zu verkehren, die an Mord, Raub und Betrug ihr Gefallen hatten. Nicht umsonst legen uns alle edel gesinnten Freunde und Lehrer der Menschheit in der Wahl unserer Freunde äußerste Zurückhaltung auf.

Kurzum das gestrauchelte Menschlein in seiner Tücke lieferte den eigenen Bruder ans Messer, indem er am Morgen darauf, zusammen mit Lulu, seiner Gefährtin der Nacht, welche vergeblich die Altersringe und tiefen Spuren ihrer Liederlichkeit mit farbiger Salbe zu tilgen gesucht hatte, indem er also mit dieser Dienstmagd männlicher Leidenschaft die Frauen-Polizeistation aufsuchte und bei einer Inspektorin namens Hanusch Suleika, einer alten Gefährtin der Lulu, die Anzeige gegen seinen Bruder zu erstatten. Aus einem langatmigen Sermon übelster Beschimpfungen, von falschen Tränen beschworen, filterte die Polizistin für ihr Protokoll folgenden trüben Sachverhalt heraus:

»Der Latrinenputzer Yussuf Massih, Sohn des Isaak Massih aus dem

Dorf Isapur wird von seinem persönlich hier erschienenen Bruder Ibrahim Massih beschuldigt, des Ibrahim Tochter, das zwölf-jährige Mädchen, Luna Massih, seine eigene Base entführt zu haben und in seinem Haus gefangen zu halten, denn er sei in sündhafter Liebe zu dem Kind entbrannt. Yussuf zwinge das Mädchen fünfmal täglich zum Beischlaf.«
Die Hanusch Suleika, itzo fromme Dienerin des Staates, fügte noch an, »Dies allein sei gewiß eine verwerflichere Sünde als die Gotteslästerung. Der Christ Yussuf Massih sucht darin seine Muslimbrüder zu verspotten, denn fünf ist die Zahl der Gebete am Tag eines jeden frommen Muselmanen. Darum obliegt es Euer Ehren festzustellen, ob auch Gotteslästerung zu den Verfehlungen des Yussuf Massih gehört«.
Freilich hatte der närrische Bruder des Yussuf niemals die Absicht besessen, seinen Bruder der Blasphemie zu zeihen, denn ein Verstoß gegen dieses Gesetz bedeutet im sittenstrengen Pakistan die Todesstrafe, falls der Richter von der Schuld des Angeklagten überzeugt ist. Soweit ging des spielsüchtigen Bruders Rachebedürfnis nun doch nicht, allein er unternahm auch nichts, den schweren Vorwurf zu entkräften, weil er sonst hätte zugeben müssen, alles bloß erfunden zu haben.
Dies war der Sachverhalt, wie Yussuf Massih ihn mir geschildert hatte und wie ich ihn in aller Kürze schriftlich dem Richter dargelegt. Einen weiteren Brief, auf Wunsch des Babu, schrieb ich an Asif Zardari, den Ehemann der vormaligen Premier Ministerin Pakistans, Mrs. Benazir Bhutto, der hier im Central Prison von Karachi unter dem Vorwurf der Bestechlichkeit im Amt einsaß – Mr. ‚Zehn Prozent' wie er auch genannt wurde, als er noch Minister im Kabinett seiner Ehefrau war und viel Geld abgeschöpft haben soll – wie dem auch sei, Yussuf Massih glaubte, der ›Zardari-Sahb‹ müsse noch immer ein sehr einflußreicher Mann sein, obwohl er jetzt das harte Brot der Gefängnisküche esse.
Ob meine Briefe Erfolg gezeitigt, die Anschuldigungen des Bruders zu entkräften, oder ob nur die Tatsache, daß dieser Bruder inzwischen verstorben war, zur Entlassung des Latrinenputzers geführt hatte, vermag ich nicht zu sagen. Die Tochter des toten Bruders, Luna Massih, die Stein des Anstoßes gewesen war, sie wurde nach seiner Haftentlassung in die Obhut Yussuf Massihs gegeben.

4. Nacht

Die Heimkehr

Ich hätte es sicher längst vergessen, so lange ist es her, daß ich das erste Mal Opium genossen habe, wenn das Ereignis weniger bedeutsam gewesen wäre. Doch die wichtigen Ereignisse im Leben werden nicht so leicht vergessen und von den damit verbundenen Umständen abgeleitet kann ich sicher datieren: es war im Sommer des Jahres ...

Zu jener Zeit weilte ich auf dem Land, unter kunstbeflissenen Menschen, denen ich drei höchst ereignisreiche Jahre zu verdanken habe. Ich lebte nicht ganz freiwillig in dieser Gemeinschaft von Wahlverwandten. Die Arbeit in den Werkstätten, jene auf dem Bauernhof oder in der Käserei, überall wurde dem Theater zugearbeitet also der Kunst. Darüber hinaus waren alle, der etwa 120 dort lebenden Menschen, sowohl die Mitarbeiter als auch die ‚Patienten' gehalten, aber nicht gezwungen, am Theaterspiel teilzunehmen. Zu Anfang fütterte ich morgens die Kühe und mistete den Kuhstall aus, während ich nachmittags und abends im Theater klassische Dramen probte. Wir entwarfen Kulissen und Kostüme selber und spielten im ersten Jahr ›Peer Gynt‹* von Henrik Ibsen*. Mit diesem fünfstündigen Drama im Gepäck gingen wir wochenlang auf Tournee, zuletzt gar bis an die äußersten Ränder Europas, zum Beispiel nach Tiflis, Georgien, oder Budapest, Ungarn oder Ajaccio, Korsika. Immer war es ein großer Spaß und eine sehr aufregende Erfahrung. Die Theaterarbeit half mir, von allen Drogen abstinent zu bleiben. Tatsächlich empfand ich während der Bühnenarbeit zum ersten Mal die wirkliche Notwendigkeit, nüchtern, geistesgegenwärtig, wach zu bleiben – obwohl das Verlangen, eine Droge zu nehmen, nie verstummte.

Normalerweise hängt es nur von der Verfügbarkeit der Droge ab, wie lange einer *clean* bleibt, doch hier, im Theater, erhielt ich meine *Kicks* auf den staubigen Brettern, die uns eine neue, hinreißende Welt bedeuteten, nachdem wir so lange in der Welt des Todes nur Nebenrollen gespielt hatten. Dies währte unangefochten von irgendwelchen Rückfällen insgesamt fast vier Jahre lang, als mir während einer kleinen Pause in der Theaterarbeit prompt der Versucher begegnete, und zwar in

Gestalt einer bezaubernd schönen Blume. An jenem schicksalhaften Tag im Frühsommer führte mich mein Weg, wie schon so viele Male in den Tagen und Wochen zuvor, an einem Bauerngärtlein vorüber, diesmal aber war über Nacht eine bedeutsame Veränderung eingetreten.

Die Vögel zwitscherten im Geäst ihre Frühlingslieder. Ein blaues Firmament wölbte sich hoch über meinem Scheitel. Weiße, bauschige Wolken zogen dahin. Und vor mir, jenseits des niedrigen Zauns, hatte der Schlafmohn zu blühen begonnen! Als ich das kleine, wild wachsende Feld entdeckte, da war ich hingerissen von seiner Schönheit und keineswegs von der Frage berührt, ob ich denn überhaupt das ‚Gift' dieser Blumen ernten, das Opium daraus gewinnen sollte, sondern einzig, wann ich es tun würde, sofort oder erst am Abend bei Dunkelheit.

Schlafmohn! du unscheinbare Pflanze himmlischen Glücks und höllischer Leiden. Ich kannte Opium als das Manna, das Soma vieler Generationen von Dichtern und Weisen, hatte es auch selber schon ein paarmal probiert, doch stets nur als Ersatz für das stärkere Opiat. Jetzt aber, nach vier Jahren der Abstinenz sollte ich die zarte Blume als *die* Droge schlechthin kennenlernen.

Man stelle sich vor, irgendwo auf dem Lande, weitab von allen Handelsrouten und -plätzen der sogenannten Rauschgift- Mafia fand ich die Droge aller Drogen als eine Blume im Garten stehen, frei verfügbar, kostenlos, rein! Kein Dealer, keine Polizei und keine unerschwinglichen Preise stellten sich meinem Verlangen entgegen, nur ein niedriger Gartenzaun. Blind war ich über dreißig Jahre meines Lebens durch die Welt geirrt und hatte diesen Schatz sozusagen unter meiner Schwelle schlichtweg übersehen. Nun aber, nachdem ich seinen Wert einmal erkannt hatte, blieb ich dem blaßblauen Blümelein über Jahre ein treuer Verehrer und anhänglicher Freund.

Bauerngärtlein, du schlichte Erdkrume, in der die himmlischen Freuden wachsen. Ich wartete nicht bis zum Abend, um die Pflanzen zu ernten, nein, ich setzte, noch ehe ich einen Entschluß dazu gefaßt, sogleich über den niedrigen Jägerzaun und bediente mich in Gottes eigener Apotheke.

Der Zufall hatte mich darauf gestoßen, doch von da an ging ich mit Vorbedacht, ja, mit System zu Werke. In manchem Winkel dieser rein bäuerlichen Umgebung wuchs und blühte zur Sommerszeit der Schlafmohn, es galt ihn nur zu finden. Ich konnte mit dem Rad durch die Felder und Wiesen streifen und brauchte nichts weiter zu tun, als die Augen offen zu halten, um die bläulich-grünen Blätter, die lila-weißen Blüten, die gekrönten, runden Kapseln des *papaver somniferum* zu entdecken.

Obwohl ich noch ein Anfänger in den Mysterien des Opium-Genusses war, kochte ich mir einen Tee von den grünen Pflanzen, trank die seifig-schmeckende Ambrosia und – wartete. Nach kaum einer Stunde, Himmel, wie hatte sich die Welt verändert. Welch ein Erwachen! Aus dem tiefen Morast gemeiner, alltäglicher Drangsal stieg ich auf zu den Höhen meines geistigen Selbst. Alles Schattenhafte, Grüblerische flog von mir, wurde von den Schlünden göttlicher Freuden verschlungen. *Hier war ein Heilmittel für alle menschliche Brest, hier lag das Geheimnis des Glücks, über das die Philosophen aller Zeitalter gestritten haben*: Glück, das im Garten gedieh, der innere Frieden wuchs gleich neben dem Kohl.

De Quincey*, der Englische Opiumesser, faßte es vor fast zweihundert Jahren in die Worte: *Selbst die innigsten Freuden des Opiums sind von ernster, feierlicher Beschaffenheit und noch in seinen glücklichsten Augenblicken wird sich der Opiumesser nicht im Charakter des* Allegro *präsentieren, selbst dann spricht und denkt er, wie es dem* Il Penseroso *ansteht.*

An dieser Stelle nun, fügt De Quincey drei Worte ein, die sich auf die zahllosen Kommentare beziehen, welche bisher schon zu den körperlichen Auswirkungen des Opium-Genusses geschrieben worden sind, *sei es von Globetrottern in Indien oder von den sogenannten Experten, von der Kanzel herab:* ***Lügen! Lügen! Lügen!*** Dem habe ich nichts hinzuzufügen. *Gewiß, es ist nicht zu bestreiten, daß auch schon etwas Wahres geschrieben wurde, in Bezug auf Opium, zum Beispiel, daß Opium von rötlich-brauner Farbe sei, zweitens, daß einer sterben könne, wenn er zuviel davon zu sich nehme und drittens, daß es teuer sei.* Mag auch der Preis für ein Kilo am Khaiberpass nur 100 Mark betragen, so habe ich in Deutschland doch niemals weniger als das 2000fache dieses Preises bezahlt, was unerfreulich kostspielig wird für jemanden von so regelmäßigen Gewohnheiten wie ich. Damit aber sind wir schon am Ende der kurzen Liste über die unstrittigen Behauptungen, die über Opium jemals aufgestellt wurden. Was jetzt folgt könnte man getrost der Abteilung Fabeln und Märchen

zurechnen, wenn ihre Autoren nicht für sich in Anspruch nähmen, im Namen der Wissenschaft, ‚Aufklärung' zu betreiben.
Erstens, Opium könne, so wird immer wieder behauptet aber nicht bewiesen, Opium könne einen Rausch erzeugen. Ich aber sage, keine Menge an Opium hat jemals einen Rausch hervorgerufen, es vermag überhaupt nicht zu berauschen.
Ich muß freilich hinzufügen, daß dies nur für Rohopium gilt und nicht für das in De Quinceys Zeit übliche ‚Laudanum', das einen gewissen Anteil Alkohol enthielt und deshalb, einzig wegen des Alkohols, einen Rausch hervorrufen konnte. Opium selbst erzeugt keinen Rausch!
Das Problem liegt vermutlich darin, daß alle ‚Experten', die sich bisher über das Thema Opium zu Wort gemeldet haben, immer von einem Begriff des Rausches ausgegangen sind, wie er von Alkohol bekannt ist, mit anderen Worten, die ‚Experten' selber waren Trinker und sie schrieben oder sprachen für ein Publikum von Trinkern und wußten von Opium gar nichts.
Noch einmal, um der vollkommenen Klarheit willen: Opium ist ungeeignet, einen körperlichen Rausch zu verursachen, wie er von Alkohol bekannt ist, nicht nur ziemlich ungeeignet, sondern von seiner ganzen Natur her ungeeignet; es unterscheidet sich sowohl in seiner Stärke als auch in seiner Wirkung, in seinem Wesen. Die Wirkung des Alkohols nimmt mit der konsumierten Menge zu: je mehr ich trinke, desto betrunkener werde ich und desto näher komme ich einer tödlichen Vergiftung. Opium dagegen wird einmal gegessen und ohne ‚nachzulegen' hält seine Wirkung über acht bis zehn Stunden an und fällt danach wieder langsam ab.
Nähme ich anfangs zuviel davon ein, dann könnte ich das Opium nicht mehr genießen, weil sich Übelkeit und Erbrechen einstellen würden, schlimmstenfalls der Tod.
Ein wichtiger Unterschied besteht auch darin, daß Alkohol einen Zustand der Desorientierung oder Verwirrung hervorrufen kann, dagegen schenkt Opium, bei sachgemäßem Umgang, Konzentration und Gelassenheit. Alkohol beraubt den Menschen seiner Selbstbeherrschung, Opium hilft ihm, sich zu beherrschen, kräftigt seine Entschlossenheit. Alkohol schwächt das Urteilsvermögen, Opium, im Gegensatz dazu, vermittelt Ruhe und Gelassenheit, bringt unsere edelsten Anlagen hervor und erzieht zur Mäßigkeit im allgemeinen. Ich vermute, es schenkt eine Art von Lebenswärme, die der körperlichen Gesundheit sehr zuträglich ist.

Freilich vermag auch der maßvolle Genuß eines alkoholischen Getränks die Verstandeskräfte in gewissem Umfang zu steigern – ein paar, wenige Gläser Wein bringen uns dazu, manche Zurückhaltung aufzugeben, die wir uns im nüchternen Zustand auferlegen und wir erscheinen darum brillanter, kühner in unseren Ausführungen. Mit Opium verhält es sich anders, es wird die Wogen unserer geistig-seelischen Verfassung glätten und das Zerfahrene bündeln, unsere Konzentration also steigern. *Kurzum, bei einem Betrunkenen drängt das Allzu-Menschliche an die Oberfläche, während beim Opiumesser das Erhabene zum Vorschein kommt, und ein Zustand heiterer Gelassenheit von ihm Besitz ergreift.*
Soweit also Thomas De Quincey, der in seiner ersten Ausgabe der ‚Bekenntnisse' noch recht euphorisch über Opium urteilte, später aber zu einer vorsichtigeren Bewertung kam. Jean Cocteau schreibt: »*Der Alkohol bewirkt Anfälle von Irresein. Das Opium bewirkt Anfälle von Weisheit.*«
Nachdem ich drei Jahre Theater gespielt und in einer Gemeinschaft von Wahlverwandten gelebt hatte, folgten wieder ein paar Wanderjahre, die mich zu ferneren Ufern führten und, zu meiner Beschämung, auch in so manches Gefängnis hinein. Eine Konsequenz, die ich als die eigentliche Schattenseite der berauschten Lebensweise bezeichnen möchte, die Hölle der künstlichen Paradiese. Wer sich heutzutage mit dem Paradies einlassen möchte, muß bereit sein, Strafe auf sich zu nehmen. Wie gut hatte es da der Englische Opiumesser, er starb als ein Ehrenmann im Alter von 74 Jahren auf seinem Landsitz in Westmoreland, Groß-Britannien. Über vierzig Jahre seines Lebens hatte er Opium genossen, manchmal bis zu 40 Gramm am Tag, und er hat deswegen nicht eine Stunde im Gefängnis sitzen müssen.
De Quincey schreibt in seinen Opium-Bekenntnissen einige Male über seine Versuche, den Opium-Genuß zu verringern oder ganz einzustellen, was ihm tatsächlich nie gelungen ist. Der Englische Opiumesser litt unter den gleichen Schmerzen, wie jeder Morphinist sie schon erfahren hat, wenn er sich zu entziehen suchte – Schmerzen, die jeder Beschreibung spotten. Aber noch etwas war dem Englischen Opiumesser aufgefallen, das auch mir zugestoßen ist, er litt während seiner Opiumexzesse, in denen er täglich bis zu vierzig Gramm geschluckt haben soll, unter abscheulichen Alpträumen. Nacht für Nacht haben auch mich die finstersten Gesichte heimgesucht, so daß ich manchmal nur mit größter

Furcht meinen Kopf auf ein Kissen bettete. Die Ursache dieser abscheulichen Träume liegt in einer zu hohen Dosierung. Opium läßt sich nicht straflos mißbrauchen! Ich habe aus meinen Erfahrungen und aus dem, was De Quincey schrieb gelernt, mich zu bescheiden. Opium, wie jedes ‚Rausch'-Mittel, verändert den Schlaf sehr zu seinem Nachteil. De Quincey verlor eine von ihm innig geliebte Tochter der Wordsworth Familie, ich habe meine junge Frau an ihrem Sterbebett dahinscheiden sehen und danach in hohen Dosen Opium Trost zu finden gehofft, wenngleich vergebens. Nachts, wenn ich das Licht gelöscht, die Augen geschlossen hatte und in einen leichten Schlaf gefallen war, suchten mich die grauenvollsten Alpträume heim, Dunkelwelten der Eingeschlossenheit, leibliche und seelische Qualen marterten mich Nacht für Nacht, so daß ich bald jeden Wunsch auf Schlaf verlor und nur noch mit bangem Herzen meine Augen schließen konnte. Als ich dann in De Quinceys Bekenntnissen las, daß ihm vor 150 Jahren ganz ähnliches widerfahren war, da wußte ich, was ich zu tun hatte, um nicht länger meinen Schlaf fürchten, auf dieses Labsal für Leib und Seele verzichten zu müssen. Immer wenn es mir gelang, die tägliche Menge an Opium zu verringern oder es ganz aufgeben mußte, im Gefängnis zum Beispiel, dann verschwanden auch die Alpträume und mein Schlaf wurde erquicklicher.

S.i.R. – eine Nachtmahr im Karachi Central

Von einem weiteren Alptraum sei hier die Rede, von S.i.R., einem Sergeant im Ruhestand. Er ist uns vor etwa drei Monaten neu zugegangen. Der Mann aus dem *Pandschab** ist 53 Jahre alt, hat breite Schultern, einen Trinkerbauch und sein ergrautes Haar hängt modisch lang über das rechte Ohr herab. Er wurde, wie er selber behauptet, wegen versuchten Heroinschmuggels von 500 Gramm am Flughafen Karachi festgenommen und ins Zentralgefängnis eingeliefert. Bald darauf kam er zu uns in die Zelle.

Er liegt im Augenblick, da ich dies schreibe, in seiner zu jeder Stunde des Tages liebsten Stellung, auf dem Rücken, den Blick verstellt von

den geschlossenen Lidern. Eine aufgeschlagene Zeitung bedeckt die Kugel seines Bauches, die Brille hält er in den gefalteten Händen über dem ausgewölbten Nabel und er ist laut am Schnarchen.
Der Schläfer zwischen uns liegt Fakhri, von mir aus gesehen, an der gegenüberliegenden Wand. Er hält eine brennende Zigarette zwischen den Fingern und starrt vor sich hin ins Leere.
Schorta, der kleinste und jüngste unserer Zelle, hockt mit dem Rücken zu uns nahe der Gittertür, ein kleiner Spiegel steht vor ihm und er ölt sich das kurze, lockige Haar mit einem roten, übelriechenden Hokus-pokus-Öl, das er sich von einem *Maulwi** oder *Hakim* beschafft hat. Schorta wird hier im Gefängnis beständig von irgendwelchen Krankheiten heimgesucht: Afterbluten, Geschwüre an den Zehen, jede Nacht einen Abgang, und er hofft mit seinen Zaubermittelchen, unterstützt von beständigem Beten, einen gesunden Leib und seine Freiheit wiederzuerlangen. Auch diese Beschäftigung, wie jene Flach-auf-dem-Rücken-liegende des S.i.R., ist eine des Tages mehrfach geübte.
John, unser christlicher *Bardaschi,* hat sich aus den blauen Wasserfässern und einer umgestülpten Kanne ein Schlagzeug gebaut, das er kunstfertig zu bedienen weiß. Solange er seine Stimme, die schrille, nicht überdiemaßen laut zum Schreien erhebt, weiß er zu gefallen. Auch zu kochen versteht er recht artig, bisweilen sogar hervorragend.
Der S.i.R. hat aufgehört zu schnarchen und hebt just seine Lider und blickt eiskalt, haßerfüllt zu mir auf. Ich fahre nicht wenig erschrocken auf, ob dieser scheußlichen Härte, Erbarmungslosigkeit in seinen Augen und frage mich, welchen Anlaß ich dazu gegeben haben könnte. An Fakhri gewendet nuschelt der S.i.R. auf Englisch, damit auch ich es verstehen kann:

»Vic sitzt den halben Tag in der Latrine, hast Du keine Pillen mehr?« dabei wirft er einen tückischen Blick auf mich, den ›Junkie‹. Fakhri antwortet:

»Daß Dir doch sein Wohlbefinden so am Herzen liegt? Aber, wo Du von der Latrine sprichst, hat nicht heute abend Dein Leibdiener, der *Gandu,* [Schwule], Dir im Dunklen was besorgt? Oder war's bloß die sauberste der zehn verschissenen Schüsseln die er für Dich ausprobiert hat?«

»Nein!« fährt der S.i.R. kreischend auf und schürzt wütend die Au-

genfältchen, »Ich kam von der einen Seite und der *Gandu* von der anderen. Wir haben uns zufällig dort getroffen.«
Ich grinse über beide Backen und Fakhri witzelt weiter auf Kosten des S.i.R., der darüber zornig die Stirn kräuselt und schwarz anläuft.
S.i.R. ist ein großer Schwätzer und übt sich den ganzen Tag im *Gapschap**. Der alte Soldat im Ruhestand offenbart mir täglich mehr eine tiefgreifende Gemütsstörung, als stünde er am Rande des Wahnsinns. So ist er bereits unwiederbringlich dem Altersstarrsinn und der Altersselbstsucht anheimgefallen und erleidet cholerische Anfälle, das heißt, vor allem leiden die anderen unter seinen Ausfällen.
S.i.R besitzt die ausgeprägte Unart, über abwesende Dritte nur auf höhnische Weise zu sprechen und in ihrer Gegenwart einen unernsten, herablassenden Ton anzuschlagen. Seine anmaßend faulen Späße sind übelkeitserregend. Er ist ein großer Freund der Anussprache des Gefängnisses.
Das Abendessen wird aufgetragen, ein hausgemachter *Sallen** aus *ladyfinger*-Gemüse, vorzüglich gewürzt und in Fett schwimmend, dazu *baka** Fladenbrot. Der S.i.R. liebt die scharfen grünen Pfefferschoten und schmatzt ein wenig beim Essen. Schorta hockt neben mir und ißt aus der selben Schüssel wie ich. Es gelingt ihm spielend noch lauter zu schmatzen als sein pandschabischer Vetter. Schorta kauert während des Essens wie ein kleiner Affe auf seinen Fersen. Er schlürft die Speisen in sich hinein und schlingt sie mit großem Appetit hinunter. Fakhri dagegen bevorzugt die liegende Stellung ‚bei Tisch'. Er schaufelt die Öl triefenden Brothäppchen bedachtsam in sich hinein und ist imstande diese Prozedur zu jeder Stunde des Tages, auch spät in der Nacht noch, zu wiederholen. Die Speisen an ‚Fakhris Hof' sind gut und reichlich. Es wird mit Freuden gegessen und zu jeder dritten Stunde *Cay** serviert. Dazu reicht man alle paar Tage pakistanische Süßigkeiten, *Gulap sharman, Parfi,* [Zuckerwerk mit Milch], einen Pudding oder den süffigen Reisbrei, den berühmten *Kier.* Die Hauptgerichte bestehen aus den wohlschmeckenden *Sallen*, Gemüse- oder Fleischtöpfe, scharf gewürzt und in Öl schwimmend. In allem herrscht dabei die größte Einfachheit, denn wir sind schließlich im Gefängnis.
Ich sitze mit unterschlagenen Beinen in meiner Ecke, das Schreibbuch auf den Knien und empfinde wieder einmal sehr schmerzhaft meine

Abgeschnittenheit von den großen Kulturgütern der Menschheit, als gäbe es keine Kunst, keinen Wissensfortschritt, keine jahrtausendalte Zivilisation. Damals schon wußte man alles besser, zum Beispiel, wie lebensdienlich sauberes Wasser dem Menschen ist. Hier, um die zweite Jahrtausendwende in Karachi, schöpft man mit einer Blechdose aus dem Plastikeimer das trübe, stehende Naß. Gekocht wird auf offenen Feuerstellen mit einfachstem Geschirr.

Fakhri gegenüber sitzt S.i.R., und die beiden Herrn sind in ein Gespräch verwickelt, besser gesagt, sie üben sich in einer Art Affentheater: in Wortschüben stoßen sie, von Lachanfällen halb erstickt, die widerwärtigsten Reden aus. Jeder Satz, jedes Wort ist ein obszöner Fluch, ein falscher Schwur oder eine beleidigende Anmaßung. Es beginnt mit *Maka Kuss* [der Mutter 'Nille'], geht über zu *Lande* [Schwanz] und *Benschott* [Schwesterficker] und endet häufig mit *Lande tande* [‚Eis am Steiß' oder ‚kalter Schwanz', wie *Gandu,* auf schwul anspielend, denn wir sind ja im Knast].
Gewiß wollen sie sich nur verächtlich machen über unser entsagungsvolles Dasein, um sich dergestalt der Not ein wenig zu behelfen. Dabei steht jedem einzelnen der Ernst seiner ausweglosen Lage sichtbarlich auf der Stirn geschrieben. In ihren Augen ist jeder ein Sauertopf, der sich um seine Beschränkungen grämt, der leidet und glaubt, daß jede Stunde hier im Gefängnis eine vergeudete Stunde ist, von den wenigen, die ein Leben hat. Und die Moral? Es ist gut, das Licht seiner Vernunft zu putzen und in die Schule zu gehen, anstatt im Gefängnis mit Halunken zu verkehren.

Nachtischgespräch 1

Bis zu diesem Augenblick hatte sich Fakhri in seinem Benehmen mir gegenüber stets höflich, respektvoll und zurückhaltend benommen; doch jetzt, nachdem Ruffus uns verlassen hatte und jedermann wußte, daß er Schorta um 150.000 Rupien betrogen, da erschien er eifriger denn je bemüht, mir zu beweisen, daß er nicht so wie dieser große

Bastard war, der fast zehn Jahre sein Freund gewesen und mit dem er, als einziger aus unserer Zelle noch immer in Kontakt stand.
Eines Tages nach einem wohlschmeckenden Mahl, das uns Fakhris Mutter geschickt, nahm er mich zur Seite, wie es seine Gewohnheit war, wenn er sich mit einem von uns privat unterhalten wollte. Wer immer uns so allein auf- und abgehen sah wußte sofort, daß eine wichtige, sprich: Geldangelegenheit zwischen Fakhri und dem *Bardesi** diskutiert wurde. Wir reckten unsere Glieder, nachdem wir den ganzen Vormittag mit unterschlagenen Beinen auf dem Boden gesessen und zuletzt unser Mahl verzehrt hatten. Heute gab es gebratenen Fisch, zwei hausgemachte Chutneys, danach *Kier*, das heißt süßer, cremiger Milchreis und schließlich noch eine heiße Tasse Milchtee, sehr süß. Wir zündeten unsere Zigaretten an und liefen auf der Veranda auf und ab, dampfend wie zwei alte Lokomotiven.
Fakhri rülpste nach Herzens Lust, strich sich über seinen mächtigen Schnurrbart und sagte:
»Jetzt, nachdem uns dieser verdammte Idiot verlassen hat, wollen wir offen miteinander reden. Ich hätte mir nie vorstellen können, daß jemand so hinterhältig sein kann, unter meinen eigenen Augen den Freund eines Freundes zu betrügen; denn ich war es, der diesem Freund ein Versprechen abgegeben habe, dem Jungen nach Kräften zu helfen. Mein Freund wird sehr wütend sein, wenn er erfährt, daß Schorta um sein Geld betrogen wurde.«
Ich nahm einen weiteren Zug von meiner *Red & White* Zigarette und wand mich wie ein Aal – ich hatte mehr als nur den Verdacht, Fakhri müsse seine Hand im bösen Spiel gehabt haben und die Geschichte mit Schortas Geld wäre in Wahrheit eine abgemachte Sache zwischen ihm und seinem langjährigen Freund Ruffus gewesen – daher rührte mein Unbehagen, als ich ihm erwiderte,
»Solange er nicht denkt, Du bist es gewesen, der Schorta betrogen hat, solange kann Dir nichts Böses widerfahren. Doch hättest Du es eigentlich besser wissen müssen. Die ganze Zeit hing so ein fauler Gestank in der Luft, als Ruffus sich um Schorta kümmerte. Irgendwie habe ich das deutlich kommen sehen, ohne freilich zu wissen was genau vor sich ging, einfach, indem ich diese beiden wochenlang allein miteinander habe sprechen sehen, irgend etwas schien daran faul zu sein.«

Fakhri lachte, ohne den Mund zu verziehen und nahm ein paar Anis-Samen aus einem kleinen Päckchen *Chalia* und schob sie zwischen seine Zähne. Dann zündete er sich eine neue *Gold-Leaf*-Zigarette an und sagte:

»Im Grunde ist Ruffus ein Betrüger–«

»Wohl wahr, das ist er,« beeilte ich mich, ihm beizupflichten und fuhr fort, »wie die meisten Männer hier. Es scheint nicht viele Pakistanis zu geben, die es ehrlich meinen.«

»Mein Freund,« sagte Fakhri in beleidigtem Ton, »hast Du kein Vertrauen in mich? Wie könnte ich jemals einen Freund betrügen! Diese Jungs, einschließlich des verdammten Idioten Ruffus, sind arme Schlucker, glaube mir. Sie haben niemanden draußen, der ihnen helfen könnte, deshalb müssen sie jede Gelegenheit, die sich ihnen bietet, nutzen, um Geld anzuschaffen. Doch wie Du sehr gut weißt, helfen mir meine Eltern immer, und ich muß mich um meine Zukunft nicht sorgen. Freundschaft ist mir wichtiger als alles Geld der Welt. Was ist schon Geld, wenn du keinen Freund oder ein treues Weib hast, mit dem du es ausgeben kannst?«

Nachtischgespräch 2

Nicht lange darauf nahm mich Fakhri wieder zur Seite und sagte:

»Bei Gott, der Richter am Malir [Court] hat zehn Lakh Rupien gefordert, um Deinen Fall einzustellen.«

Ich rief, dümmlich seine Worte wiederholend:

»Zehn Lakh... um einzustellen–? Das wären ja gut zwanzig tausend US Dollars?!«

»Na und? Was sind schon zehn Lakh, wenn Du draußen bist und Geschäfte machen kannst? Ich werde Dir... ähm, mit fünf Lakh aushelfen–«

»Aber dann wären es immer noch fünfzehntausend Deutsche Mark.« Mein Freund, der sich eine weitere Gold-Leaf-Zigarette anzündete, blickte mich scharf von der Seite an:

»Sag, wieviel könntest Du äußerstenfalls aufbringen?«

»N-nicht mehr als... zweitausend US.«

»Das ist gerade mal ein Lakh–?! Pah, das wird nicht reichen. – Laß mich einen Augenblick nachdenken,... keine Angst, ich werde Dir helfen!« (Obwohl ich ihn niemals um diese Hilfe gebeten hatte.)

»Es gibt noch einen Weg, nicht ganz so elegant wie der erste, doch billiger, viel billiger, so daß Deine hunderttausend Rupien vielleicht reichen könnten.«

»Ja, ja« rief ich voller Eifer, um Interesse zu zeigen, mehr als ich tatsächlich besaß, und bloß, um meinen Wohltäter nicht zu verstimmen, denn er schien so bemüht, mir seine Freundschaft zu beweisen.

»Was für einen anderen Weg? Bitte, sprich, ich mache mir Sorgen.« Die letzten Worte sollten Fakhri nur die Gelegenheit schenken, zu sagen, was er nie müde wurde zu wiederholen. Doch diesmal spielte ihm sein schlechtes Englisch einen Streich:

»Fürchte Dich nicht, mein Freund, denn ich bin bei Dir. *Es gibt nichts auf der Welt, das ich für einen Freund tun würde,* nichts! – Was hältst Du von Abhauen?«

Ich bin sicher, mein Gesichtsausdruck ähnelte stark dem Schafsgesicht, das einer trägt, wenn er bei irgendeiner peinlichen Handlung *in flagranti* erwischt wird.

»Was meinst Du?« fragte ich, nur um Atem schöpfen zu können und meine Haltung wiederzugewinnen. »Du denkst doch nicht daran, ich soll über die Mauer springen und Fersengeld geben?«

Fakhri lachte laut auf und schlug mir hart auf die Schulter.

»Nein, das meine ich nicht. Vergiß die Mauer, da fließt ein hoher Strom durch die rostigen Drähte auf der äußeren Mauer. Kein Klettern über Mauern, kein Durchsägen von Eisenstäben, keine riskanten Sprünge aus sechs- oder acht Metern Höhe. Ich brauche bloß einem Freund Bescheid zu sagen, daß er Dich mit einem schnellen Motorrad bei Gericht abholen soll. Danach wirst Du Dich für einige Tage an einem sicheren Ort verstecken, bis wir Dir ein paar gültige Reisepapiere besorgt haben, die Dich über die Grenze nach Indien oder den Iran bringen können.« Ohne Zweifel fehlte meinem Gesichtsausdruck jene Portion Begeisterung, die mein Freund dort zu finden gehofft hatte. Und die Worte, die ich erwiderte, waren in keiner Weise geeignet dieses Defizit wettzumachen.

»Aber – äh – das klingt ganz schön gefährlich. Die Wachen am Gericht haben eine Menge alter Gewehre, sie könnten geneigt sein damit um sich zu schießen und jemanden treffen... zufällig.«
Fakhri nahm meine Worte nicht sonderlich ernst, er lachte nur und rief,

»Fürchte Dich nicht, mein Freund! Solange ich bei Dir bin, wird Dich keiner erschießen, es sei denn, Du erschießt dich selber.« rief er lachend und fügte noch mehr der Worte an, die ihm in meiner Gegenwart so leicht über die Lippen kamen. Aber je länger ich Fakhri zuhörte, desto weniger war ich davon überzeugt, daß seine Versprechungen jemals in Erfüllung gehen würden, möglicherweise niemals gemeint waren, in Erfüllung zu gehen.

5.
Eros
Karachi Central: Hurenhaus

Während der heißen Sommernächte war das Unvermeidliche eingetreten, zwischen dem langen Ruffus und dem jungen Pathanen, Rajwalli, unserem Sklaven. Schon Tage zuvor hatten sie eine ganze Reihe von Dramen aufgeführt, wie sie unter Liebenden üblich sind, allein, diesmal spielten sie sich ganz offen vor unseren Augen ab. Ich konnte mich des Eindrucks nicht erwehren, inmitten eines Bordells zu hausen – freilich die pakistanische Sorte.

Die glühende Hitze des Sommers von Karachi wurde mit jedem Tag unerträglicher. Die drei jungen Männer in unserer Zelle waren die halbe Nacht damit beschäftigt, die rasende Begierde des langen Ruffus zu stillen. Rajwalli war auserkoren, den krönenden Abschluß herbeizuführen. Wenn wir anderen schliefen, löschten sie das Licht, um jene vollkommene Dunkelheit herzustellen, die eine unerlässliche Voraussetzung ist, um im Karachi Central ‚Liebe zu machen'. Tatsächlich schraubten sie, in Ermangelung eines Schalters, die Glühbirne aus der Fassung, was ein ernster Verstoß gegen die Anstaltsordnung darstellte.

Schon während der vergangenen Nächte hatte der junge Pathane viele Stunden damit zugebracht, Ruffus' übergroße Leibesglieder zu massieren und am Schluß, wenn alle schliefen, es ihm tüchtig zu besorgen.

‚Lamba', wie wir das lange Ungeheuer auch nannten, litt gerade zu dieser Zeit unter jenen bösen Hautinfektionen, die während der heißen Sommertage den Insassen des KCP zu schaffen machten, schmerzvolle Abszesse, große rote Beulen, hart geschwollen, die nur mit einem guten Dutzend Antibiotika-Pillen zu bekämpfen waren. Rajwalli, der junge Pathane wurde von Ruffus angewiesen, mit seinen von der Hausarbeit rauhen Fingern stundenlang zärtlich streichelnd um diese roten Beulen zu kreisen. Das lange Ärgernis mochte in diesen Tagen wohl fünf von jenen dicken, roten Pimpeln besessen haben und einer wuchs groß und hart an seinem Rektum oder Anus. Er befahl Rajwalli, sich dieser Schwellung mit ausgesuchter Gründlichkeit anzunehmen und sagte:

»Blase, Kleiner, blase tüchtig in die Spitze, bis sie dicker, immer dicker schwillt. Und dann, mein Bruder, melke, melke auf und nieder, auf und nieder, bis das Horn sich prall gefüllt und in einem Schwall zuletzt...«

Dazu lag er flach auf dem Bauch, die riesigen Glieder weit von sich gestreckt und nur mit einem kurzen *Lunghi* bekleidet – ein Tuch, das gewöhnlich bis über die Fußknöchel herabhängt. Doch Ruffus hatte den Rock geschürzt, so daß sein Gesäß nur knapp bedeckt war. Rajwalli beugte sich über ihn, blies und blies, ließ eifrig dazu die Finger spielen, dicht an Lambas... *Gaan**.

In einer dieser Liebesnächte kam, unerwartet wie gewöhnlich, gegen ein Uhr früh der Superintendent in Begleitung einiger Jailer und Sepoys auf seiner Runde unmittelbar an unserer Zelle vorüber. Die vollkommene Dunkelheit in unserem *Coli* erregte des äußerlich sehr klein geratenen Mannes Argwohn. Wahrscheinlich wird er mehr geahnt als gehört haben, was dort in der Heimlichkeit des dunklen Loches vor sich ging. Er blieb vor der Gittertür stehen und schrie in den höchsten Tönen der Empörung:

»Warum ist hier kein Licht?! Ab in die Baracke mit ihnen!«

Etwa zwanzig Minuten darauf – es mochte ungefähr halb zwei Uhr morgens gewesen sein, Ruffus hatte just sein Gliedmaß, das geschwollene bedeckt und die Glühbirne eingedreht – da kam, sehr verschlafen, unser Tages-Sepoy angetrabt, der klirrende Schlüsselbund in seiner Hand und in seinem Kielwasser sechs oder sieben von der Nachtschicht. Er öffnete geräuschvoll die Gittertür und rief:

»Raus mit Euch, *Benschott*, Ihr werdet in der Baracke schlafen!«

Wir erhoben uns schläfrig und wurden zur nächstgelegenen Baracke geleitet. Im KCP lebt die Mehrheit der Gefangenen in solchen Baracken und jede dieser elenden Behausungen ist stark überfüllt und zwar mit einem Vielfachen der ursprünglich vorgesehenen Belegung. Zu jener Zeit steckten durchschnittlich etwa zweihundert Gefangene in einer solchen Halle, die ursprünglich nur für siebzig Mann vorgesehen war. Zwei Latrinen und ein Wassertank gehörten zur Grundausstattung, das heißt soviel und nicht mehr wurde vom Government für die ‚Bequemlichkeit' der Gefangenen beigesteuert. Wir sieben – genauer, wir sechs, Fakhri, wie üblich, wurde das Privileg zugestanden, in der Fünf-Mann-

Zelle seiner Freunde den Rest der Nacht zu verbringen – wir sechs also mußten unsere vergleichsweise behagliche Zelle verlassen, um Leib an Leib gepreßt in der Gesellschaft von zweihundert lauten, streng riechenden, allerlei Krankheiten tragenden Männern zu schlafen. Da ich bisher niemals in einer Baracke gehaust, außer für ein paar Stunden am ersten Tag, so war dies nun eine Erfahrung, wie ich sie meinem Feind nicht wünsche. Allein die Tatsache auf Handtuchbreite schlafen zu müssen, mit pulsierenden Körpern an jeder Seite, die deinen Bewegungsspielraum stark einengten, bewirkte, daß ich für den Rest der heißen Sommernacht ohne Schlaf auskommen mußte. Doch das Schlimmste brachte erst der neue Tag mit sich: das Geschrei aus zweihundert Männerkehlen und die unerquickliche Tatsache, daß jeder dieser gequälten, eingepferchten armen Teufel gewiß fünfmal am Tag barfüßig deinen Schlafplatz überqueren mußte, wenn er zur Latrine ging oder von ihr zurückkam, das heißt, sein *Vuhzuh** verrichtete, die rituelle Waschung vor jedem der fünf Gebete des Tages. So kann es nicht verwundern, daß sich Hautkrankheiten, vor allem Krätze und Furunkulose, wie ein Feuer unter den Gefangenen ausbreiten konnten.

Tagsüber war Fakhri sehr eifrig bemüht, uns wieder zurück in die 7-Mann-Zelle zu bringen. Zu Anfang schien es unmöglich zu sein, weil die Anweisung vom Superintendenten persönlich gegeben worden war. Doch endlich am dritten Tag gelang es Fakhri, unserem Wohltater, dem Deputy der Anstalt – übrigens ein ehemaliger Gefangener des KCP! – eine große Summe Rupien in Aussicht zu stellen und einen Vorschuß von viertausend gleich auszuhändigen, so daß wir noch am selben Abend wieder in unsere Zelle ziehen konnten – dem Allerbarmer, dem Gnädigen sei's gedankt!.

Glücksspiel

Wie schon geäußert, hatte Fakhri in letzter Zeit zu spielen begonnen. Täglich saß er mit zwei- drei- oder vier anderen von ähnlicher Wohlhabenheit wie er in unserer düsteren Zelle und spielte Karten. Bis auf den Lärm des Ventilators war kein anderes Geräusch zu vernehmen, als das Mischen der Karten und ein gelegentlicher Hustenanfall Fakhris. Ein Päckchen *Gold-Leaf* lag vor ihm und leerte sich mindestens ebenso schnell wie seine Taschen. Alle Zeit hing ein glimmender Stengel in seinem Mundwinkel und eine Spirale bläulichen Rauchs stieg kringelnd von der Glut auf und fand seinen Weg in die Nasenlöcher des Gequälten, was ihm nicht wenig zu mißfallen schien, wie die tiefen Unmutsfalten um seine Augen verrieten. Während des Spiels wirkte jeder von den Herrn Kartenhaltern äußerst bedrückt und keiner sah auch nur im entferntesten glücklich aus. Sie sprachen kein Wort, bis auf die wenigen, welche für das Spiel unerläßlich waren. Stille, o kostbare Stille, ein seltener Genuß: sprachlose, gefangene Pakistanis.

Der vierte Mann erschien gewöhnlich schon vor dem Frühstück und sofort kramten sie die Karten hervor. Nicht, daß sie um große Einsätze gespielt hätten, doch konnte einer gut zweitausend am Tag gewinnen oder verlieren, was dem durchschnittlichen Monatslohn eines Sepoy entsprach. So spielten sie bis in den späten Nachmittag hinein mit tief zerfurchten Gesichtern und pausenlos Zigaretten rauchend.

Allein, der ‚*Candyman*'* war wieder umgegangen und da meine Nase seitdem immer gut eingepudert war, konnte mich gar nichts kümmern und noch viel weniger mein Interesse wecken, außer jenes für mich selbst. So saß ich still in meiner Ecke, nickte ein, erwachte wieder, nickte ein... ein köstlicher Dämmerzustand, auf einem Faden so dünn wie eine Spinnwebe balancierend zwischen Wachen und Schlaf, Wachen und Schlaf...

Fakhri, der schon seit Tagen nur verloren hatte, gab erste Anzeichen des Unmuts und des Ärgers zu erkennen. Er beschimpfte John, unseren christlichen Bardaschi, mit den Worten,

»Du schwuler Sohn einer jüdischen Hure! Mach Deine verdammte Arbeit, sonst reiß' ich Dir den Arsch auf, Du Wichser!« und so weiter.

Plötzlich fiel sein Blick auf mich, den weit entrückten Victor, gerade dabei wieder einmal einzunicken. Fakhris Blick wurde noch härter und er sagte grollend:

»Hör zu, Freundchen, mir sind Beschwerden über Dich zu Ohren gekommen. Du bist beobachtet worden, wie Du hinter der Baracke zusammen mit den zwei *abgefuckten* Junkies einen durchgezogen hast.« Er nahm eine neue Zigarette aus der Packung und entzündete sie an der Kippe der alten. Ehe er ein weiteres Wort äußern oder sich einige Dutzend von meiner Seite anhören konnte, wurde er von einem bösen Hustenanfall erschüttert. In seinem Hals rasselte es, wie die rostigen Ketten einer alten Zugbrücke. Es dauerte eine Weile, bis er sich wieder beruhigt hatte. Ich hätte also ausreichend Zeit besessen, mit einer passenden Antwort seine Vorwürfe zu parieren, etwa des folgenden Inhalts: ›Vergiß's, du Schwachkopf! Du rauchst eine Zigarette an der anderen, prahlst täglich, mit wieviel Whisky Du draußen Deinen Verstand versoffen hast, Du bespringst jede Frau, wenn sie nur Deinen Weg kreuzt, und jetzt hast Du sogar noch mit Zocken angefangen, verspielst das Geld Deiner ahnungslosen Eltern – Laster, abgrundtief, wie die Hölle selbst, daß Euer über alles weiser Prophet, *Friede sei mit ihm**, allen Muselmanen streng auferlegt hat, sich diesen Fallstricken des Teufels bei Strafe nicht zu nähern – und da willst Du mir Schwächling wegen meiner Schwachheit irgendeinen Vorwurf machen? Obwohl ich mir nie, nie, *niemals* ausgesucht habe, noch je gefragt worden bin, ob ich in dieser billigen Schmierenkomödie mitspielen möchte?‹

So oder ähnlich oder tausendfach variiert hätte die Antwort ausfallen können, und wäre doch nie ganz falsch gewesen. Aber ich zog es vor zu schweigen und mir stattdessen die schalen Worte meines Wohltäters anzuhören:

»Überall im *Tschacker* wissen sie schon über Dich Bescheid. Der *Hawaldar* weiß es, jeder weiß, was mit Dir los ist. Hast Du kein bißchen Stolz? – Freilich, Du bist schwach –« er nahm einen tiefen Zug von seiner Zigarette, was er besser unterlassen hätte, denn sofort stellte sich ein neuer Hustenanfall ein. Schließlich, als er notdürftig seine Haltung wiedergewonnen hatte, prüfte er mit einem kurzen Seitenblick sein Blatt, nahm eine Karte vom Stapel, warf, nach kurzem Zögern eine aus der Hand ab und fuhr fort mit seiner Rede über die verdammenswerten

Verletzungen des hehren Codex von Recht und Moral.

»Wenn Du den ganzen Tag *stoned* 'rumläufst, werden sie Dich irgendwann schnappen. *Gandu*-Heimlich [*Hawaldar* Ali Hassan] könnte Dir wie nichts in den Arsch gucken lassen...« er schnippte mit zwei Fingern, wollte fortfahren in seiner Rede, stockte aber, denn in diesem Augenblick beendete der vierte Mann das Spiel und legte ganz leise, wie entschuldigend, seine Karten offen hin. Fakhri stierte fassungslos auf die ausgebreiteten dreizehn Karten, drei Dreier und einen Vierer – sie spielten Rommé, die pakistanische Art – und verlor den Faden, ‚Verdammt, wieder nicht gewonnen!' Er warf mit einem Seufzer die Karten von sich, streckte seine Beine aus, drehte sich auf den Rücken und kratzte sich an dem ewig juckig Stück Fleisch zwischen seinen Beinen. Der harte Blick seiner braunen Augen suchte meine Granit-Wand zu durchbrechen, doch es gelang ihm nicht, auch nur einen Stein zu lokkern. Nichts konnte ins weiche Innere vordringen, nichts durchbrach die Heroin-gepanzerte Brust. So lange ein gutes Quantum Diacetylmorphin* in meinem Blute schwamm, konnte keine ‚Gefühls'-Stichelei mich verletzen, noch je ein warmes Empfinden des Mitleids mein Herz berühren. Ich grinste schräg, hob ein wenig die schläfrigen Lider, gestand all diese abscheulichen Laster ein, wies noch auf eine Reihe anderer hin, die er gar nicht erwähnt hatte, bevor ich sie alle, mit einer knappen Geste meiner Hand, als bedeutungslos zur Seite wischte. Fakhris Antlitz verdunkelte sich und in seinen schwarzen Augen standen unverhohlen Zeichen des Zorns, als er sah, wie unberührt ich blieb von seiner feinen Rede über den hehren Codex von Recht und Moral. Doch er hielt an dieser Stelle inne, wohl wissend, daß es über diesen Punkt hinaus kein Zurück mehr gab.

Grenzerfahrung I

Auch ich übte mich zu Zeiten in einem gefährlichen Glücksspiel, wenn auch gänzlich anderer Natur. Einmal, in der Zeit vor Weihnachten, fuhr ich von Amsterdam kommend mit zwei prallgefüllten Taschen marokkanischen Cannabis' zur Grenze und parkte meinen Wagen auf der holländischen Seite in einem kleinen Wald. Von dort mußte ich das letzte Stück zu Fuß gehen, etwa einen halben Kilometer durch Felder und Wiesen, um zu einem Schlagbaum zu gelangen, von wo aus nur ein Schritt mich zur deutschen Seite führte.

Es war eine neblige Nacht im Spätherbst, und ich war in bester Stimmung und vermeinte schon das Weihnachtsgebäck zu riechen, das in irgendeinem der Bauernhäuser ringsum gebacken wurde. Der Schlagbaum, der die Grenze markierte, lag unmittelbar vor einem einsamen Gehöft, und jenseits dessen stand ich bereits auf deutscher Seite. Von dort führte ein Feldweg schnurgerade zu einer asphaltierten Straße. Rechts saß aufgetürmt ein großer Haufen Stroh im Winkel von Straße und Weg. Dort würde ich die beiden Taschen ablegen, zu meinem Auto zurückkehren und die Grenze auf dem üblichen Wege passieren. Auf der anderen Seite angekommen wollte ich die Taschen dann wieder einsammeln und nach Hause fahren.

In dieser Nacht, wie gesagt, zogen dichte Nebelschwaden über die abgeernteten Felder und nassen Wiesen, ideale Bedingungen also für einen Grenzübertritt der geplanten Art. Die beiden Taschen wogen schwer und ich schnaufte gewiß vernehmlich als vor mir plötzlich der Schlagbaum aus dem Nebel auftauchte und zwar just in jenem Augenblick, als ich in die tropfende Stille hinein ein Krächzen zu vernehmen glaubte! Gleichsam zu Eis gefroren harrte ich vollkommen still in gebückter Stellung aus. Es krächzte ein zweites Mal und diesmal deutlicher vernehmbar: das Krächzen des Polizeifunks!

Ich spähe durch die nebelgrauen Schleier und sehe den Schemen eines VW-Busses dort auf dem Hof des einsamen Gutes stehen, unmittelbar vor mir, nicht einmal fünf Schritte entfernt: ein mobiles Kommando der Zollfahndung! Hätte sich das Radio nicht in diesem ‚unpassenden' Augenblick gemeldet, ich wäre den Herrn gewiß vor den Kühler gelaufen. Ganz vorsichtig lasse ich mich auf meine Hände fallen und krieche tief gebückt den Weg wieder zurück. Schon nach wenigen Metern kann ich es wagen, aufrecht zu gehen, denn der Nebel raubt jede Sicht... *Dennoch*, so kommt es mir in den Sinn, *vielleicht haben sie dich gesehen, so wie ich sie gesehen habe?!*

Mit pochendem Herzen erreiche ich mein Auto und sinke erschöpft auf den Sitz nieder. Ich bin ratlos, weiß nicht was ich tun soll. Eine gute

Stunde später hat sich mein Zustand gebessert, der Mut ist zurückgekehrt, und ich werde es wagen, noch einmal hinüberzugehen. ›*Die Herrn wollen doch nicht die ganze Nacht in der Kälte ausharren.*‹

Ich schleppe die schweren Taschen erneut über den Weg und erreiche schließlich den Schlagbaum. Die Sicht ist schlecht, und es herrscht noch immer diese vollkommene Stille, die vom Fallen der Nebeltropfen und dem Ruf eines Nachtvogels fernab noch verstärkt wird. Ich schleiche weiter, überquere das verlassene, dunkle Gehöft und schreite den Feldweg entlang. Nach etwa hundert Schritten stößt der Weg senkrecht auf die Straße und genau im Winkel zwischen Weg und Straße steht ein gut zwei Meter hoher Strohhaufen, aufgeschichtete Ballen von der letztjährigen Ernte.

Als ich gerade die Mitte des Weges verlassen und mich dem Haufen nähern will, flammt ein grelles Licht vor mir auf. Ein Todesschreck durchfährt mich, so, als hätte mir jemand ohne Warnung in den Magen getreten. Das Licht stammt von den Scheinwerfern eines Autos, das jenseits der Straße, auf der Fortsetzung des Feldweges steht. Es ist derselbe Bus, dem ich in dieser Nacht schon einmal begegnet bin. Plötzlich werden mir die Arme sehr schwer, die Taschen wiegen doppelt, denn sie enthalten eine Schmuggelware, die mir gut und gern fünf Jahre Gefängnis einbringen kann. Ich sehe schon die schäbige Polizeistube vor mir, in der man mich, auf einem harten Stuhl sitzend, verhören wird. Einige böse blickende Polizisten mir gegenüber...

Ich harre ohnmächtig, wie festgefroren, auf den Eintritt des Unvermeidlichen, das Klicken des kühlen Metalls der Handfesseln um meine Gelenke...

Da, der Motor wird angelassen! Erst dieses Geräusch läßt mich aus meiner Erstarrung auffahren. Ich springe fort, lasse zugleich die Taschen fallen, renne hinter den aufgeschichteten Strohballen herum und in Richtung Straße davon. Just da überquert auch der Bus die Chaussee, fährt in den Feldweg hinein und hält hinter dem Strohhaufen an. Ich stürze nach vorn, werfe mich der Länge nach in den Straßengraben und höre im gleichen Augenblick hinter mir eine Stimme rufen:

»HALT! STEHENBLEIBEN!«. Der Schein einer Taschenlampe streicht über mich hinweg. Meine Brust hebt und senkt sich rasend schnell, der Atem weht wie eine Fahne im Wind. Ich drücke mich tiefer in das nasse Gras des Grabens, wage nicht den Kopf zu heben, die Atemluft könnte mich, gleich einer erhobenen Signalflagge, verraten. Ich erwarte jeden Augenblick die Hand zu spüren, die mich im Genick zupackend aus dem Graben ziehen wird. Es kann nicht anders sein. Die Entfernung bis zu den Strohballen beträgt keine zehn Schritte. Es sind bange Augenblicke, in denen ich sämtliche Schrecken einer Hetzjagd durchleide. Plötzlich verlischt der Strahl der Lampe. Ich höre zuerst die eine-, dann die zweite Autotür schlagen, höre wie der Bus im Rückwärtsgang auf die Straße zurückstößt. Dort bleibt der Wagen einen Augenblick stehen, die Scheinwerfer beleuchten den Asphalt neben mir, die weißen Begrenzungspfähle, den Graben, meinen Scheitel! Dann setzt sich das Fahrzeug in Bewegung und rollt sehr langsam auf der Straße dahin, immer entlang des Grabens. Das Fahrzeug kommt näher, kommt mir ganz nahe, ist neben mir... Ich werfe einen Blick hinauf und glaube, ja, ich bin sicher, dort im Seitenfenster in das Auge des Feindes zu blicken. Der Bus rollt an mir vorüber. Ich kann kaum noch atmen, während die Rücklichter sich langsam, schier endlos langsam von mir entfernen, bis sie schließlich, weitab in der Ferne, hinter einer Wand aus Nebel und Dunkelheit meinem Blick entschwinden.

Ich bin todmüde, vollkommen erschlagen, kraftlos, im wahrsten Sinne des Wortes am Boden zerstört und kann mich kaum mehr erheben. Der Gedanke, noch einmal entkommen zu sein schenkt mir keinen Trost, denn alles ist verloren, das ganze Schmuggelgut, das Geld...

Zuletzt muß ich mich an den Strohballen festhalten und allmählich in die Höhe ziehen, um, wie ein neugeborenes Kalb das erste Mal, mit bebenden Gliedern auf die Beine zu kommen. Ich laufe langsam, mich am Stroh festhaltend, um den Haufen herum und betrete den Feldweg. Da! – oh Gott – da sehe ich, vollkommen unerwartet, etwas am Boden liegen, zwei dunkle Flecken, kaum zu erkennen in dieser nebligen Nacht und doch... es waren meine beiden Taschen, unberührt! Die Kerle müssen wahrhaftig über sie gestolpert sein, daran konnte kein Zweifel bestehen. Vollkommen entkräftet nehme ich die Taschen auf und muß sie über den Boden schleifen, um dergestalt langsam und mühevoll meinen Rückweg antreten zu können.

Nach weiteren zwei Stunden, die ich wartend im Auto verbrachte, wagte ich ein drittes Mal, jedoch an einer anderen Stelle, den Weg nach drüben anzutreten. Ich fand zu meinem Glück alles ruhig und verlassen vor, die Herrn schienen nach Hause gefahren zu sein, Schichtende.

Grenzerfahrung II
›Tritt Montags niemals eine Reise an‹

Ich glaube, meine Frau war es, die einmal behauptet hat, daß die Russen ein ‚Sprichwort' hätten, das besage, man solle Montags niemals eine Reise antreten. Nun frage ich, welcher aufgeklärte Kopf würde sich von solchem Aberglauben schon abhalten lassen, ein geplantes, noch dazu drängendes Vorhaben, in die Tat umzusetzen?
Es war ein Montag im Januar, ich erinnere mich noch gut, als ich zu einer ‚Dienstreise' nach Bombay aufbrach. Mein Vorrat an Opium war zur Neige gegangen, und ich mußte rasch ins gelobte Land fliegen, um für Nachschub zu sorgen. Gleich zu Beginn nahm das Unheil seinen Lauf. Das Krümelchen Opium, das ich mitgenommen hatte, war nur für eine neunstündige Reise berechnet.
In Europa war es bitterkalt und es hatte geschneit, während am Arabischen Golf ein heißer Krieg tobte. Schon in Frankfurt bekamen wir dies zu spüren – eine erste Verspätung! Als ich endlich tief eingesunken in meinem Sessel saß, gab ich mich den finstersten Gedanken hin. In meiner Vorstellung steckte jeder Stewardeß ein Dolch im Rücken und die Herrn Piloten baumelten, mit einem Strick um den Hals von beiden Tragflächen.
Der Kapitän besaß die Unverfrorenheit, uns mitzuteilen, er wäre bemüht, eine weitere Verspätung aufzuholen, die, bedingt durch den Golfkrieg, noch entstehen würde. Dank meiner großen (opiumbedingten) Nervenstärke, bin ich nicht auf der Stelle ins Cockpit gestürzt, um das Ruder an mich zu reißen. Nein, ich blieb still in meinem Sessel sitzen, das Haupt von einer schwarzen Gewitterfront umwölkt (für den, der Augen hatte zu sehen).
Als wir gegen fünf Uhr morgens auf dem warmen Asphalt des Flughafens von Dubai niedergingen, war meine Hoffnung, den Flieger nach Bombay noch zu erwischen, im Golf von Oman baden gegangen.

Im Hauptgebäude wartete bereits eine junge, hübsche Hosteß, uns die Hiobsbotschaft beizubringen. Sie bat alle Fluggäste, die wegen der Verspätung ihren Anschlußflug verpaßt hatten, rechts auszuscheren und ihr zu folgen. In meinem Inneren vollzog sich gleichsam ein Wachwechsel. Esperanza, die hehre Göttin ‚Hoffnung' trat von der Brücke und machte Platz für Pluto, den dunklen Herrscher der Unterwelt, in dessen Feuerschweif ein ganzes Heer an Unmutsteufelchen hereinpurzelten. Wie vom Schlag getroffen sank ich nieder auf einen der schicken Ledersessel, die im Flughafengebäude Dubais reihenweise herumstehen. Ich fühlte mich elend, niedergeschlagen, unsagbar traurig, kalt und schmutzig. Die Vorboten des Entzugs kündigten dergestalt ihr ungebetenes Erscheinen an. Außerdem begann ich in immer kürzeren Abständen zu gähnen, wurde von Niesanfällen, innerer Unruhe, Mattigkeit, Schweißausbrüchen gepeinigt.
Das weitere Prozedere für den 24stündigen Aufenthalt in Dubai ließ ich willenlos über mich ergehen. Ich steckte in meinem ganz persönlichen Jammertal. Wir wurden in einem Hotel der Stadt einquartiert, wo, wie es hieß, bis zu unserem Weiterflug für ‚alles' gesorgt würde. Ich warf mich auf das Bett und schaltete das Fernsehgerät ein. Und siehe, eine große Show wurde geboten:

WAR IN THE GULF: DESERTSTORM

Hier nun sollte ich die perfekte Inszenierung eines Krieges kennenlernen: Fanfaren zum Auftakt, faszinierende Kamera-Einstellungen von Panzern und Kanonenrohren, von marschierenden Helden mit entschlossenen Blicken aus kantigen Gesichtern, umweht vom Staub der saudischen Wüste, von explodierenden Granaten und vorüberzischenden Bomberjets. Ästhetisch sehr reizvolle Bilder vom brennenden Bagdad, in zehntausend Metern Höhe aufgenommen.
Christiane Anamnour feierte ihre größten Erfolge. Unvergeßlich, wie sie mit tiefer Stimme ihre unterkühlten Statements von sich gab. Politisch korrekt, was sie über das Bombardement von Bagdad zu sagen hatte, über die treffsicheren ‚Boys' und versierten Bomberjet-Piloten der US-Airforce. Zu jeder halben Stunde eine Wiederholung der Bilder von der Tomahawk-Rakete, die in vierhundert Kilometern Entfernung abgeschossen ihren Weg über einen Kamin ins Wohnzimmer Saddam Husseins gefunden hatte – nur schade, daß der große Diktator zu dieser

Zeit nicht anwesend war. Hinterher hielt sich hartnäckig das Gerücht, Saddam sei vom amerikanischen Geheimdienst rechtzeitig gewarnt worden.
Am nächsten Tag, pünktlich zur angekündigten Stunde, flogen wir weiter und landeten im Morgengrauen auf Bombays Santa-Cruz Airport. Die Piste war regennaß und wurde unter den schwarzen Wolken nur notdürftig von einem schmutzig-grauen Tageslicht erhellt. Trotzdem herrschten Temperaturen, die nur als feucht-heiß zu bezeichnen waren. Die kurze Schlagloch-Piste der Landebahn nährte meine schon länger gehegte Furcht, eines Tages werde ein Flieger bei der Landung unvermeidlich einen Purzelbaum schlagen oder mit den Tragflächen über den Boden schleifen, Feuer fangen...
In der schäbigen Empfangshalle unversehrt angekommen erwartete uns das typisch-indische, lange Einreiseprozedere. Dabei stieß ich auf einen vielleicht dreißig-jährigen Mann, der in einem französisch akzentuierten Deutsch, beim Schopfe ergriffen, die Gelegenheit, endlos daherredete, das heißt Frage an Frage reihte.

»Hallo, wie geht's?«

»Sieh an, Du sprichst ja Deutsch. Kommst aus der Schweiz? Französische..?«

»Dort arbeite ich, ja, doch eigentlich stamme ich aus dem Elsaß und bin das erste Mal in Indien. Seit drei Jahren arbeite ich bei einer Werbefirma in Basel und dies ist mein erster Urlaub.«

»Wie lange kannst Du bleiben?«

»Ooch, so drei Wochen vielleicht. Hab mir gedacht, fährst nach Indien, kann dich keiner so leicht am Telefon erwischen und an die Arbeit zurückrufen. Aber nur drei Wochen... verstehst? dann muß ich wieder zurück. Werde also viel fotografieren müssen, sonst glaubt mir keiner, daß ich hier war.«

»Vor zwanzig Jahren, als ich das erste Mal nach Indien kam, da habe ich allein sechs Wochen gebraucht, um mich ans Wasser und das Essen zu gewöhnen und nicht mehr den halben Tag auf'm Klo zubringen mußte.«

»Echt, so schlimm? Mann, wenn ich krank werde, so hoffentlich erst am Schluß, denn daheim krieg ich's Kranksein bezahlt.«

»Niemand muß in Indien krank werden. Achte ein wenig darauf, was

Du trinkst, das Wasser meine ich, und nimm nicht an jedem Bretterverschlag Dein Essen zu dir. Schau lieber, was die gesunden, reichen Inder so essen. Durchfallerkrankungen sind unter der armen Bevölkerung sehr verbreitet, besonders eben in Wohngegenden, wo das Wasser schlecht ist. Kein menschlicher Organismus hat gerne schmutziges Wasser. Aber die Inder scheißen nun mal gerne dahin, wo es sie gerade ankommt. Mit Vorliebe an Trinkwasserquellen oder direkt in den Wassertank, das hat den Vorteil, daß gleich Wasser zur Hand ist, sich den Arsch abzuwaschen – Inder sind nämlich sehr sauber, viel sauberer als Europäer, die Papier nehmen, um sich... igitt! – na, und außerdem kann man nicht gesehen werden, im Trinkwassertank meine ich, Inder sind nämlich auch sehr schamhaft!«

»Oh nein, das glaube ich nicht.«

»Tatsache! Nichts als die reine Wahrheit. Habe ich selber erlebt, das letzte Mal, als ich im Kulu-Valley war. Und bei einem Volk von einer Milliarde Menschen ist schon rein zahlenmäßig die Wahrscheinlichkeit sehr hoch, daß dieses Beispiel für schlechte Sitten keine Ausnahme bildet. Dieses Land versperrt sich leicht unserer liebenden Umarmung, glaube es mir. Mehr als eine Haß-Liebe wird dabei auf längere Sicht nicht herauskommen.«

Pierre, der Elsaß-Franzose, trug um seinen Hals gewickelt als einziger der ausländischen Fluggäste eine Krawatte, sehr fein, aus reinem Schweinsleder und von extrem artifizieller Gestaltung, kaum dicker als ein schwarzes Haar.

Wir steuerten eine gemeinsame Unterkunft an, um die Fahrtkosten zu teilen. Aus irgendeinem Grund quartierte sich Pierre in dem selben Hotel ein wie ich. Ein scheußlicher Kasten an der Juhu-Beach. Hier waren wir zwar weit außerhalb der Stadt und würden uns erholen können, von dem strapaziösen Flug, wurden aber an der schmutzigen, von Kleinhändlern und Bettlern belagerten Beach scheußlich belästigt. Doch schon nach kurzer Rast, zog mich meine Lasterhaftigkeit hinein in das Häuser-Dickicht Bombays, wo es nach Abfällen und Moder roch. Die abgasgeschwängerte Luft war verpestet von menschlichen und tierischen Exkrementen, von Curry-Gewürzen, brennenden Räucherstäbchen, süßen Blüten, Parfümöl und noch vielen anderen, dichtverwobenen Düften. Mein Begleiter aus dem Elsaß begriff schnell und kommentierte auf seine Weise:

»Apokalyptische Düfte!«

Was mich auf den Einfall brachte:

»Liebe und Tod, ein hochromantisches Thema, nicht wahr, ganz und gar Französisch – nur daß es den Indern irgendwie an romantischer Liebe gebricht. Sie sind zwar einigermaßen tolerant und offenherzig, auch intelligent und manchmal philosophisch, ja, du findest die interessantesten Typen unter ihnen – aber Liebe? nein, von d'amour keine Spur. Ich habe hier noch niemals beobachten können, daß sich ein junges Paar an den Händen gehalten hätte, geschweige denn Zärtlichkeiten ausgetauscht.«

»Vielleicht liegt das an ihrer Prüderie?«

»Was hat Händchenhalten mit Sex zu tun? Du wirst hier viel eher Männer beobachten können, die sich an den Händen halten..«

»Und was hat Händchenhalten oder Küssen mit Liebe zu tun? Ich kenne Männer, die küssen einer Frau nicht bloß ihr Händchen, ohne je Liebe dabei empfunden zu haben.«

»Okay, vergiß es. Schau Dich selber um.«

Wir sprangen in ein klappriges Taxi und rasten von Pfütze zu Wasserloch in Richtung Innenstadt davon. Wie immer wurde ich vom Drachen meines Lasters wie von tausend Teufeln gehetzt...

Der erste Kontakt zu der extrem *money*-orientierten Bevölkerung Bombays war gelinde ausgedrückt schockierend, besonders was die Heerscharen der Bettler anging, die zahlreich an unseren Rockschößen klebten wie Fliegen auf einem Häufchen... Für mein unheilvolles Laster gab es nur eine rudimentäre Tola* zu zwofuffzig, allerdings von sehr enttäuschender Qualität.

Es war hinter dem riesigen Taj-Hotel, wo ich einen Burschen traf, der so aussah, als könne er nicht bis 3 zählen. Ich fragte ihn, *ob es etwas zu kaufen gebe*. Er blickte mich kalt und geringschätzig an, rief dann aber einen minderjährigen Straßendieb herbei, der sich zu uns ins Taxi quetschte und, nachdem er meinen Wunsch verstanden hatte, den Fahrer in die Hafengegend dirigierte.

Das Hafengebiet ist die chaotische Randzone Bombays, wo die zu leicht befundene Menschenfracht angespült wird und in armseligen Verschlägen haust. Pierre, der Elsaß-Franzose wollte von mir wissen, wie er sich den Bettlern gegenüber verhalten solle. Ich antwortete:

»Es gibt hier Bettler, denen ich gar nichts geben kann, weil ich aus lauter Feingefühl nicht wage, sie anzuschauen, sonst würde sich mir das Herz im Leibe umdrehen. Das sind die ganz schlimmen Fälle.«

Hier im Hafenviertel gab es dafür ein paar gute Beispiele zu sehen, vielköpfige Bettler-Familien, Mütter mit Säuglingen im Arm und einer Schar Kleinkinder am löchrigen Sari hängend, die sich ihr Heim gerichtet auf dem erhöhten Mittelstreifen einer achtspurigen Ein- und Ausfahrtstraße. Dort lebten sie, kochten ihr Essen, fütterten ihre Babys, schliefen oder stierten benommen vor sich hin, krank von den dunklen Abgaswolken und dem niemals verstummenden Lärm der heißen, brüllenden Motoren. Ich weiß nicht, ob sie noch richtige Menschen waren, von einer zarten Hülle umgeben, einem hochartifiziellen Gehäuse und dem darin hausenden, empfindsamen Geist-Seele-Geflecht. Vielleicht waren sie bereits tot, von innen heraus verödet, und nur ihr Leib war noch nicht ins Grab gesunken. Ihr bißchen Hab und Gut hatten sie um sich versammelt, um fortan diesen Logenplatz der Hölle, wenn es nötig sein sollte, bis aufs Blut mit Zähnen und Klauen zu verteidigen. Ein paar Schritte von der Stelle, an der wir parkten, lag ein solches ‚Wohngebiet' der Ärmsten, mitten auf einer von Bombays großen Zubringerstraßen. Eine Lawine aus staubigem Blech wälzte sich in beiden Richtungen vorüber, blauen-, meist aber schwarzen Qualm ausstoßend. Daß Menschen in diesen Fahrzeugen saßen, verriet sich nur an dem boshaften Rhythmus pausenlos betätigter Hupen und Fanfaren. Die verschwitzten Fahrer hockten hinter ihren Steuern auf ausrangierten Sitzen und lauerten wie Raubtiere auf jede kleine Lücke, in die sie mit heulendem Motor hineinstoßen konnten, um dergestalt über den Fahrer nebenan um eine Haubenlänge zu triumphieren.

Der jugendliche Strauchdieb war inzwischen zurückgekehrt und hatte etwas besorgt, das Opium sein sollte und auch so ähnlich aussah. Jetzt saß er vorn neben dem Taxifahrer und redete mit aufgeblähten Backen auf Pierre und mich ein, wie gut die Qualität sei und wieviel Mühe es ihn gekostet habe, das Zeug zu besorgen. Der Sinn dieser Anstrengung lag darin, den überhöhten Preis zu rechtfertigen. Nachdem wir den Jungen abgefertigt hatten, fuhren Pierre und ich nach Colaba zurück, direkt an die *Gateway of India*, um in dem feinen Taj-Hotel unseren Tee

einzunehmen. Der prunkvolle, von der kolonialen Größe Englands zeugende Bau gefiel mir ausnehmend gut – kein Wunder nach den Abfallhaufen und menschlichen Wracks der Hafengegend. Wir nahmen unseren Tee in stilvollem Silbergeschirr ein, während ich mir zunächst eine kirschengroße Dosis Drachenfutter einverleibte. Dergestalt erholten wir uns im Handumdrehen von den Strapazen unseres Ausflugs.
Es konnte nicht übersehen werden, der Regen hatte das Land tüchtig aufgeweicht und eingewässert wie ein nasses Brötchen. Alles war feucht und fleckig, als wäre es von einem schwarzen Fäulnispilz überzogen. Die Häuser und die anderen menschlichen Behausungen, wie Bretterverschläge, Zelte aus alten Jutesäcken, Plastiktüten oder Pappkartons waren von der Feuchtigkeit alle in gleicher Weise häßlich entstellt. Dem Auge wurde kaum ein Unterschied gewahr zwischen den mehrstöckigen Wohnkuben der arbeitenden Bevölkerung und den Wellblech- und Pappolygonen der bettelnden.
Es folgte ein melancholischer Nachmittag im *Sands-Hotel* und ein ebensolcher Abend in diesem schäbigen Haus an der Juhu-Beach. Mein französischer Begleiter entpuppte sich als ein kurzweiliger Plauderer, obwohl ich nicht immer die Geduld aufbrachte, ihm zuzuhören – pardon Monsieur, aber das Drachenfutter war einfach zu schlecht.
Am nächsten Morgen weckte mich, schweißgebadet, ein mordsmäßiger *Affe* aus dem Schlaf, trotz der einverleibten halben Tola, also 5 bis 6 Gramm!
Es wurde ein Tag, wie ihn der verregnete Morgen schon verhießen hatte. Ein Wolkenbruch, der sich fast drei Tage lang über der Stadt entlud. Bombay wurde von schmutzig-braunen Wasserströmen durchzogen: heftige Überschwemmungen, Tote und zahlreiche Obdachlose waren die Folge.
Wegen der Unterversorgung mit Drachenfutter wurde ich das affige Haustier nicht los und sah mich genötigt, den Tag über lesend im Zimmer zu verbringen. Pierre kam auf eine Stunde zum Plaudern vorbei und verabschiedete sich anschließend von mir. Ich ließ ihn jedoch nicht eher fort, als bis er mir seine Hälfte der Tola, also den anderen Teil des Opiums ausgehändigt hatte.
Doch auch damit hielt ich es nicht lange aus, konnte nicht mehr ruhig sitzen oder liegen und verließ das Hotel in einem Taxi holpernd stadt-

ein, auf der Suche nach besserem Drachenfutter und einer besseren Unterkunft.
In Colaba, dem eigentlichen Zentrum Bombays, fand ich direkt an der Uferpromenade, wo unaufhörlich der Indische Ozean an die Kaimauer schlägt, das *Strand-Hotel*. Es war ein indisches Mittelklassehaus, mit der typischen Schäbigkeit und gerade-noch-zu-ertragenden Sauberkeit solcher Etablissements. Immerhin verlangten sie dort nur die Hälfte der Miete wie in jener Bruchbude an der Juhu-Beach, die ich deshalb gleich am nächsten Morgen Hals über Kopf verließ. Doch mit der viel dringlicheren Angelegenheit hatte ich kein so großes Glück.
Vor einigen Jahren gab es in Bombay noch mehrere hundert Opiumhöhlen, die aber alle, seit der Gesetzesverschärfung der Regierung Rajiv Gandhis, ihre Bretterverschläge hatten schließen müssen. Für die einheimischen Raucher und Opiumesser gibt es seitdem nur noch ein paar offizielle Verkaufsstellen, wo sie sich ihr Dope für wenige Rupien besorgen können, doch Ausländer werden dort nicht bedient. Ich mußte mich also auf dem Schwarzmarkt eindecken und mit allen Unannehmlichkeiten rechnen, die ein illegales Gewerbe mit sich bringt. Manchmal fand man bei den Jungen von der Schuhputzergilde ein verständnisvolles Ohr oder ein Rikschafahrer kannte die richtige Adresse, beiden gemeinsam aber war der unverschämt hohe Preis, den sie für ihre Vermittlung forderten.
Nach zahlreichen fehlgeschlagenen Versuchen stieß ich schließlich auf der Straße vor dem Taj-Hotel auf einen zahnlosen Babu. Er trug einen schmutzigen Lunghi und löchriges Leibchen und sprach mich auf Englisch an, ob er mir auf irgendeine Weise zu Diensten sein könne.
Ich sagte, in der Tat könne er. Ich hätte ein sehr drängendes Anliegen, und wünschte zu wissen, ob er mir... nun, ob er mir nicht... kurz gesagt, ob er mir etwas Opium besorgen könne. Er blickte mich verschlagen an, schnalzte mit der Zunge und zog mich am Ärmel in eine dunkle Ecke.

»Wieviel?«

»Hängt vom Preis ab.«

»Wieviel willst Du?«

»Nun, wieviel kosten, sagen wir, 100 Gramm?«

Er blickte zum dunstig-blauen Himmel auf, bewegte lautlos die Lippen, mußte schließlich noch die Finger zu Hilfe nehmen und sagte dann wie

aus der Pistole geschossen:
»Zweitausend.«
»Zweitausend Rupien?! Wau, das ist hart.«
»Nein, nicht Rupien, US Dollars.«
»Was?!«
Ich lachte bitter, schüttelte seine Hand von mir ab und kehrte ihm den Rücken zu. Doch war ich keine zwei Schritte weit gekommen, als er wieder neben mir auftauchte, mich am Ärmel packte und zurück in die Nische zog. Er trug jetzt eine mitleidheischende Miene bitterster Not zur Schau und sagte:
»Meine Name ist Schams, nicht vergessen, Schams. Ich ein Weib und neun Kinder zu füttern haben, aber nicht eine Rupie in Tasche.«
»Hier nimm und laß mich in Ruhe!«
Ich drückte ihm fünf Rupien in die Hand und wollte gehen, doch er schlug das Geld aus und machte ein noch längeres Gesicht.
»Du nix verstehn. Ich Dir helfen, Opium zu besorgen, aber es kosten vierhundert, ehrlich, vierhundert, ok?«
»Vierhundert Rupien..? Na gut, aber nicht mehr!«
»Gib her, Geld!«
»Nee, nee Freundchen, ich bezahle nicht im voraus.«
Er machte ein beleidigtes Gesicht, legte seine Hand aufs Herz, blickte hinauf zum Himmel und rief beschwörend,
»Du mir vertrauen, ich Schams, nicht vergessen, Schams!«
»Okay, Schams, wir werden zusammen fahren und ein Taxi nehmen.«
Diesmal wurde es eine Odyssee durch den muslimischen Teil Bombays, einem der ältesten Bazare der Stadt. Ganz in der Nähe befand sich auch das bekannteste und damals wohl noch einzige ›Vergnügungsviertel‹ Indiens. Hier konnte jeder, der danach suchte, eine zum Teil noch blutjunge, spitz- oder rundgesichtige ›Mädchen-Ware‹ finden, die vorzugsweise in grellbunter Aufmachung in den vergitterten ›Auslagen‹ der Häuser herumlungerte. Neben den verbrauchten, ältlichen Matronen sah man viele Kindergesichter, die nichtsdestotrotz mit frechen, aufreizenden Blicken um sich warfen. Die Freier schlichen indes verschämt und töricht grinsend die Gehsteige auf und ab.
Schams, mein Begleiter durch die Unterweltbezirke dieser apokalypti-

schen Stadt wurde nicht müde, mir zu beteuern:
»Mein Name Schams, verstehst Du? Schams, nicht vergessen. Ich Dein Freund! Immer fragen, wo Schams ist. *Come to see my shop Mister.* Schams Dir zwanzigeinhalb Rupien geben für einen Dollar, klar? – ah, *German Marks*, viel gut, viel gut! Hm... laß sehen... ich Dir geben... ähh... hm... öh... – naja, macht nix, Schams alles können, klar? Schams, verstehst Du? Nicht vergessen, Schams!«

Vermutlich hatte er zuviel des illegal gebrannten Brandys getrunken oder von der *Eagles-Brew*, weiß der Teufel, jedenfalls war der Bursche reichlich aus dem Ruder gelaufen.

Zu den zahllosen Bettlern finde ich allmählich eine weniger strapaziöse Umgangsform, in dem ich sie einfach links liegenlasse. Den verschlagen blickenden, hagergesichtigen Weibern mit ihren nackten Kleinkindern auf dem Arm zeige ich die kalte Schulter, denn sie jagen den ganzen Tag hinter mir her. Sobald sie mich erblickt und an meine Rockschöße gehängt haben, nehmen sie ihre streng ritualisierte Arbeitshaltung ein: Dackelblick, dazu die typische Haltung der rechten Hand, Handfläche nach oben, die äußeren Fingerglieder gekrümmt und auf meine Nasenspitze zielend, während ihr Mund die stereotypen Worte, gleichsam wie Gewehrsalven abfeuert: »*Baba, he Baba, daß Rupiah Baba, chota Baja, daß Rupiah, Baba, daß Rupiah, Baba, chota Batscha, daß Rupiah, Baba, daß Rupiah Baba – He Baba, daß Rupiah Baba, chota Baja, daß Rupiah baba...*« Fünf Schritte weiter *'the same perfomance'*. Wer will, kann hier sein ganzes Vermögen austeilen, ohne allerdings das Geringste zu bewirken, außer vielleicht das Unbeabsichtigte, sich auf ihrer Seite des Lebens wiederzufinden, in der Hoffnung auf die Mildtätigkeit der Menschen. Erstaunlich ist die professionelle Einstellung, die gewerbliche Ausübung der Bettelei, von der die ganze Familie, wie angenommen werden darf, recht auskömmlich lebt. Nur jene bleiben im Verborgenen, denen man schon äußerlich eine Arbeit zumuten könnte, die gesunden Männer arbeitsfähigen Alters. Diese werden indes irgendwo im Trockenen liegen und ein Schläfchen halten.

Als wir im Taxi sitzend vor einer Ampel warten mußten, wurde ich von einer Mutter mit *chota baja** auf dem Arm angebettelt. Ich bot ihr, wie die Inder es zu tun pflegen, eine Zehnpaisa-Münze an. Entsetzt ließ sie das federleichte Stück Aluminium-Geld, als wäre es glühend heiß, in meine Hand zurückspringen und verlangte nachdrücklich, mit intensiviertem Dackelblick, den hundertfachen Betrag: *daß Rupiah, Baba, daß Rupiah Baba, daß Rupiah Baba...* »Still!« rief ich mit strenger Miene und ließ die Münze wieder in meiner Tasche verschwinden, ohne der aufdringlichen Bettlerin noch länger meine Aufmerksamkeit zu schenken. Wir standen eine ganze Weile an der Kreuzung, diesem beliebtesten Einsatzort der Gilde – die Aufenthalte vor einer Ampel dauern lange genug für einen Bettler, um lästig zu fallen – doch diesmal blieb ich hart und sah durch die Lumpenfrau mild lächelnd hindurch. Unter diesem Blick wurde ihr Gemurmel leiser und ihr Ausdruck verlor an Wehleidigkeit. Schließlich geriet sie ganz außer sich und erzählte einer Kollegin, die Haufen Geldes witternd herbeigeeilt war, in unflätigster Weise von dem seltsamen Gebaren dieses Angrätschi. Bald hatte sich eine ganze Horde von Bettlern eingefunden und sie begannen, laut keifend auf mich einzureden. Ihre bösen Blicke schienen mich verschlingen zu wollen. Ich lächelte nur sanft und sagte auf Hindi:

»*Hamare paß Paisa nahi.**« Was, wie jeder sehen konnte, eine Lüge war. Erschrocken innehaltend gafften sie durch das geöffnete Wagenfenster zu mir herein und verstummten für einen Augenblick. Die junge Mutter, die mich zuerst angebettelt hatte und noch ein gewisses Vorrecht auf mich besaß, lachte laut auf, indem sie eine Reihe makellos weißer Zähne bloßlegte. Sie schürzte ihre Lumpen, wandte sich erhobenen Hauptes von mir ab und ging auf die Suche nach einem freigebigeren Kunden.

Endlich erreichten wir unser Ziel. Schams verschwand für eine kurze Weile in einem dunklen Hauseingang mitten im Bazarviertel, und als er wiederkam schob er einen alten Mann vor sich her, ein Muselman. Dieser erwies sich als recht störrisch und wollte mir nur ein kleines Stück von etwa zehn Gramm verkaufen. Schams, mein Führer durch die Unterwelt des Bazars sagte, heute wäre nicht mehr zu machen, aber morgen früh, morgen früh werde er mir ganz bestimmt einen dicken Klumpen besorgen können, mindestens ein Kilogramm.

Wieder im Hotel angelangt, erfuhr ich von dem artigen Clerk an der Rezeption, daß am nächsten Tag von der Victoria-Station aus ein Zug in Richtung Süden nach Trivandrum abginge und nach einem Tag und zwei Nächten daselbst vermutlich auch ankommen würde. Tatsächlich sollten es, wegen der vielen Überschwemmungen, 48 Stunden werden und nicht eine weniger.

Der goldene Strand von Kovalam-Beach war nur noch ein Trümmerhaufen dessen, was ich in Erinnerung hatte. Wo früher Stille und Einsamkeit geherrscht, wimmelte es jetzt von Hippies der zweiten oder dritten Generation und, in gebührendem Abstand zu diesen, promenierten indische Mittelklasse-Touristen – ein Phänomen, das sich mit der Liberalisierung der vormals gelenkten Staatswirtschaft massenhaft eingestellt hatte, Mittelmaß, wo der Blick auch hinfiel. Über Allem lag der süßliche Geruch und die beißenden Dämpfe der Notdurft, die von den geplagten Touristen hier hinterlassen worden waren, denn mit ihrem massenhaften Einfall hatte der Bau von sanitären Einrichtungen nicht Schritt halten können. Besonders stark in Mitleidenschaft gezogen von der Unvollkommenheit des Menschen waren die wunderbaren Felsen, die vom Land aus, gleichsam wie schwarze Krallen ins Meer hineinragten. In der leeren Strandlandschaft boten nur diese Felsen Schutz vor unerwünschten Blicken. Die zerklüfteten Formationen, mit ihren ausgewaschenen kleinen Bassins, die bei Flut von frischem Meerwasser überspült wurden und in denen kleine Fische, Krebse, Würmer und Muscheln ihre Nische zum Leben gefunden hatten, sie waren mir vor Jahren noch als das kostbarste Kleinod dieses Strandes erschienen, jetzt aber lag alles tot und verlassen da. Die Masse Mensch hatte sich ihrer als Latrine bedient und alles Leben zerstört.

Eine weitere Neuerung von Kovalam-Beach bestand in der hautnahen Gegenwart zahlreicher Studenten. Man erkannte sie leicht an den roten Schildkappen, die sie auf ihren schwarzen Locken trugen. Von den Provinzstädten Cochin oder Trivandrum kommend, fielen sie wie Schwärme einer rotköpfigen Heuschreckenart über die Strände her und suchten an jedem ausländischen Reisenden ihre Englischkenntnisse zu verbessern.

Diese, an junge Affen erinnernde Langeweiler, verfügten über ein eng begrenztes Repertoire immer gleicher Fragen wie – *What is your good name? Where do you come from? Are you married? What is your aim in life? Do you like India?* Mit unglaublicher Treffsicherheit verstanden sie es binnen kürzester Zeit das aggressive Urvieh in mir zu wecken. Dieser

Mensch der Herden blickte unter den roten Schildkappen mit einer jugendlichen Unbekümmertheit in die Welt, daß es mir den Atem verschlug.
Der Schriftsteller Franz Werfel glaubte, daß Menschen derselben geschichtlichen Epoche, dennoch entwicklungsmäßig ganz verschiedenen Zeiten angehören können. Dergestalt wäre es möglich, daß Steinzeitmenschen friedlich neben ›Luis XV‹- oder ›Fin-de-siècle‹-Menschen grasten, dieselbe Sprache sprächen, ohne sich wirklich verstehen zu können. Demnach müßten viele dieser College-Bübchen einer vorgeschichtlichen Epoche angehören, als es noch üblich war, voller Demut das Erbe der Eltern in Empfang zu nehmen und deren Leben unverändert noch einmal zu leben.

Das nächste Quartier, das ich aufsuchte, lag auf der anderen Seite des Leuchtturms und nannte sich ›Hotel Palm Nova‹. Es war dort so ruhig wie in einem Refektorium zur Fastenzeit. In seiner einfachen Bauweise ähnelte es einer Reihe aufeinander gestapelter Schuhkartons. Diese klebten am Steilufer, an dessen Fuß die Meeresbrandung gegen die Felsen schlug.
Jeder Fächer einer Kokospalme, jeder Felsen in der Dünung war mit langen Fäden der Erinnerung behaftet. Stundenlang saß ich in wehmütiger Stimmung am Fenster und sann der verlorenen Zeit nach.

Ist Eitelkeit die schlimmste aller Versuchungen, weil sie einer Art Selbstanbetung gleicht? Nur noch sich selbst ein Zeuge sein, dem Endlichen zugetan? Gottvergessen in der Hölle der Ichsucht und Lasterhaftigkeit schmorend, dem Los der Sterblichen, Krankheit und Tod ausgeliefert? Verlöschen wie ein Komet, nach kurzem Aufleuchten?

Ich mußte mich ein wenig herausschleichen aus meiner unheilvollen Gewohnheit, täglich zwei Kugeln Opium zu essen. Es war unerläßlich geworden, sowohl für meine Selbstachtung als auch für den Leib, mit dem ich noch eine Weile in Frieden leben möchte.
Manchmal befiel mich, angesichts meiner Lasterhaftigkeit, ein Gefühl des Eingeschlossenseins, gleichsam als säße ich gefangen inmitten eines engen Käfigs, ohne Hoffnung je wieder daraus entfliehen zu können.

Ich meinte dann ersticken zu müssen. Aus diesem Grund nehme ich jetzt täglich ein bißchen weniger, so daß keine Entzugsschmerzen eintreten und doch eine gewisse Ernüchterung sich bemerkbar macht.

Während der beiden Hauptmahlzeiten des Tages vollzieht sich jetzt, gegen Ende meines Aufenthaltes im Palm Nova, immer die gleiche Unannehmlichkeit: bei Tisch der ermüdenden Gesellschaft der etwa 40-jährigen, blauäugigen Debby oder Deborah aus den USA ausgeliefert zu sein. Nach ihren eigenen Worten lebt sie schon seit mehreren Jahren in der Schweiz und arbeitet in Zürich als Doktor der Psychologie. Offenbar hat sie ihren *Fitzgerald** beim Wort genommen und ist den Spuren *Dick Divers** gefolgt.
Ich muß mächtig auf der Hut sein mit allem, was ich sage, denn die liebe ‚Diver'-Debby scheint ein berufliches Interesse an mir gefunden zu haben. Wenngleich ich zu wenig Ähnlichkeit mit *Nicole Warren** besitze und auf keinen Fall möchte, daß sie etwas von meinen lasterhaften Gewohnheiten erfährt. Die Tischgespräche mit dieser vertrockneten Jungfer sind so amerikanisch wie naiv, so daß ich rasch jedes Interesse verliere. Unser Gerede plätschert oberflächlich leicht wie ein seichter Bach dahin, obwohl die anderen Gäste an den Nachbartischen glauben mögen, wir amüsierten uns ganz köstlich.
Debbys äußere Gestalt besitzt etwas von jenem, in den USA wohl häufig anzutreffenden, angelsächsischen, herb-trockenen Schlag, dem jeder Liebreiz fehlt und der imstande ist, mir ein körperliches Unbehagen zu bereiten. Es ist schlichtweg irritierend, diesen gemeinsamen Mahlzeiten nicht ausweichen zu können, ohne mich ganz der Lächerlichkeit preiszugeben. Mittags, während des Lunch, wenn ich schon ein wenig früher am Tisch sitze und mit großem Appetit mein vorzüglich angemachtes, fleischloses Mahl verzehre, bleibt mir im Augenblick ihres Erscheinens der Bissen im Halse stecken, als ob mir das Herb-Trockene ihres Wesens wie eine Handvoll Staub zwischen die Zähne geraten wäre.
Während des Abendessens thront sie meist schon auf ihrem Platz und hält spähend wie eine Glucke nach den Küken mit lang gerecktem Hals nach mir Ausschau. Nun, ich spiele meine Rolle so gut es eben gehen will und ahne schon, daß mich die gute Miss ‚Diver'-Debbie an einem der nächsten Tage als Narren entlarven wird. Gleichwohl kann ich mich

keinesfalls noch weiter zurückziehen, denn schon jetzt erregt mein einsiedlerisches Dasein Neugierde, wenn nicht gar Mißtrauen bei den Angestellten des Hauses.

Kovalam-Beach liegt weit im Süden Indiens, wo die Sonne, in ihrer üppigen Verschwendungssucht bereits am Morgen um 10 Uhr nicht länger zu ertragen ist. Erst nach ihrem Untergang wage ich mich aus dem Haus, gehe am Strand auf und ab und klettere zwischen den warmen Felsen umher – allerdings nicht eher, als bis der letzte Kleingewerbetreibende den Ort seines Ruins – aus Mangel an Kundschaft – verlassen und sich links durch die Felsen in Richtung Fischerdorf geschlagen hat.
Wie ein Lampion hängt hoch in den Palmen, kürbisgroß und eingedellt der Mond, sprenkelt sein geborgtes, beinfarbenes Licht über das Wasser und zeigt mir, wie prächtig dieses Meisterwerk der Plattheit gelungen ist. Denn der Mond ist in allen seinen Phasen volkstümlich platt über die Maßen, fortwährend in Veränderung begriffen und doch immer derselbe langweilige Geselle. Indes steigt die Sternenschar mit ihrem Versprechen auf Ewigkeit herauf und scheint ein Geheimnis in sich zu bergen, das mich machtvoll anlockt, an den Rand der Milchstraße zu treten und hinauf- oder hinabzuschauen in die interstellaren Schauerwelten. Noch weiter im Raum draußen stelle ich mir alles ungeordnet, chaotisch vor, als ruhte dort die ungeordnete Vielfalt geistiger Potenzen. Meine Denkhäutchen zittern gewaltig, wenn ich nur daran rühre, mir dies vorzustellen. Demgegenüber ist mein Leib nichts weiter als ein Segel mit Augen und Ohren, das mich im blutwarmen Strom dahinschaukelt, nun, wenn's hoch kommt wohl 100 Jahre lang, um dann, gleich einem leckgeschlagenen Schiff unterzugehen. Manche Leute hängen ja dem Glauben an, daß es nach einer kurzen Rast wieder hinabgeht, in die Abgründe des Lebens, wie ein Fluch, der ewig an der Seele haftet.

Der Kanyakumari-Expreß trug mich diesmal in 46½ Stunden von Trivandrum zurück nach Bombay, so daß ich genügend Zeit hatte, große Mengen Wassers auszuschwitzen. Von ständigen Latrinedüften umweht konnte ich nachts, im dürftigen Licht der gelben Glühbirne, die

großen Schaben zählen, welche flach und glänzend aus dem Klo herauskrochen und auf ihren flinken Beinchen den Schlafenden über die Gesichter krabbelten. Auf den beiden Plätzen neben mir waren zwei feine Exemplare mütterlicher Affenliebe zu beobachten. Zwei junge indische Mütter, die ihre Kleinen herzten und schleckten, daß es eine (Un)Art hatte. Alles Denken und Trachten dieser Mütter schien einzig auf diese eine Sache ausgerichtet zu sein. Hier wäre ein Gehirn zum Denken unabhängiger Gedanken über diese eine Sache hinaus nur störend gewesen. Folglich gehörte zu dem wenigen, das diese beiden Mütter während der quälend langen Fahrt von sich gaben, nur ein infantiles Glucksen und Kichern, 40 Stunden lang – die restlichen 8 verschliefen sie.
Die Zugfahrt endete dort, wo der Abgrund des Lebens am tiefsten gähnt: in Bombay. In der Flimmermetropole Indiens harrte meiner noch ein weiteres Beispiel für die unzulängliche Natur des Menschen:
»Schams, mein Name, verstehst Du? Schams! Nicht vergessen..«
Nein, nicht zu vergessen dieser Mann mit Namen Schams.

»Er nicht 'runter gehen 1 Rupie! 240, sein letzter Preis! Wie? Was..? Ehrlich..? Klar ehrlich! Ich Schams! Du schon vergessen? Schams!«
Ein friedfertiger Mensch ist schnell im Verzeihen aber er vergißt nie. Und so kam es, daß ich praktisch mit leeren Händen wieder nach Hause fliegen mußte.
Dieser Trip endete, wie er unerfreulich an einem Montag begonnen hatte, denn, wie die Russen sagen, ›Tritt Montags niemals eine Reise an‹. Nicht, daß ich einen solchen Unsinn jetzt glauben würde und abergläubig geworden wäre, doch sollte sich irgendwann wieder einmal die Notwendigkeit zeigen, an einem Montag abzureisen, dann werde ich Unpäßlichkeit vortäuschen und den ganzen Tag im Bett liegen bleiben.

6.
Arbeit und anderes Leid
Dienst am deutschen Brauchtum

Von einer Art Glücksspiel war die Rede, in dem ich zuweilen auch verlieren konnte und dann mit meiner Freiheit zu bezahlen hatte. Zeit galt es abzusitzen, zum Beispiel in einer deutschen JVA, wo morgens um fünf-Uhr-vierzig das erste Geläut aus dem Hausruf ertönt und jeden Häftling drängt, dem durchgelegenen Bett zu entsteigen.
Mein erster Blick, unter schweren Lidern hervor, fällt hinaus durchs Fenstergitter auf die Wolken, welche Himmel und Erde trüben. Der Anflug edler Gedanken ist augenblicklich dahin. Ich stelle die Füße gekrümmt auf den kalten Steinplatten ab und schweife mit Nachtaugen über die kärgliche Ausstattung: hie das eherne Bettgestell, da zwei weiße Schüsseln, Klo und Waschbecken, daneben ein Tisch mit einem harten Stuhl davor, auf dem ich meine Zeit abzusitzen habe.
Die einzigen Habseligkeiten, an denen mein bedrängtes Herz noch hängen darf, stehen auf drei schmalen Regalbrettern an der Wand: Schreibhefte, Briefe und vor allem Bücher, ein gutes zwei Dutzend: Die Bibel, Altes und Neues Testament, zwei Bücher von Joseph Conrad (das Original des ‚Lord Jim' in Englisch und Übersetzungen von ‚Herz der Finsternis', ‚Jugend' und ‚Das Ende vom Lied'); dann eine Sammlung mit Erzählungen von Thomas Mann und verschiedene Taschenbücher zeitgenössischer deutscher und englischer Literatur; außerdem Band 8 und 9 des Duden und ein zwanzigbändiges dtv-Lexikon aus dem Jahre '67, von dem allerdings zwei Bände, die Buchstaben ‚C' und ‚T' fehlen.
Auf dem Tisch neben der *praktischen* Radio-TV-Einheit liegt eine goldene Armbanduhr, die auf teure Weise schlicht anzeigt, daß es gleich sechs Uhr geworden ist. Ich schalte das Radio ein, wähle den Kulturkanal und lausche zwei Atemzüge lang den herzglättenden, letzten Takten einer Klaviersonate.
Während ich mir kaltes Leitungswasser ins Gesicht werfe und anschließend mit einem Blick in den zersprungenen Spiegel mein viergeteiltes Antlitz betrachte, und, wie in letzter Zeit häufig, mit einer Flucht ratlo-

ser Gedanken den Spuren des Verfalls und der Erschlaffung nachsinne, währenddessen also ist es sechs Uhr geworden und der Sprecher im Radio verliest mit gleichgültiger Stimme die neuesten Meldungen. Er spricht von einer Menschheit, die, wie es scheint, am Abgrund tänzelnd auf eine Steigerung ihrer wahnwitzigen Schritte aus ist, den tiefen Fall abzuwenden: das Heer der Armen durch eine Absatz-, Konsum- und Wachstumsteigerung zu bekämpfen, den Freiheitswillen eines Bergvolkes durch eine Steigerung des Bombardements aus russischen Kampffliegern zu brechen, der Vergiftung von Boden, Wasser und Luft durch einen noch größeren technischen Fortschritt beizukommen, die beträchtlichen Gewinne der Banken durch Ausweitung ihrer Kontrolle zu vermehren, die Preisgelder der Ausnahmespielerin durch eine letzte Steigerung ihres verbissenen Willens zu Kampf, Leistung, Sieg – die Wettervorhersage.

An diesem Montag im Juli soll es, so sagt die erstmals mitfühlende Stimme im Radio, weiterhin regnerisch bleiben und zu kühl für diese Jahreszeit. Gott sei Dank, denke ich erleichtert, wenigstens das Wetter ist der Stümperei des Menschen noch entzogen.

»Wir setzen unser Programm fort«. Ohne die kleinste Pause geht es weiter, als fürchte man die Stille, den Augenblick des Innehaltens – denn was sonst als der Tod müßte einem in den Sinn kommen?!

Die Klänge der musealen Musik lindern etwas meinen Schmerz an diesem kalten Gemäuer. Die geläufigen, wohlvertrauten Harmonien fördern den Sinn fürs Schöne. Sie wiegen aber das Leid nicht auf, jener zehn oder zwanzig Generationen von Männern, an denen schon Rache geübt worden ist im Namen des gesitteten, wohlanständigen Volkes. Die Musik, die Raffinesse der Kunst erziehen den Affen zu Wahrheit und Güte, bilden die Gedankenschärfe aus und helfen in dieser Welt des häßlich Gekrümmten, eine Illusion der Allgültigkeit erhabener Werte aufrecht zu halten, bei aller Widrigkeit der Umstände sozusagen.

Das zweite Glockenzeichen um 6 Uhr 10 beendet die Nachtruhe endgültig, denn sofort beginnt im ganzen Flügel, auf vier Ebenen gleichzeitig, der lärmige Aufschluß der Zellen. Schwere Riegel werden mit einem Schlag geöffnet, große Schlüssel in glatte Schlösser gestoßen und quietschend umgedreht. Der morgendliche Gruß ertönt, kurz und hart, gleichgültig-unbetont, genuschelt und gemurmelt, übertrieben laut oder zynisch-verbittert, nur selten jedoch in gefälliger Form und so gut wie nie als aufrichtiger Wunsch: ›Guten Morgen‹.

»Gutän Morgän« höre ich unseren chilenischen Wasserträger über den Flur plärren und gleich anschließend: »Heiß Wassä«. Die Farbe ‚Schweizerdeutsch' klebt noch an seiner Aussprache, wie ein liebenswerter doch untilgbarer Stallgeruch. Er hat ein paar Jahre in Zürich gelebt, ehe er in Deutschland verhaftet wurde mit zwei-drei Kilochen ‚Andenschnee', jenes weißliche, wie die Schuppen des Perlmutter glitzernde Pulver, das schon äußerlich, an seiner Makellosigkeit, die überirdische Klarheit und geistige Potenz seiner Wirkung verspricht.
Polternde Schritte auf den schmalen Seitengängen. Die Hausarbeiter gehen die Essenswagen aus der Küche holen. Indessen nimmt der Aufschluß der Zellen auf vier Stationen seinen rasselnden, Schlüssel-klirrenden, Riegel- und Schlösser-schlagenden Fortgang. Donnernd werden die Essenswagen heran geschoben, Zelle für Zelle wird geöffnet, brummige Worte werden gewechselt. Das übliche Frühstück am Montag, bestehend aus ein-, zwei Scheiben Grau- oder Weißbrot und einem hartgekochten Ei, wird ausgegeben und ohne Dank in Empfang genommen. Dazwischen tönt durch den Flur, etwas näher jetzt, die quäkende Stimme des chilenischen Kalfaktors* Gomez, »Gutän Morgän, heiß Wassä«. Derweilen harre ich noch immer hinter der verschlossenen Türe aus, denn meine Zelle liegt am Ende des langen Ganges. Ich habe damit begonnen, ein Frühstück zu bereiten: Früchtemüsli, Milch, Honig, Obst, Kokosraspeln und schwarzer Tee – seit Jahren die tägliche Frühspeise meiner Wahl. Der Lärm schwillt an, der Essenswagen rollt heran und voraus eilt der Schließer und öffnet schließlich auch meine Tür durch kantiges Schlagen und Entriegeln. Er stößt die eisenummantelte Holztür auf, ein Schwall an Geräuschen fällt herein und schon läuft er ohne Gruß weiter zur nächsten Zelle. Dort stößt er wieder seinen Schlüssel von der Größe eines Penis ins Schloß und dreht ihn mit Schwung einmal herum. Ein von ihm während einer Tagesschicht etwa fünfhundertmal vollzogener Akt, an schlechten Tagen auch tausendmal: die Ausübung seiner Schlüsselgewalt, die sakrale, wunderbare Handlung des Öffnens verschlossener Türen! Die Bodendiele knarrt, die Tür fliegt weit auf und herein tritt lachend der chilenische Kalfaktor Gomez.

»Gutän Morgän, Vic, alles klar?«

»Gracias Senor, molto bene. Gut geschlafen?« frage ich den Mann aus Santiago de Chile und ohne eine Antwort abzuwarten, strecke ich ihm die Kanne hin, in die er sogleich heißes Wasser einfüllt.

»Halte still, Vic, nicht bewegen!«

»Oh, tut mir leid, Senor.« Unser allmorgendliches Spielchen. Späße gewinnen manchmal durchs Älterwerden an Witz; das gewöhnliche Ding wird seines sachlichen Ernstes entkleidet. Ich frage Gomez mit der als-ob-Stimme des menschenfreundlichen Interesses:

»Wie gehen die Geschäfte, Senor?«

»Naa, ganz schlecht. Armes reiches Deutschland, steckt seine Penner in den Knast zum Suppenempfang. Kann es sich noch dazu leisten, die besten Köpfe einzusperren« dabei deutet er auf sich und mich, »und zwischen russischen Wegelagerern, balkanischen Mördern und osmanischen Schmugglern verfaulen zu lassen. Du, der unumschränkte, weise Herrscher und ich als Dein Finanzminister, wir würden dem Volk ängstlicher Verwalter schon die Flötentöne der Weltrevolution beibringen, was?!« Er ist ein Verehrer Fidel Castros, den er für den größten Lateinamerikaner unserer Tage hält.

»Möchtest Du noch eine Kanne?«

»Nein danke, ich will ja nicht darin baden.«

Schon eilt er grinsend nach rechts weiter zu dem langen Schwarzafrikaner neben mir, der über Italien seinen Weg nach Kassel gefunden hat.

»Bon giorno, Sinore, aqua kalda?«

Von links naht der Erste Hausarbeiter aus dem Westerwald. Sein freundliches Mondgesicht glänzt bis über die kahle Stirn hinaus, so als hätte er die ganze Nacht Schmer ausgeschwitzt. Mit seinen großen Füßen auswärts schreitend kommt er auf mich zu, grüßt und strahlt vertrauenswürdig wie ein Landpfarrer – sitzt wegen schweren Betruges ein, nicht das erste Mal. Ungeachtet seines klaren, guten Verstandes und seiner menschenfreundlichen, geschmeidigen Art, besitzt er in seinem Äußeren stets etwas Unsauberes. Manchmal sind ihm beide Ohren mit einer Schmalzkruste verklebt. Zu meiner Erleichterung ist er gehalten, Plastikhandschuhe während der Essensausgabe zu tragen.

»Morrgen Victorr.« Sein bodenständiges, stark rollendes ‚R', das er vergeblich durch leises Sprechen zu verbergen sucht, erinnert mich an den schweren Zungenschlag des oberhessischen Landbewohners.

»Nur das Ei, bitte.«

»Kein Brrot?«

»Morgens nie, weißt Du doch. Wer ist unser Mann fürs Grobe heute früh?«

»Du meinst, werr die Sicherrheit und Orrdnung bewacht?«

»Genau, der krummbeinige Schlüsselknecht, der alles ordentlich unsicher macht.«

»Unser Eishockey-Frreund!«

»Autsch.«

»Weißt ja, daß sein Verrein gesterrn Abend sein Heimspiel verrlorren hat?!«

»Autsch.«

»Acht 'mal drrauf wie err guckt.« Der Wagen rollt weiter und ich erwarte mit einer Engelsmiene das Nahen des Schließers. Gleich darauf kommt er von links mit ausladenden Schritten und quietschenden Gummisohlen heran. Krömmer ist klein von Wuchs, kahlköpfig und trägt einen Oberlippenbart, der sich zu beiden Seiten des Mundes bis zum Kinn herabzieht und ihm das Aussehen eines Hunnen verleiht. Wenn er seine Füße nach außen drehend breit über den Gang strolcht, liegen Augen und Stirnpartie in Falten und der Kopf im Nacken. Man sieht ihn niemals ohne irgendwelche Papiere unter dem Arm, den er recht-gewinkelt an den Schmerbauch preßt. Auch heute folgt er dieser Gewohnheit – erwartungsgemäß, wie man sagen muß, denn morgens werden die Briefe und Anliegen-Schreiben eingesammelt.
Schon steht er vor der Nachbarzelle und schwingt den Schlüssel am langen Lederriemen zwischen den gespreizten Beinen. Er grimassiert, als ob er von der Sonne geblendet würde beim Anblick Kalles, dem jüngsten Sproß einer örtlichen Einbrecherfamilie.

»Hä? Wie bitte?« fragt der Schließer.

»Siehst nicht gut aus, Krömmer, bist'e krank?« fragt ihn vertraulich wie ein Bruder, Kalle, mein Zellennachbar zur Linken. Krömmer zieht am Lederriemen seinen Schlüssel in die Höhe, kreuzt haarscharf die Gürtellinie und das Gemächte Kalles und fängt ihn auf, den magischen Stab, mit dem er die Löcher öffnet und schließt.

»Merk Dir mal und denk drüber nach, wer nie krank ist, ist auch nicht gesund.« Der Schlüsselverwahrer, Herr über Freud und Leid der

Eingeschlossenen, schwadroniert zwei Schritte weiter. Ich stehe mit freundlicher Miene in der Tür und sage laut und vernehmlich:

» Guten Morgen, Herr Krömmer.«

» Mgn « ist die fast unhörbare Antwort, kaum lauter als sein flüchtiger Blick an Geräusch verursacht. Der uniformierte Dschingis Khan im Alter von etwa vierzig Jahren mit seinen Jungs. Die Weichheit seiner Züge, die dämlichen Bewegungen verraten sein delikates Wesen. Ohne in seinem Schritt innezuhalten, geht er nach rechts weiter. Ich sehe seinen enthaarten Schädel schon von hinten, dort wo tief im Nacken ein Kranz flaumig weicher Borsten kümmert.

» Augenblick bitte, Herr Krömmer, hier sind noch zwei Briefe.« beeile ich mich ihm nachzurufen.

» Gib her! « Ich übergebe ihm grinsend die beiden Umschläge.

»Was gibt's da zu lachen! Ist Ihnen der Ernst ihrer Lage immer noch nicht klar geworden? Wir sind hier im Knast! «

»Wie könnte ich mein Unglück vergessen, wenn ich Sie morgens so krank sehen muß, Herr Wachtmeister?«

» Schönen guten Tach auch, Sie Gmüsli-beißender Poet. Nehmen Sie sich ein Beispiel an dem da, der hübschen schwarzen Haut. Unser Afrika treibt Sport, tut was für seine Schönheit.« Schon hat er sich von mir ab- und ganz Jacoub zugewendet, dem Schwarzafrikaner in der Zelle rechts neben mir, macht ihm schöne Augen, blickt innig tief in sein dunkles Gelicht.

» Gell Jakob, abends siehst'e immer aus, als wärst'e in den Mehlsack gefallen, wenn Du eingeseift unter der Dusche stehst und Deinen langen, schwarzen Dödel einschäumst.« Vertraulich, leise setzt er noch hinzu, » Nachher, wenn die weg sind, kommst'e nochmal zu mir.«

Er zwinkert ihm verschwörerisch zu und geht mit schwingenden Hüften den schmalen Gang hinunter zur nächsten Zelle. Ich ziehe meine stahlbewehrte Holztür zu und mache mich wässernden Kiefers über meine süße Morgenspeise her. Doch meine Aufmerksamkeit ist mehrfach geteilt, während der Geschmackssinn und die Zähne mit dem Zerkleinern der Getreide- und Früchtemischung beschäftigt sind, lauscht das Ohr dem zeitgenössischen Streichquartett im Radio, und das Auge betrachtet den sich öffnenden Himmel jenseits der vierundzwanzig Rechtecke des Gitters, perlmuttern schimmernde Wolken auf blaß-blauem Hinter-

grund. Die Musik dagegen dünkt mich eher das Bild einer expressionistisch gefärbten Herbstlandschaft zu sein, 1920, in einem Stadtpark von Berlin vielleicht, es herrscht eine ‚urbane' Stimmung vor. Einer sitzt frierend auf der Bank, Fußgänger in langen Mänteln ziehen von weißen Atemfahnen umweht an ihm vorüber. „Warum gucken die alle nur so?", denkt der Mann auf der Bank, „Was habe ich denen getan?". Das Cello fährt mit zwei-drei dunklen Strichen in das Stakkato der Geigentöne hinein, steigert die Spannung. Auf den Gitterstangen vor meinem Fenster schnäbelt ein Paar gurrender Tauben. Und auch in dem anderen, von der Musik gemalten Bild, auf dem Parkweg am Rande des Rasens flattern Tauben aufgeregt durcheinander, als eine alte Frau, wie jeden Morgen um diese Zeit, eine Tüte Brotkrumen an das Ungeziefer der Stadt verfüttert. Danach flüchtet die betagte Dame wieder zurück in ihre Wohnung. Hundegebell auf der Wiese. Wieder das Cello. Der Mann springt von der Bank auf, rafft seine Sachen zusammen und streicht um die Parkmauer davon. Autos hupen, wütende Blicke verfolgen den Gehetzten und begegnen seinem verschleierten Auge, das er meist unter sich wendet. Die Gehwegsplatten fest im Visier, eilt er durch die morgendliche Hammelherde. Viele vom Schlaf entstellte Gesichter, Füße, die der Arbeit zutrotten in irgendeine schlecht-erleuchtete Bürowelt oder an eine ölverschmierte Drehbank. Die Geigen spielen noch einmal die Melodien der Nacht kurz an und lassen dann die Töne verklingen im kühlen Wind, der durch die Straßen weht, daß ich meine die Autoabgase riechen zu können.
Die Schale mit Müsli ist leer. Ich spüle das Geschirr unter dem kalten Wasserstrahl ab, putze meine Zähne, reinige auch die Zunge, die einen weißen Belag aufweist und öffne sodann das Fenster. Ich strecke die Nase ein Stück hinaus in die feuchte, etwa 12° warme Luft und wittere den Rauch billigen Tabaks, der aus den unteren Fenstern zu mir aufsteigt. In meinem Rücken öffnet sich die Tür und in einer Wolke von Stimmen und rasselnden Geräuschs aus dem Flügel tritt der Erste Hausarbeiter in meine klösterliche Behausung. Er drückt die schwere Tür hinter sich zu, so daß der Lärm augenblicklich verstummt.

»Letzte Nacht schwerr was los.«

»Du meinst das wiederholte Abspielen der Nationalhymne im Fernsehen?!«

»Da holen sich alle jedesmal einen rrunterr.«

»Viermal?!! Hirnerweichend!«

»Na klar, was fürr 'ne Arrt von Nationalhelden wollen die denn sonst, als blonde Fußballspielerr, rrauh aberr herrzlich. Und Mannweiberr, Gerrmanias, wie die Leute bei uns daheim sagen.«

»Seicht gefühlvoll, meinst Du, wie von zuviel Bier? Feierlich bewegt ins Verhängnisvolle abdriften? Das Dope des Weltmeisters aller vom Menschen verursachten Katastrophen. Da zeigt sich wie nahrhaft Kartoffeln, Schweinefleisch und Bier sein können.«

»Joh klar! Kann garr nicht verstehn, was die Ausländerr immerr wollen. Heute mittag das Essen ist doch wiederr einwandfrrei, Karrtoffelpürree, Sauerrkrraut und Schweinebauch.«

»Obst?«

»Kein Obst.« sagt er und schüttelt in gespieltem Tadel den Kopf, »Gab letzte Woche errst einen Apfel, kannst' Dich nicht errinnerrn?«

»Freilich, wie könnte ich's vergessen haben.«

»Tschüs, muß noch auf's Revier.«

Ich bin wieder allein und schlage eines der Bücher auf, die vor mir auf dem Tisch liegen. ›Phantastica‹. ›Dr. Jekyll und Mr. Hide‹* – Stevenson* und seine Opium-Alpträume? Das Gewissen eines Gutbürgerlichen in der Brust eines Süchtigen, eines Opiumessers? Spaltung des Ich; der Schlafmohn zwingt dem Tageslauf seinen Rhythmus auf. Für mich klingt das, wie der typische Verlauf einer Sucht: von der ersten Gabe einer winzigen Menge, dann irgendwann eine Wiederholung desselben und schließlich in immer kürzeren Abständen bis zu zwei, drei, vier Gaben täglich, alle sechs Stunden zum Beispiel. Der Körper verträgt es gut, keine Beschwerden oder bekannte Nebenwirkungen. De Quincey, der berühmte Englische Opiumesser wurde über siebzig Jahre alt und soll mehr als 40 Jahre seines Lebens Opium zum Teil in hohen Dosen geschluckt haben. Nicht die Sucht an sich, sondern die Ächtung dieser durch die Bier- und Schnaps-trinkende Mehrheit, zu der auch ‚besorgte' Freunde und Verwandte zählen, beschwerte das Gewissen des Opiumfreundes zu allen Zeiten. Die Folge ist ein ‚Eiertanz' des Süchtigen, indem er (vergeblich) sich zu entwöhnen sucht, immer wieder rückfällig wird, sich schließlich zu einer strikten Geheimhaltungspolitik gegenüber Freund und Feind genötigt sieht, um sich in Ruhe seinem genußvollen Laster hingeben zu können. Stevenson beschreibt in ›Dr. Jekyll und Mr. Hide‹ diesen inneren Konflikt eines Süchtigen in phantastischen Bildern, immer aus dem Blickwinkel des Spießers. Das Unheimliche in der Person des Mr. Hide macht durchaus zutreffend die Werwolftücke des Opiums deutlich. Der lustbetonte Hide ist in kräftigen Farben gemalt, barbarisch, rücksichtslos; ein Bild für die Verlorenheit des Opiumsüchtigen, jemals wieder von seinem Laster freizukommen; auch die höllischen Entzugsqualen des Dr. Jekyll, sein Kampf gegen den Drachen betont vor allem die leidvolle-, unerfreuliche Seite des Morphinismus. Ebenso zutreffend ist der beschriebene Suchtverlauf, wenn zu Anfang, nach den ersten Versuchen mit *paparver somniferum**, die Wonnen der Befreiung überaus stark empfunden werden, was schließlich in einer bösen Knechtschaft enden muß. Dr. Jekyll greift immer häufiger zu der Droge, wie die meisten Morphinisten, und nur zu dem einen Zweck, sich ‚normal' zu fühlen. Dr. Jekyll muß die Fassade des ehrenhaften Biedermanns unbedingt aufrecht erhalten. Nur hinter den Mauern seines Laboratoriums wagt er noch zu genießen. Das sozial Unverträgliche, das Gewaltsame in Mr. Hides Wesen, die Selbstsucht des losen Gesellen und das Zwanghafte an ihm entspricht ziemlich zutreffend der Affenart der Sucht. Der süchtige Dr. Jekyll wird zum häßlichen, lustbestimmten Monster Hide. Die letzte Zuflucht des wissenden, von seiner Natur entfremdeten Menschen Jekyll ist die Einsamkeit. Zunächst genießt er die Freiheit von der zwanghaften Seite seiner bürgerlichen Existenz, später dann fürchtet er die Macht der Droge, sucht sich zu entziehen. Erst da bemerkt er, wie schwer der Entzug fällt, und er wendet sich wieder den alten, bürgerlichen Freunden zu, bittet um Beistand und wird schon nach kurzer Zeit wieder rückfällig, wie zu vermuten stand. Und diesmal gibt es kein Entrinnen mehr. Er verliert jeden Halt. In seinen Exzessen sieht er den Tod deutlich vor Augen. Ein Wettlauf gegen die Zeit – die Opium-Halbwertszeit beginnt. Er braucht seinen Vorrat auf und stirbt unter Qualen. Stevenson bedient die gängige Vorstellung: ‚Den Krüppel heilt nur das Grab'. Dabei ist die Wahrheit sehr viel einfacher und alt bekannt: ‚Opium heilt alles, außer sich selbst'. Stevenson vermochte sich wahrscheinlich, trotz eigener Erfahrung und besseren Wissens, nicht zu lösen von dem genußfeindlichen Verdammungsurteil seiner Zeitgenossen.

Die Lesezeit währt nicht lange ungestört, denn schon ertönt die Glocke zum Arbeitsumschluß, 10 vor 7.
Unten auf Station Eins treffe ich Wahnfried auf dem Weg zur Arbeit.
»Guten Morgen Vic.«
»Guten Morgen Herr Kollege.«
Wir geben uns, wie immer, wenn wir uns treffen, die Hand und bleiben stehen. Die Stahltür, die von Station Eins hinaus ins Freie führt, ist noch verschlossen. Wahnfried, mein Arbeitskollege, im Augenblick gehbehindert, ist ein windiger Parfümeriewaren-Händler, ein Schausteller und Propagandist, ein Hochstabler und Betrüger, stets freundlich lächelnd, zeigt gerne Zahn und ist mit der Neigung zu ‚Häuptling gespaltene Zunge' auf die Welt gekommen. Während er spricht, fährt er sich über den stark ausgewölbten Bauch, dort wo die Leber sitzt und redet, redet, redet...
»Gäbe was drum, wenn ich gesehen hätte, wie die beiden miteinander geturtelt ham.«
»Wer bitte?«
»Na, der Frisör und der junge Kerl, der letzte Woche mit leeren Taschen hier angekommen ist. Jetzt hat er 'ne Einzelzelle und'n Fernseher auf der Hütte und Tabak und Kaffee im Schrank. Kennen sich schon von draußen, sagt er. Vom Südbahnhof wahrscheinlich – süchtiger Stricher, für's Heroin anschaffen gehn. Bei Gericht macht er dann auf krank und geht in Therapie. Ich sach ja...«
»Und Du, Wahnfried, alles gesund?«
»Nee, siehste doch, geh' am Stock, hab' 180 Blutdruck, muß 'n Haufen Tabletten schlucken–«
»Haftunfähig, mit einem Wort.«
»Was denn sonst! Die wollten mich ja unbedingt hier haben, dann sollen sie auch sehen, daß ich wieder gesund werde. Draußen hätte ich bezahlen müssen.« Er lacht und schneidet Grimassen. Jetzt lacht er wie ein dicker Bursch, dann wie ein Hochstapler, Verführer, Populist.
»Aber sonst... ohne Beschwerden?!«
»Kann nicht klagen, bei meinen Jahren. Ist doch alles prima, Zimmerservice inbegriffen, bringen das Essen bis vor die Tür.«
»Und historisch gesehen was für 'ne Nachbarschaft: Gandhi hat lange im Knast gesessen, Nelson Mandela fünfundzwanzig Jahre, Bader-

Meinhoff waren hier, Graf Galen – na, und ich.« Wahnfried nickt eifrig zustimmend mit dem Kopf und sagt:

»Und ich nicht minder, ein zu Unrecht Verfolgter, ein weißer Fleck auf Justitias schwarzer Robe, Opfer eines zynischen Staatsanwalts und besoffenen Richters.«

»Und ich, Anhänger einer schwer verfolgten Minderheit.«

»KFC, Kommune Freies Cannabis, wie?«

»Genau, um die heilige Flamme in der Brust zu nähren, dazu braucht der Mensch sein Soma.«

»Irrtum, nicht die Menschen, nur die Götter unter ihnen, die faulen, genußsüchtigen.«

»Die anderen tun's für weniger als Soma.«

»Ja, für beklagenswert wenig, für Geld zum Beispiel, ein warmes Mittagessen. Sie wollen lieber was haben als sein, dieses verblödete, griesgrämige Menschenvolk.«

»Weiß Gott, sie wissen die Vorzüge einer berauschten Lebensweise beileibe nicht zu würdigen. Ihrer Ignoranz sei's geschuldet. Dummheit, wohin man sieht. Und hier sitzen wir im Zentrum ihres verheerenden Malstroms, umgeben von den Dümmsten –«

»Und den Dummen.«

»Freilich, von denen auch, den dümmsten Dummen sozusagen, dennoch so eitel und verfressen, wie die Gescheiten auch.«

»Drüben auf meiner Station liegt einer, der hat mit seinen drei Jahren die Anstalt ganz schön dumm aussehen lassen. Er hat ihnen geschrieben, sie könnten sich ihren Urlaub aus der Haft und ihre Zwodrittel-Entlassung sonstwohin schieben, er werde bis zum letzten Tag alles absitzen. Gestern kam der Antrag auf vorzeitige Entlassung auf seinen Tisch, und er schreibt quer darüber, ARSCHLECKEN, und gibt's dem Schließer zurück. Als sie ihm vor'n paar Wochen 'ne Arbeit aufzwingen wollten, hat er glatt abgelehnt und geschrieben: er rauche nicht, trinke keinen Kaffee und verzichte auf seinen Einkauf. Seitdem hat er seine Ruhe.«

»Ecce homo! Was für ein aufrechter, seine Sünden bekennender Mensch.« In diesem Augenblick öffnet sich das Tor und wir reihen uns in die Menge der nach draußen drängenden Gefangenen ein. Wir treten nacheinander hinaus in die frische Morgenluft. Unter den Füßen

knirscht der Abfall aus den Fenstern. Überall auf dem taufeuchten Rasen liegen von Vögeln und Ratten angefressene Brot-, Wurst- und Käsescheiben, zerschlagene Marmeladegläser, noch ungeöffnet, der klebrige Inhalt quillt zwischen den Scherben hervor – es findet sich alles, was es zu Frühstück und Abendbrot an diesem Wochenende gab.
Der Weg führt durch ein Tor in den Werkhof hinein. Rechts, unter einem Dach, steht an eine Hauswand gelehnt, halb im Dunkeln, nur die Brillengläser blitzen, Herr Beinhart, amtlicher Zähler, Büttel eines knausrigen Herrn. Im Näherkommen wird auch die Glatze sichtbar, das runde Gesicht und das schwingende Uniformbein des trefflichen Mannes. Wahnfried hat ein Tragenetz dabei, gefüllt mit allerlei...
Die rundliche, uniformierte Gestalt unter dem Dach stößt sich von der Wand ab und geht sofort in Habachtstellung – doch Wahnfried ist ihm schon einen Schritt voraus. Er eilt, verbindlich grüßend auf ihn zu, öffnet in großzügiger Geste das Netz, so als wolle er ein gutes Angebot machen, *erstklassige Ware, alles zu haben*, und redet dabei ohne Unterlaß auf den Wärter ein. Dieser, belustigt und feist, wie ein Wärter eben, hat die Hände auf den Rücken gelegt und reckt die Nase hoch über Wahnfried hinaus.

Wahnfried: »Tachchen, Herr Wachtmeester, wollte mal fragen, ob Se mein Netz kontrollieren möchten. Wer weeß, ob nich' en paar *Mäuse* drin zu finden sind.« Herr Beinhart blickt streng zu den anderen Gefangenen hin, die grinsend vorübergehen, wie Gauner eben, dummdreist, frech. Die Brille des Wärters blitzt nach allen Seiten und flink greift er mit seiner Hand ins Netz.

»Aber Herr Dreisam...« stößt der Wärter gepreßt hervor.

»Keene falsche Scham, Herr Wachtmeester, det stinkt nich. Sie wissen doch, eene Hand wäscht die andre. Greifen Se ins Volle, wer weeß ob morjen noch wat da is.« Jetzt wird Beinhart die Sache zu bunt, er zieht die Hand zurück, als wäre er auf glühendes Eisen gestoßen und sagt: »Bitte, Herr Dreisam, gehen Sie weiter, Sie halten den Verkehr auf, ich habe hier zu tun.« Wahnfried antwortet fröhlich lachend,

»Verzeihn Se, Herr Wachtmeester, ick hab Se noch nie wat arbeeten sehn und doch essen Se jeden Tach ihr Brot mit dicken Backen. Ja, ja, bei Ihnen zahlt die Steuer immer tüchtig zu, ein Leben lang – dennoch bei weitem nicht soviel, wat ich in eenem Jahr schuldig geblieben bin.

Deshalb nehmen Se ruhig hier die Krümel vom Tisch –« »des Reichen,« ergänze ich in Gedanken die Rede Wahnfrieds, der sich die Sache offenbar anders überlegt hat und das Netz vor der Nase des Wärters wieder schließt.

Wahnfried: »Dann eben nich, Chef. Nu gucken Se mal nich so, als ob Ihnen eener das Auto geklaut hätte. Hab keene Zeit mit Ihnen im Unterstand den Tach zu vertrödeln, die Stoppuhr läuft! Muß noch zwee Pensen abbuckeln, sonst schickt mich der Chef uff Zelle.«

»Pah, der...« antwortet Beinhart voller Geringschätzung, »der schickt Se doch bloß zur Kaffemaschin', die Tasse vollmache.«

»Tja, wenn *Sie* det sagen – aber lassen Se sichs gesacht sein, denen geht's besser als Ihnen, sitzen den ganzen Tach auf ihren angewärmten Rollstühlen, dicke Rechnungen schreiben, 25 Bücher à 12 Mark fuffzig. Ach Gottchen mein Scheckbuch! Zahlen Se mir jeden vernünftigen Betrag und ich bring den Laden hier auf Vordermann. Bloß – so welche wie Sie könnt ich da och nich gebrauchen. Sie stehlen einem die Butter vom Brot. Müßten Se stempeln gehn, würden Se wieder von die Groschen der anderen... aussichtslos mit Ihnen, ich sach ja.«

»Nun gehn Se aber wech hier, Herr Dreisam, will Se heute nich mehr sehn – halt! Nee, warten Se, Sie müssen hier was unterschreiben.«

»Ich?! Nee, Herr Wachtmeester, ick muß nichts unterschreiben! Sie wissen doch, meene Unterschrift is Gold wert, könnte leicht eener uf dumme Jedanken kommen. Nee, nee – hat übrigens schon mal eener versucht und mußte hinterher lange in Wehleiden sitzen.«

Sie lachen beide auf ihre unterschiedliche Art. Wir trotten weiter und noch in Hörweite zu Beinhart ruft Wahnfried,

»So ein Glück wie der, im Schlaf sein Geld verdienen.«

Ich sage, »Pflegst Du immer diesen vertraulichen Umgang mit den einfachen Leuten?«

»Ich bitte Dich, Vic, nur so kannst du mit denen reden, sonst verstehn sie dich nicht oder sie könnten meinen, du willst sie verarschen.«

Wir betreten die Werkstatt. Fanfaren schmettern aus einem Lautsprecher, der oben auf dem Wachhäuschen sitzt und auf ‚Gute-Laune-Musik' eingestellt ist, ›Euro Hits‹ – *a smile, an everlasting smile, it's only words...* weniger als Worte, Werbung für ein Blasen-leichtes Produkt.

‚Der Erste' steht im Unterhemd bereits an seinem Tisch, wendet uns den Rücken zu und arbeitet im Schweiße seines Angesichts, hektisch hin- und herflitzend. Im Glaskasten sitzt sein seelenverwandter Chef, mit ebensolchem Eifer über irgendeine Arbeit gebeugt und denkt nicht daran, unseren laut und vernehmlich gesprochenen Gruß zu erwidern, was so viel heißen soll wie: ‚bin beschäftigt', ‚wichtich', ‚nachhaken', ‚Spaß-halber gilt nicht'. An der Druckmaschine im Käfig steht unser zweiter Beamter, ›Ohne-H‹, er spielt mit den Lappen, tut geschäftig – nichts. Die grüne Uniformhose ist zu kurz und legt weiße Socken bloß, in schwarzem Halbschuh mit Gummisohle. Er erwidert unseren Gruß leicht grinsend – ein Sanguiniker reinsten Äthers, spielt mit der Technik, sucht Handel mit Gott und der Welt zu treiben. Wahnfried lacht freundlich in die Runde, zeigt auf Herrn Bumann, ›ohne H‹, und sagt vernehmlich laut,

»›Ohne H‹ gibt sich die Ehre zu arbeeten. Doch wie schon der olle Kant gesacht hat, det der Mensch nun mal en faules Stinktier is, hier findet sich det Theorem zur Tat gemacht: im Schlaf sein Brot verdienen – ich sach ja.«

»Das Schwanzende der homo-sapiens-Entwicklung, eine Kette von Generationen mit diesem Kopfglied, ‚ohne Hirn', die letzte Null-Stelle hinter dem Komma, arme Menschheit! Neandertal liegt gleich um die Ecke. Guten Morgen Vic, hallo Wahnfried.« Kurtchen Monstra lacht mit seinen schadhaften Zähnen und hat sich auf seinem Rollstuhl uns zugewendet. Er richtet sich zu zwei Metern auf, entfaltet sich, auf seinen großen Füßen stehend, zu Baumeshöhe. Trotz der dreißig Jahre und seiner großwüchsigen, äußeren Gestalt, besitzt er in seinem Wesen scheinbar noch etwas Kindliches, dem freilich etwas grinsend Monströses anhaftet. Darüber hinaus ist er ein dreifacher Frauenmörder, »fünfzehn Jahre und die Einweisung«, pflegt er in fröhlicher Unbekümmertheit auszurufen, wenn von seiner Verurteilung die Rede ist. Wahnfried erwidert seinen Gruß:

»Moin Kurtchen, alles klar Schiff?«

»Klar wie 'ne Nebelbank, klar wie die Laune von unserem Chef heute morgen.«

»Ach Gottchen, auch det noch, wo ich so viele Lampen [Schwarzarbeit] dabei hab.« Nicht länger siegesgewiß lächelnd, geht er zum Tisch hinüber und packt seine verschiedenen Freßpakete aus. Er ist ein guter Esser, wie schon sein Bauch verrät, liebt besonders vom Schwein die fetten Würste. Nun tritt auch der Erste hinzu, kleinwüchsig, breit, quadratisch, säuerlich grinsend. Im Dialekt ‚Main Südufer' spricht er mich an, sozusagen im Vorbeieilen:

»Hob Dir scho'e poar Deckel hiegestellt. Die linke müsse heut' noch ingehängt wärn. Bass uff, daß De net die falsch Farb bei dene Ganzgewebe nimmst. Ich mach se net noch e' moal, glaub mers.«

Ich spüre, wie der Stachel des Zorns mich kitzelt, doch bleibe ich nach außen ‚sichtlich gelassen'.

»Wieviel sind es?«

»Zwo.«

»D-doch.. so viel?!«

»Im Laufe des Vormittags!« Wahnfried mischt sich ein:

»Fragt sich bloß, an welchem Tag.« Darauf erwidert der Erste:

»Un für Sie, Herr Direktor, hawwich aach was.«

Im Hintergrund erneut Fanfaren, *Die fünf-vor-sieben-news. Ich bin Karin Petzold. Guten Morgen. Am Tag nach dem Mord an Julia, der Zwölfjährigen aus Neu Kleinsinn im Odenwald, hat ein Sprecher der Justizkommission in der Hauptstadt höhere Strafen gefordert. Lebenslänglich soll wieder lebenslänglich bedeuten, sagte er. Der Polizei im Norden des Landes ist ein Schlag gegen einen Rauschgifthändlerring gelungen. Zwei Türken und drei Afrikaner gingen den Fahndern ins Netz und wurden beim Geldzahlen dingfest gemacht. In ihrer Wohnung soll ein schwunghafter Handel mit Heroin und Kokain betrieben worden sein. Wie die Polizei in Kassel mitteilte –«*

»Wen interessiert eigentlich, was die Polizei mitzuteilen hat?«

»Unsern Chef natürlich, damit er weiß, wie tragend die Säule ist, die er mit seinem Beruf ausfüllt.« Fanfaren, Gute-Laune-Geschwätz, *Bubble-Gum-Music*, seichter Füllstoff zwischen der Werbung. Nur einmal an diesem Morgen findet sich auch eine Perle darunter: *I need a fix, 'cause I'm going down.. Happiness is a warm gun, bang-bang, shoot-shoot.*

Herr Kleinpfennig, unser Chef, im fleckig-grauen Kittel, kommt aus dem Glaskasten gerannt und gibt sich wie ein Maulwurf geschäftig. Das bewegliche Gesicht hat er nach unten gewendet, während er eifrig mit den Büchern hantiert. Mit geröteten Wangen, Stirn voraus, trabt er an uns vorüber und sieht uns betont nicht an. Wahnfried steht vor mir, die Hände in den Taschen und redet. Ein Bacchus Weinselig, trunken von Worten, mit der Endlosschleife, ‚gestern abend im Fernsehen'. Ein Thema das fortwährend und dankbar auch von den anderen aufgegriffen oder zum Stein des Anstoßes genommen wird. Doch an diesem Morgen kommt Wahnfried nicht weit. Der Chef ist unterdessen wehenden Haares herangestürmt, rote Flecken im teigigen Gesicht. Er weist mit dem wie Anno-dazumal ausgestreckten Arm auf die gestapelten Buchblöcke neben dem Lumbegrahmen und fährt schnell und laut in Wahnfrieds Rede hinein:

»Äh – Herr Dreisam, da hab ich Ihnen zwanzig Bundesgesetzblätter hingestellt, die kommen in die große Presse, die anderen vierzig schneidet Herr Knorz [der ‚Erste'] im Laufe des Vormittags.«

Wahnfried sieht mich seelenruhig an, wippt mit seinen Augenbrauen und sagt lachend:

»Gemeinschaftssendung von Musikantenstadl und Muppetshow, Pflege des deutschen Brauchtums und der Rasseeigentümlichkeiten, wie Anno dunnemal, als unser Führer noch die Peitsche schwang in seinem Schwulenclub in Wien. Kokain und Pervitin* waren seine aufregenden Begleiter in den Zwanzigern der Schwerenot. So wie sein Volk Bier zum arbeiten braucht–«

»–und Sauerkraut und Schweinefleisch.« Ich binde mir die blaue Schürze vor und verfüge mich in mehreren Anläufen zu meinen Buchstaben. Wahnfried wendet sich mit einer Leidensmiene ab und nähert sich gemächlich seinem Lumbegrahmen, dabei spricht er immer weiter, jetzt aber butterweich im Ton:

»Wat ham Se gesacht, Chef? Wat soll ich machen? Ich will Ihnen wat sachen, Chef, in 'ner Viertelstunde hab ich die Sieben-Mark-fuffzig beisammen, die Sie mir zahlen den ganzen Tach! Ach Gottchen, dat hätt ich mir jeschämt als Trinkgeld zu jeben, wa?! Un keene Rente mal später, wa Kurtchen, dat is bitter.« Der angesprochene Riese läßt sofort seine Arbeit stehen und kommt, leicht angewinkelt, hinter seinem Schreibtisch hervor. Seine Miene wächst ins entstellt Böse, ›wutentbrannt‹, es blitzen die Augen hinter den Brillengläsern. Er stottert bei den ersten Worten vor moralischer Empörung, dabei läuft er wie immer bedächtig, ein schwerfälliges Schleichen – als wage er nicht seinen Körper zu erschüttern – auch jetzt, in seiner phantastisch gesteigerten Redeweise behält er diese körperliche Schwere bei, als seien die großen

Gliedmaßen des Frauenmörders mit Blei gefüllt. Ein ‚Herr Sackgasse', wie Wahnfried sich auszudrücken beliebt. Kurtchen also spricht:

»Dann falle ich eben seiner Wohlfahrt zur Last, wenn der Staat mir die Rente verweigert. So oder so muß er zahlen, denn los wird er mich nicht mehr. Die wollten's doch so haben, die rachsüchtigen Menschen.« Kurtchen lehnt mit seinen Ellenbogen auf dem Rad der Buchpresse und er trägt den Ausdruck dessen, der des übrigen Lebens im Raum nicht länger gewärtig ist, selbstvergessen in seine Ansprache vertieft und in seiner Hinwendung auf Wahnfried. Dieser scheint ein wenig ungehalten und böse zu sein. Während er sich seine Schürze hinter dem Rücken bindet, holt er zur Gegenrede aus,

»Was Du nur hast! Sei froh, daß es die Todesstrafe nicht mehr gibt, dann hätten se Deine Rente jetzt gespart. Nu stecken se in'ner echten Sackgasse. Müssen Dich bis ans Ende Deiner Tage mit Erbsenbrei füttern. Wär's da nicht besser gewesen...?! Sach mal selbst.«

»Nun hör' bloß auf, Wahnfried! Deine sechs Jährchen sind auch nicht zu verachten, für so 'nen kleinen Betrug, wie Du immer beteuerst. Da siehste, Eigentum ist heilig und besser geschützt als Leben hierzulande. Wenn sie Dich das nächste Mal erwischen, hast Du mehr Gefängnisjahre auf'm Buckel als ich.«

»Bloß daß meine Kundschaft noch lebt, während bei Deiner die Knochen schon verrottet sind.« Wahnfried lacht bitter und sieht wie ein Herrenreiter in die Runde. Kurtchen grinst mit unfrohem Gesicht.

»Na und? Was ist schon ein Menschenleben?! In zehn Jahren machen die doch aus einem Liter Milch 'nen Menschen –«

Ich melde mich zu Wort und frage: »Seelenlose Roboter-Menschen?«

»Pah, Seele! Wozu braucht's ne Seele?« antwortet das lange Kurtchen. Er rollt herausfordernd die Augen im großen, nach vorne überhängenden, kahlgeschorenen Schädel.

»Ja freilich, Dir würde das prima passen, wenn nur noch seelenlose Monster, geklonte Mißgeburten herumliefen! Aller höheren Verantwortung für das Leben hoffst Du dadurch ledig zu werden. Und schon lebt es sich viel leichter mit einem Mord oder auch zweien, drei...«

»Blödsinn! Was ist schon ein Menschenleben!? Seele – Quatsch! Kommen Millionen Neue nach, sprießen und gedeihen wie blöd, wo liegt darin 'was Besonderes?«

»‚Lobet den Herrn in seinen großen Taten'.«

»Phh, Du spinnst vielleicht.« Allgemeines Gelächter, man ist geneigt, den Streit zu beenden, weiter keine Probleme zu verursachen, denn meine Augen blitzen vor ‚heiligem Zorn'; dabei gebe ich bloß das Bild des verbitterten Alten ab, verzweifelt ob meiner Torheit und der meiner Mitbrüder. Währenddessen streicht der Chef vor Wut rauchend durch die Werkstatt und hantiert jetzt geräuschvoll an der Pappschere. Vor jedem Schnitt wirft er uns gehässige An-die-Arbeit-mit-Euch!-Blicke zu. Er sucht nach einer Gelegenheit dazwischen zu fahren. Wahnfried lacht und stützt sich mit seinen Unterarmen bequem auf den Leimrahmen. Bis jetzt hat er noch kein einziges Buch in die Hand genommen, nicht einmal den Pinsel in den weißen Leim getaucht, seine einzige Tätigkeit ist die seiner Zunge.

»Den armen Maschores [Schließern] geht's nu' ooch an die Klöße. Wollen, daß det Beamtentum abgeschafft wird. Keene dicke Pension mehr, nischt. Solln richtig buckeln. Frach mich nur, wie wollen se det hier machen? Den Schlüssel schneller drehn, daß det Schloß raucht, wa?« Knorz, ‚der Erste', vom Main Südufer, ebenfalls ein mehrfacher Mörder, schweigt hörbar, arbeitet wieselflink an seinen Pappdeckeln und wirft einen verstohlenen Seitenblick auf Kleinpfennig, unseren Chef. Knorz senkt blitzschnell die Lider, beschirmt seine Augen, damit keiner die böse List darin erkennen kann. Er turnt wie ein Gorilla auf zwei krummen Hinterbeinen zu einem Stapel dünner Bretter und zieht unter ihnen einige gelbe und rote Buchdecken aus Leinen hervor. Sofort läßt er sie, für alle sichtbar, wie ein heißes Eisen auf den Tisch fallen, um sich gleich wieder zurück an seinen Platz zu verfügen.
Kleinpfennig schnuffelt zweimal erregt und stürzt sich auf die leuchtend farbigen Einbände. Er wendet sie in den Händen hin und her, besieht sich die Arbeit, ohne – für diesmal – ihre handwerkliche Ausführung nörgelnd zu würdigen und keift wie ein Oberknecht:

»Wem gehören die?« kreischt er zitternd vor Erregung, und weil er keine Antwort erwartet, gibt er sie gleich selber,

»Keinem, wie?!« Wahnfried hat ein schiefes Lachen aufgesetzt und antwortet seelenruhig:

»Wat denn, Chef, det bißchen? Nu ham Se sich mal nich so. Det Christkind kommt bald und da dachte sich vielleicht eener, wie er dem

Jüngsten daheem ne Freude machen kann–«

»Herr Dreisam, wir haben Mitte Juli und nicht Weihnachten und von Ihnen laß' ich mich noch lange nicht verscheißern!« Mit rotem Kopf, den Finger auf den Knöpfen seiner Funke, rennt Kleinpfennig durch die Werkstatt dem Eingang seiner gläsernen Wachhütte zu, als suche er den Schutz des Glasgehäuses, wie eine Schnecke den hüllenden Panzer ihres Hauses. Wahnfried bewahrt eine geradezu schläfrige Ruhe, als er in freundlichem Ton erwidert:

»Solche wie Sie, Chef, hab ick bei mir als Hausmeester lofen gehabt. Ham immer gut uffgepaßt, dat an die pappige Finger von det Personal nich wat kleben blieb. Ach Gottchen, was det für Fuchser warn! Ham den ganzen Tach rumgeschnüffelt, wa, und dann selber dat meeste mitgehn lassen.« Der Chef steckt jetzt in einen Zustand scheußlicher Erregung, gleichsam wie in einer zugeschnappten Falle. Seine wie den meisten Menschen angeborene Feigheit droht, von der Wallung seines Blutes unterspült, in Bosheit umzuschlagen. Er schnappt wie ein Fisch, der seines trägen Elementes beraubt ist, nach Luft, nestelt an den Knöpfen seines Funkgerätes, zuckt dabei mit den Gliedern und wackelt mit dem Kopf, als sei der Hals nur eine kernlose Weichmasse. Kreischend, ohne Wahnfried anzusehen, sagt er:

»Wenn Ihnen 'was nicht paßt, dann gehn Se jetzt rüber auf Zelle.« Und ohne noch eine Antwort Wahnfrieds abzuwarten, brüllt er mit keuchender Stimme in sein Funkgerät:

»Keule fünfzig für Keule sechsundfünfzig kommen! K-e-u-l-e f-ü-n-f-z-i-g für K-e-u-l-e s-e-ch-s-u-n-d-f-ü-n-z-i-g kommen!«

Eine knappe Antwort quäkt aus dem schwarzen Kasten, während fast im gleichen Augenblick die Eingangstür aufspringt. Fünf Wachtmeister stürzen herein. Der Chef muß in seiner Aufregung die Knöpfe seiner Funke verwechselt und den Alarm ausgelöst haben. Mit fleckig-rotem Gesicht und vorquellenden Wasseraugen schießt er aus seinem Glaskasten heraus und flitzt an den etwas ratlos wirkenden Kollegen vorbei, ohne diese zu beachten, in den hintersten Winkel der Werkstatt und macht sich mit hektisch zerfransten Hantierungen an irgendwelchen Buchblöcken zu schaffen.

Wahnfried bindet gemächlich seine Schürze wieder ab. Indes Kurtchen Monstra sich genüßlich an dem Schaden seines Kollegen weidet. Auch

der kleine Herr Knorz arbeitet inzwischen viel langsamer, seine Lider sind noch immer gesenkt, aber das Gesicht strahlt jetzt vor Genugtuung. Einzig mich quälen die heftigsten Wehen, bei der Geburt eines Gedankens...
Vier der fünf Wachtmeister, nachdem sie die Lage geprüft und mühelos erkannt haben, daß keine akute Gefahr droht, machen wieder kehrt und überlassen dem einen Kollegen das Feld. Dieser ruft, an Meister Kleinpfennig gewendet,

»Was ist denn los, Otto?«

Der Chef kämpft mit den Worten und zuckt am ganzen Leib.

»M-muß einer r-rüber gebracht werden.«

»Ja? Und wer?«

Wahnfried antwortet anstelle Kleinpfennigs, dem es offenbar die Sprache verschlagen hat.

»Ich bin der glückliche, daß ich det Elend heute nich länger mit ansehen muß! Kommen Se, Wachmeester, führ'n Se mir ab uff meene Hütte.«

»Bitte auch mich in meinen Haftraum zu bringen.«

Endlich ist es heraus, nachdem ich schon eine ganze Weile mit mir gerungen habe.

»Haste gehört, Otto, der Mala will auch rüber?«

Kleinpfennig zuckt heftig mit den Schultern, wirft die unvollendeten Buchblöcke auf den Tisch, hastet, den Kopf gesenkt und ohne eine Antwort zu geben, quer durch die Werkstatt, zurück in seinen Glaskasten, wo er sogleich zum Telefonhörer greift.

»Also, auf geht's, meine Herrn,« spricht in milder Strenge der Aufsichtsbeamte zu Wahnfried und mir und führt uns auf den Hof hinaus. Auf dem Weg zum Zellenbau will er wissen, was wir ausgefressen hätten, das Meister Kleinpfennig so außer sich gebracht.

»Nu, Chef, woher soll ich det wissen? Der Kleinpfennig denkt nur in Groschen, dem muß ein Millionenbetrüger immer ein Rätsel bleiben, wa?!«

Karachi Central Prison
*Der Bardaschi**

Es gibt nichts auf der Welt, worin ein Bardaschi außerordentlich begabt zu sein hätte, doch sollte er Talent im allgemeinen besitzen. Er muß ohne Holz oder Kohle ein Feuer unterhalten können, was allein schon eine große Geschicklichkeit erfordert, er muß jede Woche einen Berg schmutziger Wäsche mit der Hand waschen können, ohne viel Wasser zu verbrauchen, und er muß hinab in einen sechs Meter tiefen Brunnen steigen, zehnmal, zwanzigmal am Tag, um das Wasser heraufzuholen, mit anderen Worten, der Bardaschi muß auch stark und gesund sein. Wenn er abends müde ist und schlafen möchte, dann darf er ein paar von den Nichtstuern, die nicht müde sind, weil sie den ganzen Tag mit Müßiggang verbracht haben, dann darf er diese zahlenden Herrschaften von Kopf bis Fuß massieren, und wenn ein Bardaschi musikalisch ist, muß er zur allgemeinen Erbauung auch ein paar Lieder singen.
Am Morgen, wenn die Herren noch im Schlaf liegen, ist es seine erste Pflicht, den Tee zu bereiten. Danach richtet er das Bad für seine bessergestellten Brüder und wärmt ihnen die Zehen, wenn im Winter einer zitternd vor Kälte, bei zwanzig Grad über null, meint erfrieren zu müssen.
Er ist angewiesen, still und geduldig seine Arbeit zu verrichten und er darf niemals Dank oder Lohn erwarten. Wenn er etwas gefragt wird, und nur dann, soll er höflich und sanft antworten, ohne viele Worte zu machen. Er muß sein so getreu wie ein Hund, so aufmerksam wie ein Sohn, er soll die selbstlose Ergebenheit einer Mutter besitzen und die Lustigkeit eines Saufbruders. Kurzum, der Bardaschi muß ein Übermensch sein.
Fast jeden Tag wird er geschlagen für seine Faulheit und beschimpft, weil er zuviel redet.

7.
Ehe
Gullu Government

In Karachis gutbesuchter Geschäftsstraße, der Tariq Road, ereignete sich vor einigen Jahren ein viel beklagtes Verbrechen, das, wie die Zeitungen schrieben, mit einer Bluttat endete.

Ein unterbezahlter Staatsdiener, dessen Salär für Weib und Kind zu wenig war, für ihn allein vielleicht zuviel gewesen wäre, denn er hätte dem Alkohol und Opium verfallen müssen, dieser arme, redliche Mann sah sich von seinem knausrigen Brotgeber einst um sein armseliges Monatsgehalt betrogen und mußte am Zahltag mit leeren Händen nach Hause gehen. Sein Weib, ein undemütiges Frauenzimmer, schimpfte laut mit ihm und raufte sich ihr langes Haar, drohte diesem und jenem Zeitgenossen mit dem Jüngsten Gericht und zuletzt gar *Schetan**, dem Bockshufigen höchstselbst, wenngleich sie in ihren Anrufungen nur den Namen Gottes im Munde führte oder den ihres Mannes, und zwar in so abfälliger Form, daß es ihrem Gatten das Wasser in die Augen trieb. Der traurige Mensch blickte noch verzweifelter als er ohne dies schon den Eindruck machte, was sein junges Weib erst richtig in Zorneswallung brachte. Er werde sie und ihr Kind noch dem Hungertod ausliefern, kreischte sie und fragte sich laut, nicht zum ersten Mal, wie der Allmächtige sie mit einem solchen Dummkopf von Ehemann hatte strafen können.

Der kleinmütige Amtsschreiber mußte ihr die Antwort schuldig bleiben, denn sein Weib war längst fortgelaufen, um sich bei einer Nachbarin tüchtig auszuweinen.

Nach einigen Tagen aber wuchs die Not der kleinen Familie ins Unerträgliche, denn sie hatten nichts mehr zu essen und kein Geld den Kaufmann zu bezahlen. Aus schierer Verzweiflung machte sich der arme Schreiber auf den Weg zum Bazar und wollte seinen Händler bitten, ihm einmal noch etwas Mehl für die *Rotis** und ein bißchen Milch für das Kind auf Kredit zu überlassen.

Aber der Inhaber des Geschäfts war ein hartherziger Mann, obwohl er sich fünfmal am Tag zum Gebet niederwarf und Freitags ganz vorn in der Masjid* saß, so daß alle sehen konnten, was für ein frommer Muselmane er war.

Für die Not des armen Schreibers hatte er kein Mitgefühl. Darum sagte er, nachdem der verzweifelte Vater mit gekrümmter Haltung seine Bitte vorgebracht hatte:

»Was kommst Du zu mir, o Mann? Ich habe nichts zu verschenken und esse selber nur *Dal* und *Rotis** alle Tage.«

Bei diesen Worten strich er mit beiden Händen über seinen mächtig aufgeblähten Bauch und es schien, als wolle er sogleich in Tränen ausbrechen, ob seiner zu Unrecht beschworenen Armut.

»Was willst Du? Habe ich dir nicht schon dreimal etwas angeschrieben? Von mir kannst Du nicht mehr haben als das Schwarze unter dem Fingernagel. Du weißt, ich achte Dich wie meinen Bruder und... liebe Deine Mumal, wie mein eigenes Weib! Ja, weiß Gott, ich sehe Euch gerne in meinem Laden, doch ohne Geld ist diesmal nichts zu machen. Lauf zu Deinem fetten Herrn und bitte ihn um einen Vorschuß auf Dein nächstes Gehalt. Das *Okumat** wird alle Tage fetter von unseren Steuern!«

Der arme Schreiber wußte, daß der Händler noch nie auch nur eine Rupie Steuern bezahlt hatte, und er verließ den Kaufmann tief gebeugt. Als der Büroschreiber den süß-und muffig riechenden Laden schon verlassen hatte aber noch unschlüssig auf der lärmigen Straße stand, gestoßen und geschoben von den zahllos vielen Passanten, die alle wohlgenährt aber unglücklich aussahen, wie der Schreiber also in Verzweiflung die Hände rang, da hörte er hinter sich jemand seinen Namen rufen und zwar in so falschem Ton, daß ihm ganz unheimlich wurde. Er mußte sich gegen den Strom der vielen Fußgänger stemmen, damit er sehen konnte, wer in dieser merkwürdigen Weise nach ihm rief. Und siehe, es war der Ladenbesitzer, der seinen dicken Wanst auf die Straße hinausgetragen hatte und nun unter der Tür seines Ladens stand, unbewegt von der vielköpfigen Menge und den Namen des armen Staatsdieners aussang, als wolle er einem Weib den Hof machen.

So kam es, daß sie sich schon wieder gegenüberstanden, der Kaufmann und der arme Schreiber, dieser mit falschem Lachen, jener verwirrt und unsicher, weil er nicht wußte, wie ihm geschah.

»O Gullu-*bhai*, was eilst Du, Düsteres sinnend, von mir? Bin ich nicht stets wie ein Freund zu Dir gewesen? Und habe ich Dir nicht zum heiligen *Ihd*-Fest* ein Geschenk gemacht?«

Gullu, der betrogene Staatsdiener besann sich tatsächlich nicht und mußte lange in seiner Erinnerung die Seiten umwenden, bis er endlich darauf stieß, was der fette Kaufmann ihm einst, vor Jahren einmal zum heiligen *Ihd*-Fest geschenkt hatte: eine Handvoll trockener Datteln und ein prächtiges Kopftuch für sein Weib. Damals hatte seine wunderliche Gemahlin, zum großen Erstaunen ihres Mannes, das Geschenk des Kaufmanns verschmäht, ja, mehr noch, sie hatte ihren Abscheu zum Ausdruck gebracht und sich geweigert, das farbige Tuch auch nur in die Hand zu nehmen, obwohl sie sonst gar nicht wählerisch war und jeden billigen Tand an sich litt.

Der Händler indes rieb seine fetten Hände aneinander und zwinkerte lüstern mit seinen Äuglein.

»Höre, o Gullu-*bhai*, wie ich Dir vielleicht doch noch helfen kann. Gib gut acht, daß Du nicht von mir sagst, ich sei hartherzig und wüßte einem Menschen in Not keinen Rat. Wenn Du jetzt nach Hause kommst, so bitte Dein Weib, sie möge mich am Abend, gleich nach dem *Maghrib* besuchen kommen. Ich will sehen, ob ich Euch bis dahin nicht etwas Milch, Mehl und Zucker besorgen kann, und vielleicht finde ich auch ein wenig Reis und einen Fisch für Dich und deine Mumal. Sie wird schon wissen, wie sie mir dafür einmal Dank erweisen kann.«

Bei diesen Worten schnalzte der dickleibige Jünger des Merkur mit der Zunge und blickte recht unanständig aus seinen Äuglein. Gullu, der arme Staatsdiener begriff die Schliche des Mannes nicht, darum bedankte er sich artig und ging eilig nach Hause. Als er seinem Weib Mumal die ‚gute Nachricht' überbrachte, da staunte er sehr, als er sah, daß seine junge, zweifellos blühend schöne Frau das Angebot verschmähte und zu weinen anfing und ihn einen Dummkopf schalt, der nichts verstünde von der Welt, als das, was seine einfältige Mutter ihm einst im Schlaf gesungen. Gullu war darüber sehr erbost, denn er liebte und achtete seine Mutter ganz ähnlich, wie es den Kindern beigebracht wird. In seiner großen Erregung schlug er sogar ein- oder zweimal auf seine Mumal ein und schrie:

»Du undankbares Weib! Geh, und lauf zu Raschid, dem Händler, ob er Dir etwas besorgen kann, damit wir nicht Hungers vergehen müssen.« Die arme Frau, die ihren Mann wohl niemals so zornig erlebt hatte, rannte schreiend aus dem Haus und vergaß noch ihr Kopftuch, das lange, ihr Haar zu verstecken, wie es schicklich ist jeder muselmanischen Frau.

Der arme Schreiber saß nicht lange allein in seiner finsteren Behausung, als schon sein Nachbar gewichtig zu ihm trat und in großem Eifer tadelnd die Worte sprach:

»O Bruder, warum irrt Dein Weib in frevelhafter Blöße durch die Straßen und ist allen rechtgläubigen Muselmanen ein Ärgernis? Hat sie den Verstand verloren? Die Weiber sind ein liederliches Volk und brauchen zuweilen die harte Hand ihres Mannes!«

Gullu, der längst bereute seine Frau geschlagen zu haben und sich in Sorge um sie verzehrte, Gullu mochte nicht hören, was sein Nachbar ihm vorzuhalten hatte und erwiderte schroff:

»Danke, Bruder, aber Deine Belehrungen machen nicht satt. Warum fragst Du nicht, wie Du uns helfen kannst?«

Als der Nachbar dies hörte, machte er sich eilends davon und ließ den armen Schreiber in seinem düsteren Schweigen allein zurück. Gullu aber war voll des Jammers um sein Weib, und als ihm das Bild des fetten Händlers neben dem seiner hübschen Mumal aufstieg, da wurde er von einer quälenden Unruhe ergriffen und stürzte Hals über Kopf aus dem Haus. Schon blinkten die Sterne am Firmament und in den Straßen brannte viel ärmliches Licht als er hinaus ins Freie trat. Sein Antlitz war ernst und bleich, die Stirn umwölkt, schweißglänzend naß, das Haar stand wirr vom Kopfe ab, so schlängelte er sich gedankenschwer die dichtbevölkerte Tariq-Road hinab, ziellos auf das eine Ziel zu.

Die Tür des Ladens, der das Untergeschoß des schmalen Hauses einnahm, stand nur einen Spalt weit offen, als Gullu, das Haupt tief gebeugt, um die Ecke strich. Er war murmelnd in ein Selbstgespräch vertieft, offenbar von inneren Gesichten heimgesucht, die ihn hinderten zu sehen, wohin seine Füße ihn getragen hatten. Doch im Augenblick, als er am Eingang des Ladens vorübergehen wollte, da kam sein Fuß ins Straucheln. Ein heißer Luftzug fuhr aus dem Türspalt, schnitt die samtweiche Abendluft und sengte des Schreibers Wange wie mit einem glühenden Eisen. Erst da erkannte er, daß er direkt vor der Ladentür des

feisten Kaufmanns angelangt war. Die vielen Menschen auf dem Gehweg drängten sich an ihm vorüber, doch diesmal stand er fest und sein Leib teilte ihren Strom, wie der Felsen das Wasser. Gullus zahllose feindliche Brüder, in ihrer rastlosen Suche nach dem Glück, sahen nicht, wollten nicht sehen, wie Gullu am ganzen Leib erzitterte. Seine Gesichtszüge entglitten ihm zu einer Maske des Grauens, als er das wohlvertraute Lachen einer Frau hörte. Gullu drückte gegen die leicht angelehnte Tür des Ladens, so daß sie aufschwang und gegen ein Faß stieß, in dem eine Versammlung von Hölzern und langstieligen Äxten steckte. Im Inneren des von Waren überfüllten Ladens brannte nur eine Birne, die ein Stehpult schwach erleuchtete. Der Kaufmann stand mit dem Rücken zur Tür, an das Stehpult gelehnt und griff mit beiden Händen in das volle Haar der Mumal und preßte ihren Kopf gegen seinen zuckenden Schoß. Sein Entzücken, dem er in lautem Stöhnen Ausdruck verlieh, war stärker als seine übrigen Wahrnehmungen, und er hörte nicht, daß der Mann des Weibes hinter ihn getreten war.
Als der arme Schreiber sah, wie es um die Tugend seiner Mumal stand, da war er vor wildem Schmerz wie um den Verstand gebracht. Die Hand stieß wider den langen Stiel einer Axt, die Finger schlossen sich um das Holz, und er hob das geschärfte Stahl an seinem Griff hoch über seinen Kopf und schlug mit einem Hieb das kahle Haupt des ekstatisch japsenden Händlers mitten entzwei. Das Bild des heftig genießenden Mannes zerfiel unwiederbringlich in zwei Teile, wie eine sauber durchtrennte Maske, und erst im Fallen verwischte ein Schwall roten Blutes die auseinanderstrebenden Teile des ‚Janushauptes'. Auch über Mumals kauernde Gestalt floß der warme Lebenssaft, der hier so nutzlos verschüttet wurde, wie einst vor *Thamars** Zelt auf den Wüstenboden. Der zuckende Leib des sterbenden Mannes stürzte über der zu Tode erschrockenen Frau zusammen und begrub die schuldlos schuldig gewordene Person unter sich.
›Gullu Government‹, wie der arme Staatsdiener von jenem Tag an im Gefängnis hieß, der betrogene Ehemann stand reglos da, von der schreiend entflohenen Mumal verlassen. Sein schweißnasses Antlitz blieb leer und ausdruckslos, selbst dann noch, als die Polizei kam und ihn abführte. Seit jenem nicht allzu fernen Tage sitzt er im Central Prison von Karachi ein und wird von den ehrlosen Dieben und Räubern, Schwarz-

händlern und Schmugglern verehrt wie ein Held. Seine Frau Mumal kommt ihn jede Woche einmal besuchen und bringt ihm sein Essen. Die erlaubte Besuchszeit sitzen sie, auf dem Boden kauernd, sich stumm gegenüber, sprechen in der knappen halben Stunde kaum zwei Worte miteinander und gehen grußlos auseinander.

»The Ladies«
Die Frauenabteilung des KCP

Eines Tages sprach Fakhri über ein deutsches Mädchen, das in der Frauenabteilung des angrenzenden Jugendgefängnisses einsäße. Er sagte, sie wäre ein starkes Weib von etwa 25 Jahren, »gesund und willens jede Menge Kilos Stoff zu schmuggeln«, so oder ähnlich waren seine Worte. Darauf fügte er noch an, es wäre höchste Zeit, daß ich die gefallene Maid einmal besuchen ginge, was von der Gefängnisverwaltung durchaus bewilligt würde. Nadia, das deutsche Mädchen müsse sich bloß als meine Verwandte oder Ehefrau ausgeben und mir einen Besuchszettel schicken, damit besäße ich in den Augen der Gefängnisleitung eine Berechtigung, das Mädchen zu sehen.

»Wenn Du ihr begegnest, so gieße ein volles Maß Hoffnung in ihr gequältes Herz. Das arme Kind verlangt nach der haarigen Brust, ihr kummervolles Haupt zu kuscheln, wie ein Junkie sein *crystal-white* verlangt nach ein- oder zwei Tagen des Entzuges.«

»Da findet sich nicht viel an Haaren auf meiner asthenisch geformten Brust. Aber, es sei wie Du sagst, das nächste Mal werde ich sie besuchen gehen, sofern sie willens ist, mich einzuladen.«

Einige Wochen darauf war es wieder einmal Sonntag geworden, und wie jeder Sonntag im Karachi Central Prison begann auch dieser damit, daß ich um 6.30 Uhr, gleich nach dem Aufschluß der Zellen, zur Latrine rannte, danach eiligst einen Eimer voll Wasser über mein Haupt goß, um den Nachtschweiß vom Leib zu waschen, anschließend ein Frühstück goutierte, soviel als sich bei einem trockenen Stück Fladenbrot und einer Tasse Milchtee eben goutieren läßt, sodann den saubersten Anzug überstreifte, um schließlich wenige Minuten vor acht Uhr geschniegelt und gekämmt zur Kirche zu schreiten.

Unter Leitung der nigerianischen Brüder wurde gesungen und getanzt, wie es in Kampala oder Lagos nicht besser hätte geschehen können. Wir besaßen ein gutes zwei Dutzend Kirchenlieder, die wir zum Gottesdienst sangen und eines, das von allen mit größter Inbrunst gesungen wurde, besaß den Refrain: *O Lord don't send us empty handed,* und jeder fromme Drogen-Schmuggler stampfte mit den Füßen und klatschte in die Hände voll aufrichtigen Lobpreis' unseres Herrn und Gottes, den wir in seinem Zorn gegen uns armselige Sünder zu besänftigen suchten. Zum Beweis dessen, daß er uns längst verziehen hatte, baten wir darum, jedem von uns raren Glaubensbrüdern ein Bündel US-Dollars in die Hand zu drücken, ersatzweise etwas Stoff, wenn die Zeit gekommen war, dieser Hölle den Rücken zu kehren und den Heimflug anzutreten.

Ich hatte meinen Platz in der Kirche gerade erst eingenommen und aufmerksam lauschend, wenngleich mit dem üblichen Mißerfolg, dem Sermon eines schwarzen Bruders in seinem typischen *Afrikaans-English* zu folgen versucht, als ein Mukadam [häufig auch *brick head* gerufen] ein Mukadam also breitspurig in die Kirche trat und mit dem schmutzigen Zeigefinger auf mich und zwei andere meiner christlichen Brüder wies. In dem rüden Ton eines Kapos fuhr er rücksichtslos in den Sermon des Schwarzen hinein und befahl, wir drei sollten ihm gefälligst nach draußen folgen.

Diese Art von Überraschungsbesuchen haben mir über die Jahre meines nervenaufreibenden Schmugglerdaseins ein sehr beunruhigendes Leiden eingetragen. Zuerst schießt alles Blut schlagartig und vollkommen unkontrollierbar in den Bauchraum hinab, indes an meinen äußeren Extremitäten, wie Armen, Händen, Beinen, Kopf(!) eine bedrohliche Verknappung dieses besonderen Stoffes eintritt, was unter anderem ein auffälliges Gliederzittern zur Folge hat, so als hätte ich etwas wirklich Gefährliches zu verbergen...

Als ich mit weichen Knien hinaus in den blendend-hellen Sonnenschein trat, da klebte zwischen meinen schweißnassen, tremolierenden Fingern ein Plastiktütchen mit... Doch zum Glück erwies sich die Sache als ebenso harmlos wie unser sonntäglicher Gottesdienst. Der Mukadam war bloß gekommen, uns abzuholen für den Besuch im Frauengefängnis. Scheinbar liebte er, wie die meisten seiner *brick head*-Kollegen, den martialischen Auftritt!

Einer von den zwölf anderen Männern, die mit mir zum Frauengefängnis kamen, wurde ‚Kommando' gerufen. Er war ein Schmuggler von vielleicht fünfunddreißig Jahren, in der Dominikanischen Republik groß geworden, die letzten Jahre aber wohnhaft im Latino-Viertel von New York, wo er seinem gefährlichen, wenngleich sehr einträglichen Handel nachgegangen, ehe er am Flughafen von Karachi mit vier Kilo Heroin verhaftet worden war. Seine Festnahme hatte eine Strafe von vier Jahren '*Rigorous Imprisonment*' zur Folge und nun, nach mehr als zwei Jahren Haft neigte sich die Zeit seiner Strafe dem Ende zu. Während seiner Inhaftierung hatte er sich mit den Gepflogenheiten im Karachi Central bestens vertraut gemacht, und die meisten Insassen des Karachi Central waren mit ihm und seinen Eigentümlichkeiten nicht minder gut bekannt, zumal er als leutselig und schwul gelten durfte, wodurch er sich besonders unter den jungen Pakistanis größter Beliebtheit erfreute. Was übrigens auf Gegenseitigkeit beruhte; denn Kommando besaß eine Schwäche für die strammen Hinterteile dieser jungen Burschen. Während er sie zu umarmen und auf den Mund zu küssen pflegte, umfaßte seine schwere Pranke ihre handlichen Hinterbacken und quetschte sie mit großer Zärtlichkeit zusammen. Zugleich aber hielt er sich eine fette kenianische Freundin, die im Frauengefängnis gegenüber einsaß und versprach ihr in leidenschaftlichen Liebesbriefen eines fernen Tages ein gemeinsames Leben draußen.

Die Frauenabteilung des KCP war dem Jugendgefängnis angeschlossen und lag innerhalb derselben Mauern, wie die zehnmal größere Männerabteilung. Dennoch waren die Sicherheitsvorkehrungen für unseren Besuch dort sehr streng.

Zwölf Männer in ihrem Sonntagsstaat, rasiert, parfümiert, die Augen strahlend, die Wangen rot, warteten, in ihrer gewohnten Weise scherzend, im Inneren der Hauptpforte.

»*Hallo Kommando, how are you fine thank you*?« fragte ein großer, bärtiger Wächter mit Namen Muhammad Khan, und er gab wie üblich die Antwort gleich selbst.

Da Urdu über einen großen Schatz an Schimpfworten verfügt, antwortete Kommando in der *lingua franca* der muslimischen Dichter Indiens, deren blumige Ausdruckskraft auf der ganzen Welt gerühmt wird.

»Muhammad Khan *chariat*?« geht's gut? »*Sab tiek hä**?« [Alles klar?] Und der große, bärtige Wächter erwiderte:

»*Tiek-tak, kidder jarahe ho**?« [Alles bestens, wohin gehst du?] Er lachte in seiner beschränkten Art und wollte wissen, ob Kommando seine Lady besuchen ginge, seine schwarze Perle von Frau. Und in Erwartung der Antwort lachte er noch ein wenig lauter als zuvor. Kommandos

Erwiderung läßt sich kaum übersetzen, allein um eine kleine Vorstellung zu geben...

»Was zum Teufel geht's dich an, *Gandu* [Schwuler], f... dich selbst!« Muhammad Khan brüllte vor Lachen und konnte sich kaum mehr aufrecht halten. Nachdem er wieder etwas Atem geschöpft hatte, antwortete der großwüchsige Wärter in ganz ähnlicher Weise:

»*Maaka-kuss* [der Mutter Nille], das ist nicht fair! Wie will sie jemals erfahren, was ein Pakistani zu bieten hat,« und er reckte seinen Unterarm in die Höhe, um das Versäumte anschaulich zu machen.

Inzwischen hatte man uns paarweise aneinandergekettet und ein halbes Dutzend Wächter geleitete uns hinaus zu einem der Gefängnisbusse. Eine kurze Fahrt von kaum fünf Minuten brachte uns zum Tor des Jugendgefängnisses, hinter dem auch die Frauenabteilung lag. Im Inneren der Pforte erwartete uns viel weibliches Wachpersonal und Munchis, des gleichen Geschlechts. Erregte Frauenstimmen erklangen und der Duft billigen Parfüms hing in der Luft. Eine Menge frohes Gelächter der eintretenden Männer traf auf das ebenso begeisterte Kichern der anwesenden ‚Damen'. Trotz der Ketten waren wir anmaßend selbstsicher und fühlten uns wie Odysseus' Männer, die Kirkes Insel betreten haben, bevor diese machtvolle Hexe jeden Mann in ein Schwein verwandelt...

Die Ketten wurden uns abgenommen und wir blickten erwartungsvoll auf die verschlossene Tür, durch welche die Frauen gleich eintreten würden. Jeder von uns befand sich jetzt in einem Zustand höchster Erregung, doch keiner dürfte so nervös gewesen sein wie ich, denn bis zu diesem Augenblick war mir das deutsche Mädchen noch nicht begegnet. Ich hatte nicht die geringste Vorstellung, was mich erwartete. Ich kannte nur ihren Namen, Nadia.

In diesem Augenblick trat die erste ein, eine gewichtige junge Frau mit schneeweißer Haut, hennarot gefärbten, kurzgeschnittenen Haaren, einem dunkelroten Lippenstift und wäßrig-blauen Augen, eingerahmt von den grünen Rändern einer dreieckigen Brille. Das Fett, das sie auf ihren Hüften trug, beleidigte mein heikles Schönheitsempfinden. Irgendwie erregte sie mein Mitleid und auch der Mann, der gekommen war, sie zu besuchen fand mein Mitgefühl. Ich wandte rasch meinen Blick von ihr ab, denn genaugenommen ging sie mich nichts an.

Dafür gewann die andere Frau, die als nächste eintrat, meine volle Aufmerksamkeit. Was für ein liebreizendes Geschöpf. Eine jener erwachsenen, nicht zu jungen Frauen, denen man in Paris oder Nizza, oder am Hafen von St. Tropez zu begegnen erwartete, doch niemals hier, im häßlichsten Gefängnis östlich von Eden. Ihr ganzes Wesen trug etwas Orientalisches, vielleicht war es ihr schwarzes, glänzend langes Haar, die wohlgeformten, dunklen Augen, mit diesem erregenden Ausdruck darin, als ob ein Licht unter einem tiefen Wasser schiene... Wirklich begeistert aber war ich von ihrem rot-geschminkten Mund, der eine Weichheit verriet, eine Sinnlichkeit, die Männer leicht um den Verstand zu bringen vermag. Die Mundwinkel waren etwas nach unten gezogen, was sie in meinen Augen nur noch begehrenswerter machte. Eine zerbrechliche Schönheit, der ich liebend gerne meinen Schutz hätte angedeihen lassen. Sie mochte Anfang vierzig sein, doch ihr Liebreiz war noch längst nicht verbraucht. Sie glich einer Blüte zur Abendzeit, nach einem heißen Tag, schon ein bißchen angesengt vom Leben aber noch immer von reifer Schönheit.
Sie kam auf mich zu – oder wurde ich zu ihr hingezogen? – wir kamen einander nahe, doch nicht zusammen. Unsere Blicke trafen sich kurz. Ich lachte entzückt auf und auch ihr Mund lächelte als sie an mir vorüberging zu einem anderen Mann, der hinter mir stand. Ich drehte mich fassungslos um und sah, wie sie in diesem Augenblick Kommando, dem glücklichen, ihre Hand reichte – aber dies war nicht sein nigerianisches Weib, mit dem er Liebesbriefe auszutauschen pflegte?!
Ich rang mannhaft um Haltung, doch vergebens, denn sofort stieg ein scheußlicher Verdacht in mir auf. Wo, oder besser, wer war meine Nadia, wenn nicht..?!.
Ich blickte voller Bangigkeit in die Runde und mußte erkennen, daß nur eine Frau noch ohne ihren Besucher war!
Da stand sie also, kein Leugnen, das kräftige Weib mit dem schmallippigen Mund und den dreieckigen Augengläsern war Nadia. Wir gaben uns steif die Hand, und ich mühte mich redlich, meiner Enttäuschung Herr zu werden. Sie sprach in einem schweren niederbayrischen Dialekt und erzählte mir von ihrer Heimat in der Nähe von Augsburg, wo ihre Eltern lebten und von dem bösen Geschick, das sie mit dem Freund geschlagen, einem pakistanischen ‚Flüchtling', der in einem

Heim für Asylsuchende, ganz in der Nähe der elterlichen Wohnung gelebt. Nadia hatte ein Kind von diesem Mann, ein Knabe von zwei oder drei Jahren. Eines Tages wäre ihr Mann plötzlich verschwunden gewesen und hätte ihr nur einen Brief hinterlassen. Darin habe er sie gebeten, ihm nach Pakistan zu folgen. Anstatt froh zu sein, diesen Unhold auf so billige Weise losgeworden zu sein, wäre sie in ihrer Verwandtschaft vorstellig geworden, um sich etwas Geld zu leihen, damit sie ihrem Mann folgen konnte. In Karachi angekommen habe sie ihren Gatten unter den erbärmlichsten Umständen angetroffen. Er hätte in einem der riesigen Armenviertel Karachis gehaust, genauer, unter dem Blechdach einer schäbigen Lehmhütte, ohne Strom und fließendes Wasser, inmitten eines höllischen Lärms und infernalischen Gestanks. Offenbar hatte sich ihr Mann von solchen ›Äußerlichkeiten‹ nicht weiter bekümmern lassen, im Gegenteil, er schien sich in den Kopf gesetzt zu haben, die Rolle des reichen Wohltäters zu spielen, indem er seine arme, sehr weitläufige Verwandtschaft mit dem aus Deutschland mitgebrachten Geld aushielt.

Gleich am ersten Abend, nachdem Nadia angekommen, habe er versucht, sie zu einem Vorhaben zu überreden, das er wohl schon längere Zeit geplant hatte. Sie sollte ein Kilogramm Heroin nach Deutschland schmuggeln, es könne gar nichts schiefgehen, so habe er gesagt, Gott und das Kind würden sie beschützen.

Noch niemals in ihrem Leben habe sie jemand so scheußlich unter Druck gesetzt, zumal sie keinen Ausweg gesehen hätte, als in den Plan einzuwilligen, denn das ihr verbliebene Geld sei für einen Rückflug nicht ausreichend gewesen. Als kaum eine Woche darauf alles vorbereitet gewesen wäre, da hätte ihr Mann sie gedrängt, sogleich wieder nach Deutschland zurückzukehren.

Am Flughafen Karachi aber endete ihre Schmuggeltour so plötzlich, wie sie begonnen hatte. Eine gewöhnliche Kontrolle ihres Gepäcks brachte 1,5 kg weißes Heroinpulver zutage. Ihr Mann hätte es nicht einmal für nötig befunden, den Stoff zu verstecken, sondern ihn einfach oben auf ihre Kleidungsstücke gelegt.

Nadia wurde verhaftet und zusammen mit ihrem dreijährigen Sohn ins Frauengefängnis eingeliefert. Von ihrem Mann habe sie danach nie wieder etwas gehört. Allein der diskreten Intervention des Deutschen

Generalkonsulats war es zu danken, daß ihr Junge schon bald wieder zurück nach Deutschland fliegen konnte.

Nadia sprach sehr viel und verriet mit jedem Wort ihre schlechte Schulbildung. Und doch war es eine ziemlich spannende halbe Stunde, die ich mit ihr verbrachte. Zu Anfang mußte ich immerzu an das andere Mädchen hinter mir denken, die pausenlos auf Kommando einsprach und viel lachte. Ich konnte sie beobachten, während ich gezwungen war, auf das endlose Gerede von Nadia zu hören, die freilich unermüdlich darum rang, meine Sympathie zu gewinnen. Und dann, als ich eine ihrer Fragen unbeantwortet ließ, weil ich mit meinen Gedanken bei der anderen geweilt, fing sie an, von eben diesem anderen Mädchen zu sprechen und gewann dergestalt meine ungeteilte Aufmerksamkeit.

Sie fragte, ob ich das aufgeweckte ‚Mädel' dort kennen würde und als ich dies verneinte, sang sie ein Loblied auf die hehre Göttin der Schönheit, die, an den Worten meiner Landsmännin gemessen, alles besaß, was Nadia schmerzlich vermißte: ein schönes Antlitz, glatte, glänzende Haare, eine schlanke Figur und Augen so tief wie ein Geheimnis mit sieben Siegeln; Licht, das in der Finsternis aufschien wie der Sonne Gleißen unter einem tiefen Meer.

Nadia erzählte mir, ihr Name sei Xiomara und sie wäre von portugiesisch-indischer Abstammung, also geboren und aufgewachsen in Goa, Indien. Von Nadia erfuhr ich einen Teil und später, an einer anderen Stelle, erfuhr ich den Rest von Xios Geschichte.

Xiomara erinnerte sich noch gut an den Tag im Jahre 61, als indische Soldaten Goa besetzten und die portugiesische Fremdherrschaft über diese Perle am Indischen Ozean beendeten. Ein trauriger Tag für ihre Familie, denn der Vater mußte das Land Hals über Kopf verlassen und Xio und ihre Mutter allein zurücklassen. Sie besaßen nichts weiter als zwei Fischerhütten am Strand von Anjuna, wo sie damals auch lebten. Es war ihr glückliches Geschick, daß Goa schon kurz darauf von zahlreichen jungen Leuten aus Europa und Amerika als der paradiesische Flecken entdeckt wurde, der es wirklich war. Jahr für Jahr kamen die langhaarigen Touristen in immer größeren Scharen. Die Nachfrage nach Unterkünften am Strand erfuhr gewöhnlich um Weihnachten seinen Höhepunkt, und jeder Fischer, der mit seiner Familie zu Verwandten ins Innere Goas umziehen konnte, überließ gerne sein Haus für harte

Währung den Hippie-Mietern. Xios Mutter gehörte zu den ersten, die ihre Häuser an ein paar Amerikaner vermietete. Den Preis, den sie für die beiden Ein-Raum-Hütten erhielt, verriet sie keinem, doch nicht lange darauf und man konnte sie und ihre Tochter in neuen Kleidern umherlaufen sehen und Xio durfte die Schule wieder besuchen.
Ihre Mutter entdeckte schnell die Vorliebe der Hippies für süße Speisen. Sie besorgte die nötigen Zutaten und unterhielt neben einem Restaurant noch einen kleinen Laden unter einer Palme. Xio stand dort während der Saison den ganzen Tag und verkaufte Süßigkeiten an junge Ausländer mit geröteten Augen.
Jedes Jahr zu Weihnachten war Goa von Hippies überlaufen, bis zum Februar oder März, wenn die Hitze zu groß wurde für all die heiteren Dinge des Lebens wie *sex'n drugs'n rock'n roll*.
Zehn Jahre später besaß Xios Mutter ein großes Restaurant und einige Häuser mehr und sie war auch nicht mehr allein. Nachdem ihr Ehemann sie im Jahre 61 verlassen und ihre Tochter schon beinahe erwachsen war, da erschien es ihr nur vernünftig, in die Avancen eines spanischen *Travellers* einzuwilligen. Über drei Jahre lang, während der Wintermonate hatte sie ihn auf ihrer Schwelle liegend unbeachtet gelassen und nicht einmal zu einer Tasse Tee hereingebeten. Aber mit dem Beginn der vierten Saison, nach mehr als zwölf Jahren des Alleinseins, gelang es ihr, einen Scheidungsbrief zu erwirken und noch am selben Tag heiratete sie in der katholischen Kirche von Goa den Spanier Carlos, der von jedermann nur Don gerufen wurde. Von da an lag dieses feine Exemplar eines Patriarchen im Haus, im Winter in einem *Charpoy** auf der Veranda und während der heißen Monate des Jahres auf einer hölzernen Pritsche im Hinterzimmer des Hauses und rauchte seine Wasserpfeife. Nicht lange und Xio mußte ihm, wenn sie von ihrer Arbeit nach Hause kam, sein *Charras* mitbringen und gelegentlich auch etwas Opium.
Gerade erst siebzehn Jahre alt und in ihrer vielversprechendsten ersten Blüte, war sie ein so liebreizendes Geschöpf, das die Männer in ihrer Nähe leicht zu Torheiten verführt und in jedem von ihnen der Wunsch zu einem Lachen provoziert wurde. In der Tat, es war immer viel Gelächter um sie, wenn sie im Café stand und Tee und Kuchen an die Gäste verkaufte, junges Volk von biblischem Aussehen, von denen jeder

ein Haschisch-Connaisseur zu sein schien. Alle rauchten sie ganz offen ihre Joints und Pfeifen und überall ertönte Rock'n Roll oder indische Klassik. An Vollmondnächten erklang die Musik aus großen Lautsprechern, die im weißen Sand des Strandes lagen, während der Indische Ozean seinen Rhythmus unterlegte und das Mondlicht in silbrigen Flecken auf dem Wasser tanzte. Männer und Frauen in ihrer jugendlichen Schönheit liefen nackt umher, wie Adam und Eva im Paradies. Und in der Tat war Goa für einige Jahre das Paradies auf Erden, bevor sich Anjuna-Beach zum *East of Eden** wandelte, wohin Kain seine Schritte gelenkt, nachdem er seinen Bruder erschlagen hatte, mit anderen Worten, ehe Goa zu einem verrufenen Ort für Junkies wurde.
Damals aber waren die meisten noch jung, gesund und unverheiratet. Sie lebten in einem zeitlosen Nirwana des ‚Jetzt & Hier'. Gestern war nicht mehr und morgen würde erst noch kommen. Und es kam, sehr schnell, viel schneller als die meisten Hippies wohl geglaubt hatten, denn, ach, wie viele sind seitdem schon in die Grube gefahren, als traurige Folge ihres rauschhaften Lebensstils!
Xio lebte inmitten des fröhlichen, sorglosen Genießens der psychedelischen Jahre, als Goa zu einem Pilgerort für die *Woodstock*-Generation der Welt wurde – allein, für Xio war es auch ihre Heimat.
Sie mußte arbeiten und war ihrer Familie verpflichtet. Ganz anders als die Hippies, die scheinbar niemals arbeiteten und meistens auch keine Familie zu versorgen hatten. Die Freiheit, vollkommen frei zu sein, war teuer erkauft und zugleich der auffälligste Teil ihres Lebensstils. Dies gab ein verführerisches Beispiel ab für alle jungen Inder, die mit den langhaarigen Touristen in Berührung kamen. Nicht, daß die jungen Leute aus Indien viele der Ansichten geteilt hätten, welche die Hippies von sich selber hegten, aber ihr Leben schien viel einfacher zu sein, ohne das Diktat überkommener Traditionen, ohne die vielen Beschränkungen und Vorschriften einer altmodischen Gesellschaft. Xio war noch sehr jung, und sie ahmte nach, was sie an Vorbildern und Beispielen in ihrer Umgebung vorfand. Mit neunzehn unterschied sie sich in nichts von den anderen Mädchen, die als Gäste zum Restaurant kamen. Sie kleidete sich im Stil der Sternenkinder, sprach wie sie in ihrer Sprache und rauchte gelegentlich auch Haschisch.
Eines Tages kam ein Junge daher, nur ein paar Jahre älter als sie, der

sich in sie verliebte – wie andere vor ihm, nur diesmal konnte auch sie den Blick nicht von ihm wenden, fühlte einen Schmerz in der Brust, wenn er abends fortging und eine freudige Regung in ihrem Schoß, wenn er am nächsten Morgen wieder eintrat. Bald sah man die beiden in einer Weise miteinander sprechen, daß jeder die Nähe spürte, die zwischen den Liebenden entstanden war. Als ihre Mutter dahinterkam, war es bereits zu spät. Sie versuchte Xio vom Restaurant fernzuhalten, stellte einen Fischerjungen ein, die Arbeit zu erledigen, doch beides mit wenig Erfolg. Der Umsatz im Restaurant ging dramatisch zurück und Xio traf sich noch immer jeden Tag mit dem Jungen – ein Deutscher mit Namen Hans Sachs, der sich *H. S.* rufen ließ.

Der junge Mann mietete ein Haus an der Calancote Beach, eine spartanisch eingerichtete Hütte in den Dünen und dort, unter der Sonne des Südens saßen sie zusammen auf der Veranda, blickten auf die Weite des Indischen Ozeans hinaus und taten all jene Dinge, die Verliebte zu tun pflegen, allein in dem Glauben, sie wären die ersten, denen ein solches Wunder widerfahre. Alles schien wie neu erschaffen und einzig zu dem Zweck, von ihnen entdeckt zu werden. Als hätte die Liebe ihre Sinne erschlossen, den Schleier vor den Geheimnissen der Natur gelüftet und ihre Augen geöffnet für die Schönheit der Welt.

Es war eine Zeit, an die sie sich ihr ganzes Leben erinnern würden wie an etwas unschätzbar Kostbares. Doch wie bald schon fiel der Vorhang wieder herab, nichts schien mehr so eindeutig zu sein wie gerade noch, ja, die Dinge waren plötzlich komplizierter denn je. Ihre Liebe, der flüchtige Augenblick hatte weichen müssen dem ernsten Geschäft, ein Leben zu unterhalten. H.S. fuhr hinaus, ein paar Geschäfte zu tätigen, wie er schon früher es getan hatte, wenn ihm das Geld auszugehen drohte. Er schmuggelte ein paar Kilo Haschisch über verschiedene Grenzen, zuerst von Afghanistan nach Indien, später dann nach Europa, um es wohlfeil an den Mann zu bringen.

Und nicht lange, da folgte ihm Xio auf seinen gefährlichen Reisen um die Welt, von Zentralasien nach Europa, vom Fernen Osten nach Deutschland und wieder zurück nach Indien. Dieses Leben schien wie geschaffen für sie. Mit nur ein paar erlesenen Kleidern in der abgewetzten aber teuren Ledertasche – Kleider, die manchmal so aussahen, als kämen sie aus dem Second-Hand-Laden im Bazar, dabei stammten sie aus einem der teuren Läden in der Goethestraße, Frankfurt – ein Flugzeug besteigen und die Aufmerksamkeit der anderen auf sich lenken, dies entsprach ganz ihrem Geschmack. Die Männer sahen ihr nach, halb wahnsinnig vor Begierde, die Frauen vor Eifersucht. Sie lernte alles selber zu tun und dann, eines Tages gab sie H. S. den Abschiedskuß. Er war faul und anmaßend geworden und hatte geruht, sie als sein Eigentum zu betrachten.

Die Schmuggelei schenkte ihrem Leben eine Art von Stimulans, von der sie nicht wieder lassen konnte. Denn es war ihr damit gestattet, eine Art aristokratischen Lebens zu führen, ohne Arbeiten zu müssen, doch ständig auf Reisen zu sein und sich in einem Fluidum aus feinen Künsten und harten Drogen treiben zu lassen.

Opium wurde zu ihrem beständigen Begleiter, nachdem sie Hans verlassen hatte – und Kokain schenkte ihr gelegentliche Erfahrungen am Rande des Wahnsinns.

Manchmal mußte sie ‚Kokain-Europa' entfliehen, um in ‚Cannabis-India' ihrer scheußlichen Koks-Abhängigkeit ledig zu werden.

Indien war ihre letzte Zufluchtsstätte, Goa ihr Ankerplatz, ihr Königreich der Freiheit, obwohl sie von Opium nie wieder lassen konnte.

Und sie wanderte ein paarmal ins Gefängnis, sehr früh schon in ihrer Karriere als Schmugglerin und einige Male entging sie nur knapp einer längeren Strafe, denn sie war noch so jung.

Aber jetzt, im KCP hatten sich die Dinge sehr zum Schlechten gewendet. Nicht nur saß sie das dritte Mal in einem Gefängnis, sie hatte sich auch mit dem HIV-Virus infiziert. Im Karachi Central war sie wirklich die älteste unter den Ausländerinnen, »schon über vierzig«, wie Nadia, meine Landsmännin, mehrfach betonte, als fände sie eine große Genugtuung darin, diese traurige Tatsache zu erwähnen. Nadia selbst mochte erst 25 Jahre alt sein. Mein unverwandtes Starren in ihre Richtung war auch Xios Aufmerksamkeit nicht entgangen und einmal trafen sich unsere Blicke in einer Mischung aus Entzücken und Verlegenheit. In diesem kurzen, elektrisierenden Augenblick lag ein Versprechen, ein Versprechen, das meinem Leben eine freudige Wendung zu geben versprach. Nicht lange darauf und eine Wachfrau kam herein und erklärte den Besuch für beendet. ›Auf geht's!‹ rief sie und wir sagten ›Scheiße‹ und dann ›Tschüs‹ und gingen.

Von diesem Tag an suchte ich alles über Xio herauszufinden, und da ich schnell an Grenzen stieß, entschloß ich mich, ihr einen Brief zu schreiben. In meinem besten Englisch füllte ich auf geschwätzige Art mehrere Seiten, ordnete die Worte und Zeilen immer wieder neu, korrigierte jede einzelne, wohlgedrechselte Phrase ein- zwei- auch dreimal, bis das Machwerk so glatt herunterschnurrte, daß... – nun, vielleicht ein wenig zu glatt, wie ich bald befürchten mußte, denn der Brief fand keine geschriebene Antwort.

Etwa eine Woche oder zwei vergingen, bis ich Xio wiedersah. Es war am Gericht, dem Malir-Court. Schon aus der Ferne konnte ich sie leicht zwischen den anderen Frauen ausmachen. Ich war mit fünf anderen Gefangenen an eine Kette gefesselt und mußte ungeduldig darauf warten, daß Xio zu mir kommen würde, denn nur die Frauen waren nicht angekettet.

Und wirklich, sie kam nach einer Weile, umarmte mich ganz unverzagt – soviel zu ihrer Antwort auf meinen Brief! Sie sagte, sie selber schreibe kein Englisch und hätte deshalb meinen Brief nicht beantworten können. Tatsächlich sprach sie recht gut Englisch mit dem Idiom des Indischen gefärbt. Und sie sprach Deutsch. Allein, das *was* sie sagte, erschrak mich zutiefst, denn nichts blieb unausgesprochen, besonders ihre Seuche nicht, die HIV-Ansteckung.

Ich gestand ihr, ich könne deshalb meine Liebe zu ihr nicht einfach abstellen. Ein Geständnis, das ihr zu schmeicheln schien, obwohl sie unversehens sehr ernst wurde und mir erzählte – der ersten Warnung noch eine zweite hinzufügend – sie habe eine Tochter und einen Ehemann, die zu Hause in Goa auf sie warteten. Hernach wurden nicht mehr viele Worte zwischen uns gewechselt, denn die Wächter umringten uns in immer enger werdenden Kreisen und störten unsere Zweisamkeit durch viele närrische Fragen, wie zum Beispiel:

»*Are you married?*«

»*No, she's my sister.*«

»*How many children?*«

»*Don't you understand? She's my sister!* «

»*Your sister?!! Ohh – very much better! Will she marry me?*« so sagte einer der Wächter und es schien ihm ganz ernst damit. Ich wurde wütend und drohte die Fassung zu verlieren.

»*Why should she marry a beggar like you?*« Sein Gesicht verdunkelte sich und er stotterte,

»*I'm a policeman!*«

»*So what? How much do they pay you?*« Er wurde noch eine Schattierung dunkler und antwortete trotzig,

»*Twothousandeighthundred.*«

»*What? US Dollars?*«

»*N-no, Rupees.*«

»*You wanna tell us, that you earn just a fifty bucks a month?! How will you pay for a woman not to mention the children..?*« Er wandte sein glänzendes Auge von uns ab und schwieg für ein- oder zwei Minuten. Die Polizisten waren störrisch wie Ziegenböcke und es fiel mir schwer, nicht ärgerlich zu werden. Xio und mir blieb keine Wahl, als uns für den nächsten Gerichtstag in zwei Wochen zu verabreden.

8.
Tod
Randvoll mit Leid

Einen geliebten Menschen an den Tod zu verlieren stellt diese aufwendige Einrichtung erbarmungsloser Kausalität ganz abscheulich in Frage. Auf der Höhe ihres Lebens, im Alter von fünfunddreißig Jahren starb die mir angetraute Frau. Das brachte mich aus dem Tritt, schmerzlich gestoßen darauf, wie heikel und flüchtig, mehr noch, wie kurz dieser Zustand des geistig wachen Verweilens über die Zeit der Jugend hinaus nur währt. Es ist allemal ein Wettlauf mit dem Tod.
Denn wie nahe ist der Tod in jedem Augenblick, wie grausam ist das Gaukelspiel jedes Frühlings, wenn der Winter für immer vergangen zu sein scheint und selbst die Sterbende in ihrem weißen Bett noch eine Gnadenfrist erwirkt hat, die weiche Luft zu atmen, das milde Licht der güldenen Sonne noch einmal einzulassen in die randvoll mit Leid gefüllten Augen, noch einmal einzulassen in den faulen Kern, um schließlich, inmitten der hochsommerlichen Drangsal desselben gleißenden Lichts, inmitten des lärmigen Zirpens und Tirilierens eines Augusttages dieser irdischen Welt und dem schweiß- und tränenreichen Leib für immer zu entsteigen.

Wettlauf mit dem Tod

Wie ein Feuer rann es durch meine Adern, das Herz pochte als ich mit den fünf anderen an meiner Kette und den zwei hinter uns trottenden Polizisten im Gefolge um die Ecke des Hauses trat und sogleich auf Xio stieß. Dort saß sie im Kreise der anderen Frauen und hatte auch mich im Augenblick erkannt. Sie erhob sich und wankte auf mich zu, fiel mir geradewegs in die Arme.

»Halte mich ganz fest,« sagte sie auf Deutsch, »bitte.« Sie war dünner geworden, obwohl sie auch früher schon untergewichtig war. Doch jetzt war sie schwach und bleich unter der Bräune, was ein dunkles Grau zur Folge hatte, dem etwas unwirklich Engelhaftes, der Anstrich

einer Vergeistigung anhaftete. Die Ursache war aber nicht im Spirituellen zu suchen, sondern vermutlich im Ausbruch ihrer Krankheit.
Der Virus ‚schläft' für lange Zeit im Leib des Infizierten bis eines Tages die Widerstandskraft nachläßt, irgendwelche Entzündungen sich einstellen und der Wettlauf mit dem Tod verloren ist. Als ob der Mensch in einem Nachlassen, Sich-aufgeben, in der Pflege pessimistischer Regungen das Krankmachende eingeladen hätte, sich frei im Körper zu entfalten. Was angesichts der elenden Verhältnisse im Gefängnis nicht zu verwundern braucht: niedergeschlagen zu sein, finstersten Gedanken hingegeben, allen Mut zum Leben, zu *diesem* Leben zu verlieren. Tatsächlich liegt dies im Konzept einer jeden Strafe begriffen – und dennoch durfte Xio, als Immungeschwächte, niemals solchen finsteren Regungen nachgeben, keinen Augenblick lang. Stets mußte sie an ihren Hoffnungen stricken, erfreuliche Gedanken spinnen, sich noch im dunkelsten Verlies erhaben dünken, als ob sie auf einer Bergspitze im Sonnenlicht stünde.
Die Nachricht von dieser bösen Wendung berührte mich schmerzlich. Etwas drückte auf mein Herz – die verletzte Eitelkeit?! Ein nagender Wurm also, nichts weiter!
Die Wärterin der Frauen und die beiden Sepoys suchten uns voneinander zu trennen und waren doch zu befangen, mit Gewalt einzuschreiten. Xio verlor sofort ihre Fassung und schrie, sie möchten ihre schmutzigen Hände von ihr lassen, sonst werde sie beißen. Die Wärterin wußte selbstverständlich von der Krankheit der Gefangenen, was ein Biß von Xio zur Folge haben konnte. Sie wich als erste zurück und auch die beiden Sepoys in ihren schmutzigen, verbeulten Uniformen ließen uns verlegen lachend einen Augenblick länger gewähren. Zuletzt waren es nicht die Wächter, welche uns auseinander brachten, sondern die fünf Kleinkriminellen an meiner Kette. Sie zerrten und schoben maulend vorwärts und dachten nur an ihren eigenen Besuch, ihre Frau, die Mutter oder ihre Brüder, welche dort unter den Bäumen möglicherweise schon auf sie warteten. Ich versuchte mich von Xio sanft loszumachen und wählte mit größter Vorsicht meine Worte, um von ihr nicht falsch verstanden zu werden:
»Verzeihe bitte, ich fürchte diese Schwachköpfe...« Hier unterbrach Xio meine tastende Rede und schrie erneut, nur lauter, verzweifelter

noch über meine Schulter hinweg auf die verdutzten Wächter ein, und sie sprach auf Urdu, was sie sich erlaubten, uns nicht fünf Minuten ungestört zu lassen und dies mit ein paar derben Schimpfworten angereichert, wie *Benschott, Gandu* und so weiter. Ich lenkte Xios Aufmerksamkeit auf die Gefangenen an meiner Kette, als die eigentlichen Störenfriede. Die Frau in meinem Arm hob den Kopf und wandte sich sodann lachend an die fünf Männer. Ihre Wandlung vollzog sich atemberaubend schnell. Mit wenigen Worten und zweideutigen Bemerkungen linderte sie die Ungeduld der Männer ebenso rasant wie nachhaltig. Sie lachten entzückt und zwinkerten auf eine, wie ich es empfand, widerwärtige Weise mit den Augen. ›Wie können sie es wagen..‹ dachte ich und war wütend auf diese Halunken, ohne jedoch ein Wort laut zu äußern. Die fünf Mitgefangenen standen in wortloser Verzückung, stocksteif an sämtlichen Gliedern, wie es schien und hatten offenbar ihren eigenen Besuch ganz vergessen. Zum Abschied flüsterte mir Xio etwas höchst Beunruhigendes ins Ohr, das ich noch lange verständnislos bei mir trug.

Als ich wieder in meiner Zelle saß, fand ich einen Brief in der Brusttasche meines Hemdes, den Xio mir heimlich zugesteckt hatte, gleichsam ihr Vermächtnis.
Die Zeilen waren auf Deutsch verfaßt und enthielten, etwas schwer verständlich, den verzweifelten Plan von Befreiung und Flucht. Das wirklich Beunruhigende aber war Xios Furcht, bald sterben zu müssen, wenn ihr medizinische Hilfe weiterhin versagt bliebe.
Nur einen Tag darauf erhielt ich von Xios Freundin im Frauengefängnis die Nachricht, Xiomara sei in ein öffentliches Krankenhaus verlegt worden mit Symptomen einer schweren Infektion, vermutlich einer Lungenentzündung. Wenn ihr nicht sofort erstklassige Hilfe zuteil werde, und das hieße, in einer Intensivstation unter hygienisch einwandfreien Bedingungen behandelt zu werden, dann bestehe Gefahr, sie binnen weniger Tage zu verlieren. Ihres Wissens aber gebe es diese ‚hygienisch einwandfreien Bedingungen' im ganzen Land ebenso wenig wie einen grundehrlichen Strafverteidiger.
In ihrem Schreiben, das Xio mir bei Gericht zugesteckt hatte, stand aber geschrieben, sie befinde sich wohlauf und alles diene nur der ‚Entlas-

sung'. Allein ihr kränkliches Aussehen strafte alle ihre Worte Lügen.

»Du mußt ihr helfen...« so fügte Xios Freundin am Schluß des Briefes an, »versuche Dich ins Hospital verlegen zu lassen, so daß Ihr von dort zusammen fliehen könnt.«

Doch wie sollte es möglich sein, aus dem Krankenhaus zu entfliehen und, schwieriger noch, wie sollte ich dort hineingelangen? Das alles stand nicht in dem Brief.

Nachdem ich eine Weile nachgedacht hatte, fiel mir der ‚Ausrutscher' eines Briten aus der Nachbardivision ein, der sich vor einigen Tagen die Nase über die Maßen eingepudert hatte und narkotisiert in einem Hospitalbett aufgewacht war. Seiner eigenen Aussage zufolge hatte er nicht mehr ‚eingefahren' als gewöhnlich, was bei ihm bedeutete, viel zu viel. Vielleicht wollte er sich auch den ‚Hahn abdrehen' wie's heißt, ‚Seinem Schöpfer begegnen', ‚Das Zeitliche segnen', kurzum, sterben hier und jetzt, von eigener Hand. Er war in einen komatösen Schlaf gefallen und daraufhin ohne weitere Umstände vom Anstaltsarzt in ein Hospital überwiesen worden. Irgendwie kam mir der Gedanke vertraut vor. War dies nicht bis vor kurzem noch mein ganzes Trachten, mir selber den gezielten Todesstoß zu versetzen? Von der ursprünglich einmal geäußerten Freitod-Absicht war mein jetziges Vorhaben allerdings weit entfernt. Tatsächlich ging es darum, Leben zu gewinnen, ein gemeinsames Leben mit Xiomara außerhalb dieser abscheulichen Mauern. Ich mußte eine Dosis finden, welche mir die Sinne rauben würde aber nicht das Leben. Nach einer Freifahrt ins Krankenhaus würde ich Xiomara nahe sein und mit ihr gemeinsam fliehen können.

Nachtischgespräch 3

Ich wartete eine günstige Stunde ab, um herauszufinden, ob mir Fakhri in dieser heiklen Angelegenheit behilflich sein könnte, das heißt, ob ich mit seiner Hilfe rechnen durfte, wenn ich zusammen mit Xiomara aus einem öffentlichen Krankenhaus zu entfliehen suchte.

Es war die Stunde nach dem reichen Mittagsmahl, das seine Mutter zubereitet und der kleine Bruder ins Gefängnis gebracht hatte. Diesmal handelte es sich um einen Lammfleisch-*Sallen,* äußerst herzhaft-scharf zubereitet, dazu als Beilage zwei *chutneys**, das eine aus dem Kraut des Korianders, das andere aus Tomaten hergestellt, dem heimischen Ketchup sehr ähnlich, und als Nachtisch gab es ‚*Khier*', cremig-süßen Reisbrei, das köstlichste Dessert, das der indische Subkontinent zu bieten hat.

Ermüdet vom Essen und schwer auf den Beinen traten wir hinaus auf die Veranda in einen Schwall heißer Luft. Die Sonne stand senkrecht über unseren Scheiteln, und ihr Glast blendete schmerzhaft das empfindliche Sehorgan. Das Auge suchte den Schatten, die kühle Dunkelheit, wie ein Wurm sein feucht-finsteres Gewölbe im Erdreich. Fakhri bot mir eine Gold-Leaf-Zigarette an, die ich aber ablehnte. Stattdessen zog ich einen *Naswar*-Beutel hervor, dem ich eine Prise grünen Pulvers entnahm und unter meine Lippe schob: ein Tabakferment mit Kalk vermischt, leicht brennend auf der Haut und würzig im Geschmack. Das Alkaloid des Tabaks gelangte über die Schleimhäute des Mundes in den Blutkreislauf und verursachte dort seine bekannte Wirkung: Übelkeit, Schwindel, Herzklopfen usw.

Mein Gönner rührte sogleich an den schwachen Punkt meines Planes.

»Wie glaubst Du ins Hospital gelangen zu können? Der *Gandu* von Arzt verschreibt nur gegen *cash*, zwei Lakh Rupien die Überweisung ins *Civil Hospital* drei Lakh die ins *Agha Khan Hospital*. Andererseits, als Ausländer müssen sie dich schneller dort einliefern als einen Pakistani, den sie durchaus erst einmal krepieren lassen, ehe sie ihn im Krankenhaus abliefern.«

»Ich wüßte schon, wie es gelingen könnte,« warf ich ein und beobachtete die jungen Katzen, zwei Monate alt, wie sie übereinander herfielen. Obwohl sie gewöhnlich etwas schwer von Begriff waren, so daß man sie zum Beispiel mit der Nase auf das Stück Fleisch stoßen mußte, bis sie verstanden hatten, hier im Kampf untereinander gebärdeten sie sich sehr geschickt, von Beginn an reaktionsschnell und höchst gelehrig. Jeder Überschlag, auf den Rücken fallen, die Zähne zeigen und dem Angreifer drohend vier Tatzen entgegenstrecken, das war vollendet gekonnt, nichts, das an der ‚Technik' noch zu verbessern gewesen wäre. Das rotbraun-getigerte, weißgestiefelte Katerchen, das kräftigste der drei Brüder, stürzte sich von hinten über das weiße, rotbraungestiefelte, verharrte in der Hochzeitsstellung, seine scharfen Zähnchen im Nakkenfell des Bruders vergraben, ehe sich dieser in rascher, schlangengleicher Drehung aus der Umarmung entwand und dem Heißsporn zwei rasche Tatzenschläge auf die Nase setzte, knapp am Auge vorbei – das er mit Leichtigkeit hätte treffen können. Der Angreifer sah sich genötigt purzelnd in Rückenlage zu gehen, um sich seiner Haut zu erwehren. Dabei miaute er und fauchte zugleich, was wohl soviel heißen mochte wie, drohend um Gnade bitten. Dies alles geschah in Sekundenschnelle und hielt den Fluß meiner angefangenen Rede nur einen Augenblick gestaut, um alsdann in die Worte überzufließen:

»Du erinnerst Dich an den verrückten Engländer in zwo-elf, der kürzlich beinahe zur Hölle gefahren wäre –«

»Den Junkie von nebenan, meinst Du, der die Nase nicht voll kriegen konnte und dann im Krankenhaus wieder zu sich kam?«

»Den, genau; was der unbeabsichtigt geschafft hat, müßte mir doch auch gelingen können, mit Absicht, meine ich.«

Fakhri wackelte bedenklich mit dem Kopf. Inzwischen war die schwarze Mutter der drei Katerchen erschienen, die einzige schwarze Katze am ganzen Ort. Vorfahre vieler Generationen jüngerer Katzen. Sofort unterbrachen die Kleinen ihr Spiel und fielen über die Zitzen der Alten her. Doch diese war ungehalten und selber hungrig. Sie stakste über ihre Jungen hinweg und fauchte drohend. Sie überließ die Kleinen früh ihrem Schicksal, allein sich durchzubeißen, instinktiv in ihrer Absicht, das eine oder andere noch sterben zu lassen, denn es gab schon zu viele Katzen am Ort.

Ich fragte meinen Gönner, ob er einen besseren Weg wüßte. Er schüttelte unwillig den Kopf. Eigentlich gab es das gar nicht, daß er eine Antwort schuldig blieb. Er fragte stattdessen, ob ich schon aufgegeben hätte, seinem Plan zu folgen. Eine gewisse Schärfe in seinem Ton verriet mir, daß ich auf vermintes Gelände vorgestoßen war und jeden Schritt mit Vorbedacht wählen mußte. Und da ich ein Feind jeder Form des Streites bin, antwortete ich unwahrheitsgemäß, nein, keineswegs hätte ich sein Angebot vergessen. Ich sei gewissermaßen in einer Zwangslage. Xio, meine Freundin, erwarte – nun, sie erwarte viel, sehr viel an klugem Verhalten, mehr als mir von Natur gegeben. Darum hätte ich gehofft, von meinem Freund und Gönner die helfend ausgestreckte Hand empfangen zu können.

»Fürchte Dich nicht,« sprach mein Wohltäter im Brustton hohl-klingender Überzeugung, »so lange ich hier bin, kann Dir nichts Böses widerfahren.«

Fakhri war der Meinung, es sei deshalb so schwierig, aus der Klinik zu entkommen, weil an keiner der 1440 Minuten des Tages nicht wenigstens zwei bewaffnete Polizisten an meinem Bett und an dem des Mädchens säßen, das wären schon zusammen vier plattfüßige Sepoys, die bestochen werden müßten. Mit einem Bündel Geld, keine große Sache. Und hier unterbrach Fakhri seine Rede und hob das weiße Katerchen mit den rotbraun getigerten Stiefelchen auf, nahm es auf den Arm und strich über sein Fell mit großer Zärtlichkeit. Er blickte Vertrauen gebietend in mein Auge und sagte, alles habe eine gute und eine weniger gute Seite. Er könne mir zwar helfen noch in dieser Woche auf freien Fuß zu kommen, doch hätte er dann selber keine Mittel mehr, und er wisse genau, daß es unmöglich wäre, von hier drinnen Geld in großem Umfang zu beschaffen. Wenn ich aber willig sei, ihm zu vertrauen, so stünde uns beiden eine glänzende Zukunft bevor. Nur ein paar Kapseln *crystal-white* geschluckt, die zusammen etwa zweihundertfünfzig Gramm wögen und diese mit nach Deutschland genommen und dort verkauft, erbrächten – wieviel?

»Ho!« sagte ich atemlos, wegen des vorgelegten Tempos und antwortete dann, wie aus der Pistole geschossen: »Ungefähr fünfzehntausend Mark oder fünf Lakh Rupien.«

»Genau« erwiderte er, so als hätte darüber niemals ein Zweifel bestanden. Seine Finger legten sich um den dünnen Hals des Katerchens und schlossen sich wie eine eherne Halskrause. Plötzlich wurde es dem Jungtier zu ungemütlich und es suchte den Kopf aus der Schlinge zu ziehen, mit allen Vieren sich sträubend. Doch der Griff saß fest und es mußte sich in sein Schicksal ergeben, das weiße Katerchen, rotbraun gestiefelt.

»Würdest Du das Risiko eingehen, wenn mir das Kunststück gelingt, Dich frei zu bekommen?«

»Natürlich, mein Freund, selbstverständlich!« im Stillen aber antwortete ich für mich, »Nein, niemals!«

Ich mußte mich meiner Unaufrichtigkeit schelten, denn in Wahrheit wollte ich keinesfalls wieder ein solches Risiko eingehen, wozu ich auch körperlich gar nicht mehr imstande gewesen wäre. Bei der kleinsten Erregung zitterte ich wie ein Fieberkranker, wurde bleich bis über beide Ohren und die Gesichtszüge versteinerten, als wären sie aus Fels gemeißelt. Nein, der Himmel hatte mir eine deutliche Grenze gezogen. Dieses Mal soll das letzte Mal gewesen sein, so hatte ich für mich beschlossen und dies sagte ich mir immer wieder, gebetsmühlenartig vor. Der gute Vorsatz, nie wieder Sport zu betreiben, wird bekanntlich auch sehr vorteilhaft von einem leiblichen Gebrechen unterstützt. Es bestand also keine Gefahr...

Dem Freund und Wohltäter aber sagte ich das Gegenteil dessen, was ich insgeheim beschlossen hatte:

»Sehr gut, sehr gut, tatsächlich suche ich schon lange jemanden, der mir – nun, der sich bereit zeigen würde – wie soll ich sagen, in mich zu investieren? – Ja, fünfzehntausend Mark, vielleicht sogar zwanzig. Weißt Du, mein Lieber, in einer Freundschaft ist nichts unmöglich...«

In einer Freundschaft ist nichts unmöglich, was für eine monströse Unaufrichtigkeit lag darin, dies auszusprechen. Schon eine ganze Weile hatte ich aufgehört, mich zu wundern über die Leichtigkeit, mit der mir eine Lüge über die Lippen kam. War es Angst, die mich dazu trieb? Angst, Fakhris Schutz zu verlieren, die Annehmlichkeiten seiner Zelle? Angst auch vor dem unnennbaren Schrecken, der überall an diesem Ort hier lauerte, in jeder Geste, in jedem Blick der vielen dunklen, feurigen Augen heimisch war? Ein Teil dieses Schreckens mochte der allgemeinen Furcht des Menschen vor dem Unbekannten zuzurechnen sein, dem Grauen vor der Dunkelheit, der Nacht, der Verlassenheit, dem Tod, ein Grauen, das sich diesseits der Gefängnismauern noch stärker bemerkbar machte, wegen der Eingeschlossenheit, wegen des Bewußtseins nicht entfliehen zu können. Anfälle von Klaustrophobie waren mir nicht unbekannt und es gibt wenige Erlebnisse, die grauenvoller sind, als des Nachts allein in einer Zelle eingesperrt aufzuwachen und zu wissen, daß es kein Entweichen gibt und auf deinem Weg nach draußen, eine unbekannte Zahl verschlossener Türen zu überwinden sind. Ganz ähnlich dem Gefühl, als läge man in der innersten, vieler ineinander geschachtelter und verschlossener Kisten, ohne sich regen zu können. Eine unbeschreibliche Angst, ersticken zu müssen, der Enge nicht entfliehen zu können ergreift Besitz von dir und verschlimmert das Übel noch,

steigert es manchmal bis zur Todesangst. Ein Mensch mit schwachem Herzen kann in einem solchen Augenblick den Odem ausblasen, wie's heißt, den letzten Schnaufer tun. Ein Arzt würde am nächsten Morgen kühl auf dem Totenschein vermerken: ‚Herzstillstand'.
Fakhri hatte von dem, was in mir vorging, nicht die geringste Vorstellung. Gewiß, es interessierte ihn auch zu wenig. Von Natur aus war er vor allem mit sich beschäftigt. Andere Menschen suchte er nur darauf zu ergründen, wie sie seiner etwas aufgeblasenen Persönlichkeit dienlich sein konnten, sei es als bloße Dekoration oder zu seinem Lebensunterhalt, das heißt zur Befriedigung seiner ganz gewöhnlichen Gelüste. Mit mir erwarb er sich nur wenig Greifbares, bis auf die zwei- oder dreitausend Rupien im Monat allenfalls die schmucke Feder, *'foreign touch'*, was in Karachi, dieser ‚weltoffenen Stadt' sehr von Vorteil sein konnte.
Ursprünglich hatte sich Fakhri einmal vorgenommen, Englisch zu lernen. Der Gedanke, daß er allein durch meine Anwesenheit, sozusagen im täglichen Umgang mit mir, die Sprache erlernen könne, bewegte ihn häufig und er sprach oft darüber. Freilich mochte er für die Zukunft seine Pläne mit mir haben. Wie alle ungebildeten Menschen, die nur die allergeringste Kenntnis von der Welt und ihrem Wirken besitzen, bildete er sich ein, genug- oder alles zu wissen. Notwendig bezog er diesen Dünkel aus sich selbst, aus dem Bild, das er von seiner Person in sich trug. Auch mit der hehrsten aller Gedankenfiguren, mit Gott hatte Fakhri nicht viel im Sinn. Sein Blick war einzig nach vorn, also geradeaus und nach unten gerichtet. Was er begreifen konnte, war ihm gerade recht. Das andere, das nicht mit Händen zu fassen war, existierte für ihn gar nicht. Er hätte ernsthaft an Gott gezweifelt, wenn er sich der Mühe unterzogen hätte, dem Transzendenten einen Gedanken zu widmen. Doch niemand hatte ihn jemals zu einer solchen Infragestellung ermutigt, noch kannte er Männer, die solches je gewagt hätten.

Drei Tage darauf kam die Nachricht, Xiomara sei aus dem Hospital entlassen worden und befände sich bereits auf dem Rückflug in ihre Heimat. Ihrem pakistanischen Richter war sie wohl nur dadurch entgangen, weil das Hospital jede Verantwortung abgelehnt und geschrieben hatte, daß sie sterben werde, wenn ihr nicht bald die nötigen Medikamente, an denen es in Pakistan fehle, verabreicht würden.

9.
GOTT
Die größte aller Gedankenfiguren

Unter den Muslimbrüdern Pakistans ist es weitverbreitet, in Geringschätzung auf weltliches Wissen herabzublicken. Ihr guter Mensch von Mekka hätte, wenn er eine Ahnung davon besessen, sich ganz mißverstanden gefühlt und wahrscheinlich jedes Jahr ein paar neue Schulen und Universitäten bauen lassen.

Auch wenn das Vorbild der Akademien auf Platons Zeit und das alte Griechenland zurückgeht, so steht doch die muselmanische Gelehrsamkeit um die vorletzte Jahrtausendwende im alten Bagdad, Kairo oder Sevilla unserer höheren Bildung von heute um vieles näher, das heißt, sie wurzelt in Wissen und Form ihrer Vermittlung bei den arabischen Schülern Muhammads. Bis ins 12. Jahrhundert währte die Gelehrsamkeit, solange nämlich bis orthodoxe Juristen dem freien, selbständigen Denken einen Riegel vorschoben. Fortan galt es als äußerst sündhaft zu wissen, was nicht im Koran stand, vielmehr in einem der vielen Gesetzeswerke, welche sich auf das heilige Buch beriefen, aber in Geist und Universalität so weit von ihm entfernt waren, wie die Spitze eines Minaretts von den Sternen. Das Heer der Ungebildeten in Pakistan stellt gewissermaßen einen lebendigen Beweis dar für diesen folgenschweren Irrtum in der Geschichte des Islam. Viele Muselmanen unserer Zeit besitzen keine oder nur die geringste Schulbildung, können manchmal wohl lesen aber selten nur schreiben. Die Last der abgelebten Jahre würde sie früh genug mit den beschämend engen Grenzen ihrer geistigen und körperlichen Wirkung vertraut machen. Wie bald schon würden sie lernen müssen, daß ihre Wirkung auf die Welt in der Regel nicht größer ist als das, was sie mit den Händen bearbeiten können. Einzig der Blick hinauf an den Sternenhimmel kann uns aus dem engen Menschenmaß erheben. Ganz ähnlich unser Geist und seine Fähigkeiten, der sich zwar auch nur mit dem Gegenständlichen befassen kann, darüber hinaus aber fast unbegrenzt in seinen Möglichkeiten, Gott selbst erschaffen kann.

Die halbe Menschheit glaubt an ein besseres Leben nach dem Tod, die

Muselmanen zum Beispiel glauben an das Jenseits, in dem Gott allein regiert und die Macht des alten Widersachers, Schetan, gebrochen ist. Ein paradiesisches Leben erwartet die Frommen, während die Bösen in der Hölle schmoren müssen. Aber es gibt auch andere Vorstellungen in der Welt des Islam, wie sie zum Beispiel im zwölften Jahrhundert ihre Blüten trieben und in Persien von einem Mann wie *Hassan Sabbah** in die Welt gesetzt wurden. Er zeigte seinen einzuweihenden Jüngern, in kultivierten, ‚kultischen' Gärten, in denen ‚ewig junge' Frauen tanzten und sangen, wie er sich das nachtodliche Paradies vorstellte. Es soll auch Cannabis und Opium in Hassan Sabbahs Gärten gereicht worden sein. Ein Franzose mit Namen *De Sarcy** hat sie deshalb in Verruf gebracht, die *Assassinen*, die Haschisch-rauchende ‚Mörderbande' des großen Alten vom Berg Alamut, den das Volk *Seyedna* rief, ‚Unser Herrgott'.

Tanzende *Huris* und ausschweifende Sinnenlust war den nachfolgenden Orthodoxen ein Greuel. Die gestrengen *vier Imams** der Sunniten-Kirche glaubten eher an Gesetz und Ordnung, an blinde Gefolgschaft und vollkommene Unterwerfung, wenn sie an ein Paradies dachten.

Doch was mag nun wirklich folgen, nach dem Sterben? Der Himmel oder die Hölle, der Hades? Die schlechte Wiedergeburt in einer armen Familie oder vielleicht gar nichts?

Die Buddhisten glauben, die Hölle meint das Leben hier auf Erden, und ihre Vorstellung von Glückseligkeit besteht einzig im Freisein von dem Zwang, nach jedem Sterben wiedergeboren zu werden.

Die Wissenschaftler sagen zu all dem nur ‚Schlüssiges' und sehen das Ende schon gekommen, weil alles Andere nicht beweisbar sei. Selbst unser alt-ehrwürdiger Kosmos soll ihrer Meinung nach nicht ewig existieren, was der kalten Endlosigkeit unweigerlich einen Schlußpunkt setzen würde.

The believe in the unseen. Einstein glaubte, *that a spirit is manifest in the universe, a spirit vastly superior to that of man.* Geist, der sich im Universum manifestiere, ein Geist, so unermeßlich überlegen dem menschlichen Geist, daß er niemals begriffen, noch verstanden werden könne. Der Mensch müsse auf indirektem Wege seiner Existenz inne werden und glauben. Jeder möge selber wachen Sinnes nach Hinweisen suchen, die sein gesundes Empfinden befriedigen könnten und imstande wären,

seinen Glauben zu fördern, bei aller Widrigkeit der Umstände sozusagen.
Es kann und muß also nicht ausgeschlossen werden, daß eine zweite in der ersten Welt steckt, wie eine Mutterwelt zu dieser reichlich mißratenen Nachkommenschaft, eine geistige Blaupause sozusagen, ein ausgeklügelter Plan von Gesetzlichkeiten – in dem Zufall und Freiheit keine geringe Rolle spielen – welcher dieser Welt zu Grunde liegt. Ein überlegenes Intelligenzwerk, geleistet vom Schöpfer selbst, einer Gottheit, der wir alle nur Spielzeug sind, wenn es denn bei soviel grenzen loser Klugheit noch eines Spielzeugs bedarf. Da aber nicht nur Leid, Trauer, Schmerz und freudlose Arbeit in der geschaffenen Welt stekken, sondern auch Humor und Lachen, Fröhlichkeit und Genuß, so muß auch der *Demiurg**, oder besser vielleicht, der *Deus** froh, gut und treu sein und, wohl möglich, ein alter Genießer.
Als Teil dieser geistigen Größe fortzubestehen, soweit darf meine Hoffnung vielleicht gehen. Der Bewußtseinsfunke wäre mir demnach in die Brust eingepflanzt worden, wie ein Sonnenstäubchen der ‚Gesetzlichkeiten', das nach dem Leben hier, in die jenseitige, sagen wir, geistige Welt wieder zurückkehren würde, also in jene Welt, die ganz häutchennah, auf der anderen Seite liegt, ›jenseits‹ und keineswegs nur über den Sternen.
Mit dem Sterben verschwindet der Lichtfunke aus meinem Auge und alles Körperliche, alles Schläfrig-Wollüstige fällt von mir ab und das einzige, was übrigbleiben könnte, wäre ein schlafloser, androgyner Rest, der wie ein Tropfen im Meer geistiger Potenzen, wie ein ‚Rechenexempel' am Schluß aufginge.
Ohne das Sinnenerlebnis, welches ja eng an den Leib gebunden ist und mit diesem vergeht, ohne die Schleusen unserer Wahrnehmungsorgane ist Bewußtsein gar nicht vorstellbar. Wenn der Leib also stirbt schwindet auch das leibliche Bewußtsein und der Strom der Erinnerungen bricht ab. Allein, schläft nicht auch im Traum unser Leib und damit unsere Sinne und die Bilder sind doch ebenso lebendig, als kämen sie über die fünf leiblichen Kanäle? Was also bleibt, wenn wir einmal sterben? Was ist unser innerstes, unvergängliches Selbst? Wenn es eine andere Welt gibt, in der, sagen wir, das geistige Konzept der Erscheinungswelt liegt und ein allumfassendes Bewußtsein existiert, das

vom Mineral über Pflanze und Tier über den Menschen hinaus bis in den Sternenraum reicht, das keine räumlichen Grenzen besitzt, so fände unser ‚Traum-Selbst' dort seine letzte ‚Ruhestätte' oder läge zur Wiederverwendung bereit.
Wie aber kann ich von all dem erfahren? Wie kann ich die anderen, noch lebenden Menschen davon unterrichten? Dies nun ist es, was mir Kummer bereitet.

*Momins**

Die pakistanischen Männer lieben es, den Schein religiöser Korrektheit zu wahren. Besonders die Muslime im Gefängnis üben sich darin, obgleich die meisten von ihnen die damit verbundenen Regeln mehrmals am Tag ignorieren und brechen. Mit einer großzügig bemessenen Dosis opiathaltiger Selbstgewißheit in meinem Blut schwimmend habe auch ich eine ganze Menge über Moral und Recht vorzubringen, das heißt über all die nutzlosen Äußerungen des menschlichen Heroismus, die hier im Gefängnis – innerhalb dieser *naked society,* wie ein schlauer Brite die Gefängniswelt einmal bezeichnet hat – die offenkundig allzu hohl geworden sind aber nichtsdestotrotz alle Tage in Worte gefaßt werden: heiliges Zeug, von irgendwelchen räudigen Räubern oder schmuddligen Schmugglern dahergeplappert.
Hier gibt es Leute, die sind geradezu spezialisiert auf Themen wie anständiges Benehmen, sogar in verhältnismäßig größerer Zahl als draußen. Tatsächlich kann man sie innerhalb der Gefängnismauern besonders leicht ausmachen, erstens, an ihren langen, unrasierten, feierlichen Gesichtern, zweitens, an ihren weißen, grünen oder schwarzen Kappen, drittens, an ihren *Taspies*, Rosenkränzen, die sie den ganzen Tag durch ihre Finger gleiten lassen, indes, viertens, ihre Lippen sich lautlos zu den Worten eines Gebets teilen. Überall liegt das Klicken der Rosenkranzperlen der *Momins* oder ‚frommen Muselmanen' in der Luft. Im Knast werfen sich diese Brüder zu allen der fünf vorgeschriebenen Gebete in den Staub: vom ersten, *Fajr*, das schon morgens früh, eine Stunde vor Sonnenaufgang beginnt, bis zum letzten, dem *Ischtar*, um acht oder neun Uhr in der Nacht, das heißt eine Stunde nach Sonnenuntergang. Vor der Verhaftung hat gewiß nicht einer von diesen langbärtigen Eiferern sein Knie gebeugt, ohne vorher zu fragen: ‚wieviel?'. Die meisten dieser kriminellen Gläubigen oder gläubigen Kriminellen kann man während des ganzen Tages einzig mit Beten beschäftigt sehen, lediglich zu den Essenszeiten legen sie eine Pause ein und erscheinen mit gutem Appetit bei Tisch, ja, oft sogar schon eine gute Weile vor der Zeit, um bloß nichts zu verpassen. Morgens, nach einem ausgiebigen Frühstück, sitzen sie entspannt im schattigen Teil der unbedachten Moschee, während sie am Nachmittag, wenn die Sonne un-

barmherzig auf jeden schutztlosen Fleck herab scheint, über den schattigen Teil der Veranda schlendern, indes sie die Perlen ihrer Rosenkränze durch die Finger gleiten lassen und Allahs 99 Namen von ihren Lippen fallen.

Neulich saßen sie mit ernsten Gesichtern beisammen und blickten mit steinharten Augen auf jene, die ihrem Beispiel nicht folgen wollten. Es steckte eine Art offenen Vorwurfs darin, daß jene, die nicht so taten, des Teufels seien. Dabei trägt ihr beständiges Beten den Makel der Selbstsucht, denn sie werfen sich nur zu ihrem eigenen Heil auf die Erde nieder, drücken ihre Stirn in den Staub – und entziehen sich aller übrigen Tätigkeit, überlassen die grobe Arbeit gerne anderen, den Sklaven, oder sogenannten *Bardaschis*.

Einmal begegnete ich einem Mudschahidin, einem heiligen Krieger, der wie ein Mullah herumlief und jetzt anstelle eines Maschinengewehrs stets einen Koran unter der Achsel trug. Dieser zornige junge Mann ließ nichts unversucht, mich zum Islam zu bekehren. Tatsächlich war er nicht ganz erfolglos in seinem eifernden Bemühen, wenn er auch bloß den halben Kerl vor sich hatte: mein notorisches Verhalten in Bezug auf große Dosen irgendeines Opiats bewirkte, daß ich nicht voll bei der Sache war und nicht alles, was gesprochen wurde, wirklich verstand. Dennoch sind die heiligen Worte gefallen, ohne daß ich die geringste Vorstellung von ihrer Bedeutung besessen hätte, denn alles war in Arabisch gehalten, und des Mudschahidins hilfloses Gestammel in Englisch ließ vieles an Klarheit zu wünschen übrig. Der Mann sprach hiernach noch häufig mit mir und erzählte mit stolzgeschwellter Brust von seinen ‚gottgefälligen' Taten als ‚heiliger' Krieger in Bosnien und Afghanistan. Er war willens, die ganze heidnische Welt auszumerzen und wollte... nun, im Herzen Europas beginnen, also in Deutschland. Ob ich bereit wäre, ihm zu folgen? so fragte er.

»Warum nicht?« gab ich leichthin zur Antwort.

»Doch zuerst erkläre mir bitte, warum du diese blühenden Zivilisationen auslöschen willst?«

»Weil sie schlecht sind, ihr Einfluß, besonders ihr Geld ist *Schaitan*, des Teufels schmutzigstes Vermächtnis.«

»Nun,« sagte ich, »das dürfte ungefähr dasselbe sein, das auch ich zu äußern für nicht ganz falsch halte: Geld ist im Grunde schlecht und

diejenigen, die Geld anbeten, sind nicht besser – trotzdem würde ich nicht soweit gehen wollen, sie zu bekämpfen. Das werden sie eines Tages selber besorgen, ohne fremde Einmischung und wahrscheinlich viel früher, als irgendeiner von Euch Gelegenheit fände, ihren Militäraparat in Verlegenheit zu bringen. Die Streitkräfte der Vereinigten Staaten dürften kaum darauf warten, im eigenen Lande angegriffen zu werden, sondern schon weit hinten in der Türkei losschlagen, wenn sie einen Grund dazu finden. Die Amis haben in ihrer Hemisphäre bereits eine Reihe militärischer Konflikte vom Zaun gebrochen, ‚um ihren Hinterhof sauber zu halten' wie's hieß. Ohne den leisesten Zweifel würden sie jeder Muslim-Organisation auf der Welt hart zu Leibe rücken, wenn diese eine ernste Bedrohung ihrer heiligsten Werte darstellen sollten, als da wären Profit, Macht–«
Ich war etwas außer Atem gekommen und so konnte der Mullah einspringen,

»Wir werden nicht lange fackeln und ihr Gold und ihre Cleverneß stehlen.« – Immer noch der alte Glaube des Kannibalen: mit dem Fleisch des Feindes sich auch seine Kraft einzuverleiben. *The winner takes it all.*
Der Mullah sprach wie ein zorniger junger Mann. Einige werden sagen, der Mullah ist ein Sklave seiner Religion. Er lebt glücklich mit seinen Lügen, wer wollte es wagen, ihm die Wahrheit zu sagen und ihn unglücklich machen?!
Einmal fragte ich meinen Zellenkumpan Schorta, gerade als er von der Moschee kam, seinen Rosenkranz noch in Händen, ein Gebet auf den Lippen – er war auch so ein zorniger junger Mann und genau dieser Typ von *Momin*, ausschließlich für sein eigenes Heil beten und niemals sein Hemd selber waschen – ich fragte ihn:

»Was hoffst du, wird geschehen, wenn du so viel betest?« Er schaute etwas beunruhigt zu mir auf (denn Schorta ist sehr klein von Wuchs), seine Wangen glühten als er sagte:

»Allah wird mein Bitten erhören und mich bald von diesem Ort befreien, *Inchallah**. Er hilft denen, die an ihn glauben, er ist ein gnädiger Gott und wird mich niemals fallen lassen.«

»Gewiß.« sagte ich, »Hast du gelesen, was geschrieben steht in eurem heiligen Buch? Daß Beten dem Wissen untergeordnet ist, und daß Wissen untergeordnet ist der Hilfe, die du deinem Bruder in Not erbringst? Ist nicht Barmherzigkeit das Ziel jedes frommen Mannes, darum er ein Leben lang betet, zur vorgeschriebenen Zeit fastet und ohne Ermüden studiert?«

Schorta blickte voller Ungeduld zu mir auf. Er lag am liebsten flach auf dem Rücken, ein Taschentuch auf dem Gesicht und schlief, zwanzig Stunden des Tages; Schorta antwortete:

»Der *Imam Al-Aschari** soll einmal gesagt haben, ‚Was geschrieben steht und nicht vom Koran handelt oder vom Leben und den Lehren des Propheten, ist es nicht wert zu wissen'. Und *Imam Malaki** wurde einmal gefragt, wieviel er, als ein frommer Muselman, den Armen gebe? und er sagte, ‚Ich habe noch niemals jemand auch nur eine Münze gegeben. Im Islam ist es verboten zu betteln'.« Wie vom Schlag gerührt mußte ich Platz nehmen. Schorta fuhr fort mit einer Erklärung über das islamische System des *Zarkat*, einer Art Armensteuer, wie sie Muhammad eingeführt haben soll:

»Zweieinhalb Prozent des Einkommens zahlen jene, die ein regelmäßiges Einkommen von nicht zu geringer Höhe haben. Die aber nur sich ernähren können, brauchen gar nichts zu zahlen.« Ich schloß meinen Mund und nickte verständnisvoll.

»Darum also zahlt kaum einer Zarkat! Die pakistanische Art des Steuerzahlens bedeutet doch, die ganze Sache einfach zu ignorieren. Wenn die Leute nur das zu geben brauchen, was sie für richtig halten, dann werden sie nichts geben. Ich könnte mir gut vorstellen, daß dies dem Geiste von Muhammads Islam recht nahe kommt, doch für die Entwicklung eines Landes in unserer Zeit ist es gewiß sehr abträglich.«

Gerichtstag

Eines Morgens wurde ich zur *Maari*, der Hauptpforte gerufen. Ein Jailer wartete dort schon ungeduldig und eröffnete mir, heute sei mein Gerichtstag (der fünfundzwanzigste, also kein *major event*) und hier gleich anstellen, der Bus ginge in wenigen Minuten. Ich lachte und bat darum, meinen *Schalwar** wechseln zu dürfen, denn ich trüge noch mein Nachthemd.

Wie immer wurde mir die Erlaubnis nur zögernd erteilt und mit der Mahnung des jungen Jailers versehen, mich ja zu beeilen. Ich ging gemächlich zu meiner Zelle zurück, rasierte mich, säuberte meine Schuhe und schlüpfte in meinen besten Anzug. Ich teile die Vorliebe der angeberischen Pakistanis für feines Tuch.

Der Transport zum Gericht war keinem Vieh angemessener als dem Menschen. Mit rostigen Ketten an fünf andere Gerichtsgänger (*Courtwallahs*) gefesselt ging es stehend in einem viel zu kleinen Bus über Stock und Stein, immer auf der Hut vor der abgebrochenen Spitze einer Haltestange in Augenhöhe.

In großer Hitze auf Tuchfühlung mit vierzig anderen Männern zu stehen, näßt das gestärkte Langhemd gleichmäßig bis zum letzten Fädchen. Die rostigen Ketten scheuern sich blank und hinterlassen an dem Baumwollstöffchen feinster Webart häßliche, rotbraune Flecken.

Nach gut einer halben Stunde Fahrt durch Karachis chaotisch überfüllte Straßen, vorbei am Flughafen – dem Ort meiner furchtbarsten Niederlage – erreichten wir schließlich den Malir-Distrikt. Der Bus schwenkte auf ein staubiges Gelände ein, das einem Schrottplatz ähnlich war. Zwischen alten, Grashalm-durchflochtenen Gerippen von Lastwagen, Bussen und im Staub rostenden Motoren, standen ein paar ein- und zweistöckige, äußerst schäbige Gebäude, die ein halbes Dutzend *Judicial Magistrates** beherbergten und einen DJ, *District-Judge**, also einen Einzelrichter, der über Kriminalfälle aller Gattungen zu Gericht saß und über die Macht verfügte, selbst die Todesstrafe zu verhängen. Ein Mann, ganz allein, genügte dir den Kopf abtrennen zu lassen, dich ›zurück zu deinem Schöpfer‹ zu schicken, wie das Sterben unter den Muslimen Pakistans gern umschrieben wird. In jenen Tagen hieß der DJ, Sumro-Sahb, ein kleiner, dünner Mann von etwa 55 Jahren mit

einem finsteren, ja, schwarzen Totenschädel – ein ‚Sindhi', oder ‚Zigeuner', wie seine Landsleute aus dem Sarhat oder Punjab geringschätzig auszurufen pflegten.
Euer Ehren Sumro-Sahb, der spindeldürre, eulenhafte, der hinter einem breiten Tisch saß und leicht schielend über seine Brillenränder guckte, war ein unbeliebter und zu Recht sehr gefürchteter Mann. Jetzt, in der sengenden Hitze des Frühsommers geruhte er in seinem *Chamber* die langen Gefängnisstrafen zu verteilen. Das finstere *Chamber* war, bis auf das Surren der Klimaanlage, ein stiller Ort, von dem betretenen Schweigen erfüllt, das sich nach Todesurteilen einzustellen pflegt. Störendes Geräusch wurde von dem zertretenen Teppichboden vollkommen geschluckt. Hier war selbst das Kettenrasseln der fünf oder sechs aneinandergebundenen Missetäter auf ein leises Klirren gemindert und konnte dem empfindlichen Gehör der Eule keine Störung verursachen. Sumro-Sahb, der Eulenhafte, blätterte mit links in den Akten und las mit schräger Kopfhaltung – nichts! Er tat nur so, als lese er. Sumro-Sahb wußte von seinen Fällen nur das, was im Gerichtssaal gesprochen wurde und davon hielt er noch den größten Teil für gelogen. Er schaute, wenn überhaupt, ganz flüchtig in eine Akte und höchstens auf die erste Seite, wo sich der Name des Delinquenten und sein Delikt verzeichnet findet.

»*You have been caught at...* [raschel-raschel] *Jinnah-Terminal Karachi with...* [raschel-raschel] *2,8 kg Charras, do you plead guilty?*« schnarrte, kurz und grob, die Stimme des Richters, dabei blickte er über die Brillenränder hinweg scharf zu mir auf.
Hätte ich meine Schuld eingestanden, so wäre noch heute das Urteil gefällt worden, was nach Sumros eigener Richtschnur und persönlichen Lesart des Gesetzes, fünfzehn bis zwanzig Jahre Zuchthaus bedeutet hätte. Der junge Assistent, der meinen weißhaarigen Anwalt an jenem Tag vertrat, äugte beschwörend zu mir herüber, um mich daran zu erinnern, die vorbereiteten Worte zu sprechen. Ich zögerte, wenn auch nur kurz und keineswegs von dem Gedanken beseelt, daß jetzt der rechte Augenblick gekommen wäre, dem DJ meine Geschichte zu erzählen, die des armen Künstlers, der einmal geglaubt hatte, nur schreiben zu können, wenn er zuvor etwas Cannabis geraucht, dabei aber süchtig geworden wäre, mit anderen Worten, das *Charras* sei nur zum Eigenbe-

darf bestimmt gewesen und nicht zur ‚schmutzigen Geschäftemacherei'... ‚Und dann, Euer Ehren, beachten sie bitte die langjährige Abhängigkeit – hier, das Attest einer deutschen Klinik... Euer Ehren sehen selbst, drei Jahre war ich dort untergebracht und bin als unheilbar nach Hause geschickt worden'– nein, lieber nicht... Ein Blick ins triefende Aug' der finsteren Eule dort genügte, um zu erkennen, daß mit Sumro-Sahb nicht zu spaßen war. Doch diese Gedanken, durchaus folgerichtig und den Umständen angemessen, waren nicht die meinen in jenem Augenblick, sondern beeinflußt von meinen Vorurteilen und den Ratschlägen meines Anwalts antwortete ich:

»*Sir, my lawyer, Barrister at law Jamil-Sahb, is not present and*–«
Sumro-Sahb hatte sich bereits von mir abgewendet und sein x-iges Auge auf den jungen Assistenten geheftet, kopfschüttelnd, wie denn diese Abwesenheit meines Anwalts zu erklären sei. Er hörte sich die halblaut gesprochene, in Urdu gefaßte Entschuldigung an wie einer, der nichts als Lügen und Ausflüchte zu hören erwartete und wandte sich dann wieder an mich. Diesmal werde er noch vertagen, sagte er, aber... Er sprach kraftlos, ohne Überzeugung, so als würde er bald versetzt.
In der Tat, Sumro-Sahbs Tage am Malir-Court waren gezählt. Zwei Wochen darauf kam die Nachricht: Die Eule hatte sich die Pelzkappe über die Glatze gestülpt und das *Chamber* verlassen. Der neue Richter am Malir-Court hieß für die nächsten Monate Suleyman Ansari-Sahb.

Ein schlimmer Tag bei Gericht. Wie mag erst der Jüngste werden? Wenn das Gute mit dem Schlechten eines ganzen Lebens aufgewogen wird, und Mephisto die Anklage verliest und der höchste Richter den Vorsitz führt? Was der eine nicht weiß, steuert der andere bei. Die arme Seele steht dazwischen, betrogen, schuldbeladen und doch für nichts wirklich verantwortlich zu halten, sozusagen schuldunfähig, denn wer hat schon um seine Geburt in eine solche Welt gebeten?

JUNAID

10. Welt

Politiker und andere Halunken

Fakhri war kein Freund dieser wie jeder anderen Regierung. Er sah Demokratie als eine Staatsform an, die seinem Land unangemessenen war. Ich legte ihm das passende Argument für seine Ansicht in den Mund: Eine funktionierende Demokratie verlange den Staatsbürger mit Schulbildung, sonst könnten die armen Untertanen den Bauernfängern und Demagogen im Polit-Zirkus nur auf den Leim gehen. Wenn ein Volk sich verführen ließe, wie Hitler und die Seinen das deutsche Volk einst verführt habe, so werde Demokratie zu einer furchtbaren Geisel, weil Volkes Stimme, sozusagen auf legitime Weise, dem gemeinsten Schurken zur Macht verhelfen könne. Nur der gebildete Staatsbürger sei imstande, den Prozeß der politischen Willensbildung zu durchschauen und eine Regierung zu kontrollieren, indem eine Mehrheit sie abwähle oder durch Proteste zu Korrekturen zwinge. Fakhri glaubte nicht daran, mit der Schlangenbrut der pakistanischen Politiker fertig werden zu können. Darum lehnte er die demokratische Staatsform ab und Politik, so sagte er, interessiere ihn ohnehin nicht, obwohl er in den Angelegenheiten seines Landes recht gut Bescheid wußte, wenn er auch häufig die falschen Schlüsse zog.

Sein Bewußtsein, wie das der anderen Pakistanis, setzte sich aus einem wüsten Geflecht aus Halbwahrheiten, Gerüchten und Lügen zusammen, ungeläutert durch Fakten oder die Liebe zur Wahrheit. Erfundene Geschichten waren ebenso Allgemeingut des Volksbewußtseins geworden wie Gerüchte. In einer Welt, die nur aus schwarz und weiß bestand, hieß der Feind Amerika und Israel, der Freund und Bruder kam aus den arabischen oder muselmanischen Ländern und der Nächste war sich jeder selbst. Dessen ungeachtet liebten sie alles, was aus dem Westen kam und straften mit Nichtachtung die weisen Lehren des Koran. Sie sahen mit tiefer Verehrung zu Hollywoods Kino-Helden auf und hielten diese für tatsächlich existierende Gestalten der Geschichte. Ein Film wie ‚Rambo' war für die meisten Einheimischen keineswegs der Phantasie eines drittklassigen Drehbuchautoren entsprungen, sondern die wahre Geschichte aus dem Leben eines Mannes, der zufällig

auch Schauspieler war. Einer Tatsache, der ich zu Beginn nur ungläubig und mit Spott begegnen konnte, die ich schließlich aber mit Sorge zur Kenntnis nehmen mußte.
Wie leicht würde es da ein Demagoge haben, seine Lügen an den Mann zu bringen – die Frauen zählten in dieser Gesellschaft ohnehin nicht. Und die Herren des Landes hatten sich an Schule und Magister nur spärlich versengt. Die erbitterten Streitgespräche, die ich anfangs mit den Brüdern im Gefängnis hierüber führte, der Hohn, mit dem ich ihre Leichtgläubigkeit schmähte, hatte zur Folge, daß mir keiner mehr offen widersprach. Hinter meinem Rücken aber schalten sie mich, ‚ein weißer Spinner zu sein'. Sie wollten von der Wahrheit nichts wissen und lebten sehr auskömmlich mit ihrem auf Lügen gegründeten Glauben.

Aschgar Schah – ein Volksheld aus dem Sindh

Eines Tages schenkte mir Fakhri die Huld seiner Gegenwart und lud mich ein, ihm in die B-class zu folgen, einer neben dem Hospital gelegenen, kleinen Abteilung des gehobenen Standards, für die eingelochte Oberschicht. 17/2 beherbergte auch einen mir freundschaftlich verbundenen Angelsachsen, Mike, was dem Besuch einen freudigen Anlaß schenkte.

Als ich den Haftraum meines Freundes betrat, saßen bereits einige Gäste auf den Kanten der *Charpoys**, unter ihnen, Aschgar Schah, ein Sindhi, der vor seiner Inhaftierung einmal Pakistans meistgejagter Verbrecher war, das heißt ein berüchtigter Entführer und vielfacher Mörder. Er hing in seine Fülligkeit eingesunken in dem einzigen Lehnstuhl des Raumes und erzählte seine Geschichte. Das Gespräch mußte zum Teil übersetzt werden, denn Aschgar Schah sprach nur ein sehr rudimentäres Englisch. Er war ein schwer gezeichneter Mann, wie von einer Krankheit ausgezehrt. Seine Wangen trugen, trotz ihrer Schwärze, einen Hauch von Mehltau. Seine Augen saßen im Mittelpunkt zweier tiefschwarzer Ringe und in seinem Mund klapperte lose ein Gebiß. Seine Stimme war brüchig und er sprach leise, als bereite jedes Wort ihm Schmerzen, was ebenfalls jener rätselhaften Krankheit zu schulden war. Wie sich herausstellte war er ein Erzschurke und Volksheld des Sindh, der im Süden, an Indien grenzenden Provinz. Seine Vorfahren mochten Zigeuner gewesen sein, ein unstetes Völkchen, mit ganz eigener Tradition. Die vom Vater übernommenen Geschäfte bestanden darin, mit Hilfe seines weitläufigen Clans, Raubzüge und Entführungen zu veranstalten. Da seine Opfer ausschließlich aus der Oberschicht kamen, wurden hohe Lösegelder bezahlt. Ein paarmal soll es vorgekommen sein, daß eine Familie von sich aus mehr Geld als gefordert überbrachte, weil sie nicht für arm gelten wollte oder um den Zorn des Ausgelösten fürchtete, falls dieser erfuhr, wie wenig man ihn für wert gehalten.

So nahm es nicht Wunder, daß Aschgar Schah im Laufe der Zeit große Besitztümer angehäuft hatte, welche er zuvörderst seinem leiblichen Wohlergehen gespendet und sodann der Unterstützung seiner politischen Ambitionen in der Jay-Sindh-Partei. Dieser muselmanische Männerbund aus dem ländlichen Süden hatte nur ein Zwei-Punkte Programm: Erstens, Unabhängigkeit von Islamabad, also ein autonomes Sindh, um dergestalt, Punkt zwei des Programms, Zugriff nehmen zu können auf die Geldströme, welche durch die Hafenstadt Karachi flossen.

Aschgar Schah war ein Mann von vielleicht vierzig Jahren, obwohl er, ausgezehrt von einer Krankheit, gut zehn Jahre älter wirkte. Es war sein dritter Aufenthalt im KCP.

Seine erste Flucht hatte er vor dem City-Court in Szene gesetzt. Es war noch zu Zeiten, als sein Name kaum bekannt war und ein ‚normaler' Mordprozeß auf ihn wartete, eine Kleinigkeit also, vorausgesetzt, die Familie des Beschuldigten hatte so viel Geld, wie man Aschgar Schah nachsagte.

Die Polizei karrte den Beschuldigten in einem gewöhnlichen Gefängnisbus zum City-Court, wo er zu warten hatte, wie die vielen anderen, ‚gewöhnlichen' Verbrecher auch. Auf einmal bog eine große Limousine in den übervölkerten Hof des Polizei- und Gerichtsgeländes ein, in dem sieben oder acht von Aschgar Schahs Leuten schwer bewaffnet saßen. An jedem Gerichtstag tummelten sich wenigstens siebenhundert bis eintausend zu Sechsen aneinander gekettteter Männer in diesem Hof, neben den zahllosen Besuchern und Anwälten und den vielen bewaffneten Polizisten und fliegenden Händlern, die sich allesamt auf dem Gelände des City-Courts drängelten. In dieses Gewimmel an Menschen sprangen Aschgar Schahs Leute mit Kalaschnikows im Anschlag und irrten eine Weile kopflos in der schreienden Menge umher, weil sie ihren Chef nicht gleich finden konnten.

Als sie seiner endlich ansichtig geworden waren, schrien die Besucher bereits in den Tönen höchsten Aufruhrs und rannten in panischer Angst durcheinander. Hier und da mochte wohl einer auch Freude empfunden haben – möglich, daß ein paar Mutige sogar mit dem Gedanken gespielt, einzugreifen, doch fanden sie gewiß rasch ein halbes Dutzend guter Gründe, es nicht zu tun.

Die Polizisten waren durch den Aufruhr unter den schreienden Besuchern längst gewarnt und standen mit ihren automatischen Gewehren im Anschlag bereit, ihr Leben zu verteidigen. Allein, sie zögerten vielleicht zu lange, da ihnen ihr eigenes Leben nicht so wertvoll erschienen sein mochte oder aus Scheu in die Menge zu feuern, jedenfalls krachten plötzlich die Gewehre der anderen, zwei- drei Feuerstöße sprühten aus den Waffen von Aschgar Schahs Leuten und drei Polizisten brachen tödlich getroffen zusammen.

Aschgar rief, an die anderen Wachleute gewendet,

»Laßt die Waffen fallen, Brüder, sogleich!« und ratternd fielen etwa zwei Dutzend der schweren Knallbüchsen in den Staub. Aschgar Schah lobte ihr verständiges Benehmen und ließ sich die Drehschraube für seine Fessel aushändigen. Sodann, mit ruhiger Hand, öffnete er sich selber die Kette.

Die tödlichen Schüsse hatten die Menge zum Verstummen gebracht. Erstarrt vor Angst die einen, und in stiller Verehrung vor soviel Dreistigkeit, den Kampf gegen die Staatsmacht aufzunehmen, die anderen, vereinte sie mehrheitlich doch ihre Bewunderung über so viel Verwegenheit des vermeintlich Schwächeren.

Aschgar Schah, nachdem er der Fessel ledig geworden, trat an die Spitze seiner Männer und schritt erhobenen Hauptes durch das gaffende Volk hindurch, indem er mit einer Verneigung des Kopfes den Beifall und die Hochrufe des Volkes entgegennahm.

Ein kleiner, alter Mann trat hastig aus der Menge, lief hinüber zu den tot hingestreckt liegenden Polizisten und spuckte in ihre leblosen Gesichter, was noch mehr Beifall fand und bei einigen sogar auf Gelächter stieß.

Ohne behelligt zu werden gelangte Aschgar Schah zu seiner Limousine. Er drückte sich in den Fond des Wagens und sogleich kurbelten die sechs Zylinder des Motors geschmeidig rund zu hohen Touren auf und schoben die Kutsche hurtig in Fahrt. Das große Automobil glitt eilig davon, fädelte sich behend in die nie abreißende Kette von Autos ein und versickerte im dichten Verkehr des Saddar Bazars von Karachi.

Vieles ist dem Verbrecher Aschgar Schah verziehen worden, doch der Polizistenmord nicht, besonders nicht von der Polizei Karachis. Und als man seiner endlich zum zweiten Mal habhaft geworden war, da wollte man ganz sicher gehen und ordnete an, den Prozeß innerhalb der Gefängnismauern stattfinden zu lassen. Aschgar Schah war gezwungen, sich etwas ganz Besonderes einfallen zu lassen, um aus dem schwer bewachten, von zwei hohen Mauern umgebenen Central Prison entweichen zu können. Doch seine Idee war nicht gut. Er schluckte Quecksilber und aus Unkenntnis schluckte er zuviel, eine Dosis, die gewöhnlich für einen Menschen hätte tödlich enden müssen. Aschgar Schah lag aschfahl, mit dem Tode ringend, im Gefängnishospital und war der Pflege eines ordentlichen Krankenhauses dingend bedürftig, um wenigstens eine kleine Überlebenschance zu erhalten. Der Superintendent des KCP saß in einer bösen Klemme; einerseits wurde von ihm erwartet, den gefährlichen Mann unter allen Umständen hinter Schloß und Riegel zu halten, andererseits waren schon Todesdrohungen gegen ihn eingegangen, für den Fall, daß Aschgar Schah hinter Gittern sterben sollte. Als sich der Zustand des Vergifteten binnen kurzer Zeit dramatisch verschlechterte, da sah sich der Anstaltsleiter schließlich doch gezwungen, den gefährlichsten Verbrecher des Landes ins Civil-Hospital verlegen zu lassen. Allein, er tröstete sich mit dem Gedanken, Aschgar Schah werde nicht überleben können.

Doch Aschgar Schah überlebte das Quecksilber, wenn auch schwer gezeichnet und in seiner Lebenserwartung stark gemindert. Trotz der großen Zahl bewaffneter Polizisten, die zu Aschgar Schahs Bewachung an seinem Krankenbett saßen, gelang es den Männern seiner Bande, ihn am dritten Tag aus dem Hospital zu befreien. Doch fielen diesmal sieben Polizisten den Kugeln der Befreier Aschgar Schahs zum Opfer.

Von jenem Tage an für insgesamt zwei Jahre, die er in Freiheit verbrachte, war Aschgar Schah der meistgesuchteste Verbrecher Pakistans. Den einen war er Staatsfeind Nummer Eins, den anderen aber ein Volksheld. Für den kranken Helden mögen es zwei heillose Jahre gewesen sein: verfolgt von jedem Polizisten des Landes und der Schliche so manches Abenteurers, dem es einzig um die hohe Belohnung bestellt war.

Der schwer gezeichnete Held fand keine Ruhe, gleich wo er seinen Fuß auch hinsetzte. Nur im Gefängnis würde ihm vielleicht jener Friede zuteil werden, der ihm in Freiheit auf immer versagt bleiben mußte.

Kein Patriarch eines Clans, kein Industrieller und kein Geschäftsmann konnte mehr sicher sein, nicht als nächster der Verbrechenswut Aschgar Schahs zum Opfer zu fallen. Besonders unter den Mächtigen des Landes war er darum ebenso gefürchtet wie gehaßt. Sein Name und Bild erschienen täglich in allen Zeitungen des Landes, und das Ausmaß sei-

ner Schandtaten wurde immer phantastischer. Doch nicht jedes Übel, das man ihm zuschrieb, war von ihm auch herbeigeführt, sondern häufig von ‚Trittbrettfahrern' verbrochen worden.
Als wichtigster Mann der von ihm unterstützten Jay-Sindh-Partei nahm er häufig auch an den Beratungen seiner Politiker teil. An jenem Tag, in der Zelle meines Freundes, erzählte uns Aschgar Schah von einem Treffen mit dem Chief Minister von Sindh, an dem er, am Höhepunkt der gegen ihn gerichteten Kampagne von Polizei und Regierung, teilgenommen hatte. Ein unglaublicher Skandal, wenn die Öffentlichkeit davon erfahren hätte. Aschgar Schah schlüpfte unerkannt an der Polizei vorbei in den Saal hinein und ließ sich an der festlich gerichteten Speisetafel nieder. Gewiß, der Volksheld und Erzgauner mußte sich nicht verkleiden, um unentdeckt zu bleiben, seine Krankheit hatte ihn so schwer gezeichnet, daß seine eigene Mutter ihn wohl kaum wiedererkannt hätte. Obwohl er vis-a-vis zum Chief Minister saß, kam den Landesherrn nicht einen Augenblick die Erkenntnis an, es könne sich bei dem beleibten, kränklich aussehenden Mann ihm gegenüber um den Verbrecher Aschgar Schah handeln. Dieser alte, haarlose Krüppel besaß keine Ähnlichkeit mit dem jungen, gutaussehenden Burschen, den die Zeitungen jeden Tag auf Bildern zeigten. Deshalb sei er entschuldigt, der Chief Minister, als er sich an jenem Tag eine halbe Stunde verspätet zu den wartenden Herrschaften der Jay-Sindh-Partei an die Tafel gesellte. Er bat vielmals um Vergebung, unter leichtem Beugen des Hauptes und zeigte Zahn, zwei makellos weiße Reihen. Kaum daß der Chief Minister Platz genommen hatte, schlüpften auch schon die wartenden Diener lautlos herein und trugen hurtig die dampfenden Gerichte auf.
Als Vorspeise gab es ein faustgroßes *Samosa** in verschiedenen scharfen Saucen schwimmend. Wer es vorzog, konnte auch ein Schälchen *Raita* haben, Yoghurt mit kleingehackten Kräutern und Zwiebeln. Zu Trinken gab es Wasser oder Soft-Drinks. (Seit Pakistan in den siebziger Jahren das erste Mal von einem Sproß der Bhutto*-Familie regiert wurde, steht vor dem Landesnamen ›Islamische Republik‹ und Alkohol ist verboten, obwohl Zulfikar Bhutto* ein starker Whiskytrinker gewesen sein soll.)
Des Chief Ministers Augen glänzten wäßrig und er sprach mit vollen Backen von den vielen Mißhelligkeiten Sindhs, die allesamt von denen

in der Hauptstadt Islamabad verschuldet worden seien. Karachi und sein Hinterland könne sich sehen lassen. Ohne sie wären die in Islamabad doch nur ein armseliger Haufen pundschabischer Kuhbauern geblieben. Bloß eines müßte man sich von denen zurecht vorwerfen lassen, die Straßen von Karachi seien die blutigsten, die sich rechts und links des Indus finden ließen. Alle Provinzen zusammen zählten nicht so viele Verbrecher, wie sich allein auf Karachis Straßen tummelten. Und er spreche nicht von den Taschendieben.
Der Landeschef unterbrach sich für einen Augenblick und träufelte drei Löffel von der fetten Soße des *Murgi-Sallen** auf seinen Teller. Ringsum herrschte ein geschäftiges Klappern und Löffeln mit den vielen Schüsseln und Bestecken, so daß nur wenige Gäste an der langen Tafel noch verstanden, was der Chief Minister von Sindh zu sagen hatte. Sie hielten es ohnehin nicht für bedeutsam genug, sich in ihrer mundwässernden Tätigkeit stören zu lassen. Der Chief Minister tupfte sich mit einem weißen Taschentuch die Mundwinkel trocken und nahm Messer und Gabel zur Hand – er war der einzige, der mit Besteck aß und nicht mit der Hand wie die anderen. Aschgar Schah, dem Chief Minister schräg gegenüber an der Tafel liegend, ließ sich nur ein paar kleine Happen auf den Teller legen, etwas von dem *Briyani*-Hühnchen, um nicht mehr als unvermeidlich von der fesselnden Rede des fähigen Landesherrn zu versäumen.

»Wir müssen die Frauen und Kinder schützen vor den Terroristen, den fanatischen *Maulwis** und ihren gesetzlosen Anhängern aus den Slums.«
Vereinzelter Beifall und einhelliges Kopfnicken bei den Anwesenden.

»Wir müssen unsere Kinder erretten von der Drogenplage und die Dealer allesamt aufhängen.« Rauschender Beifall von sämtlichen Händepaaren und ernstes Wiegen der schweren Häupter.
Der Chief Minister nahm einen Schluck aus dem mit Wasser gefüllten Weinglas, hob das langstielige Gefäß aber gleich wieder vom Mund und betrachtete ungehalten und leicht angewidert den farblosen Inhalt, worauf er das Glas zurückstellte und weit von sich schob. Ein Diener trat ihm diskret zur Seite, nahm ein frisches Glas, in das er aus einer anderen Flasche etwas eingoß, das des Herrn Chief Ministers Geschmack besser traf..

»Ich freue mich, Ihre Zustimmung gefunden zu haben.« Er nahm einen großen Schluck von der kaum als wäßrig zu bezeichnenden Flüssigkeit, wovon seine Augen zu strahlen begannen und seine Rede befeuert wurde,

»Nun aber, meine Herrn, muß ich um Ihre Aufmerksamkeit bitten für eine wesentlich leidigere Sache, die Ihnen nicht halb so viel Freude bereiten dürfte. Sie wissen, daß ich stets ein Mann aus dem Sindh geblieben bin, seinen Traditionen zutiefst verpflichtet. Ich weiß sehr wohl, daß manche Bewohner unserer geliebten Provinz noch immer fest an ihren Stammestraditionen halten und das Gewerbe ihrer Vorfahren ausüben, das Räubern und Wegelagern. Dafür habe ich nicht nur Verständnis, ich kann es sogar ausdrücklich als Pflege völkischer Traditionen gutheißen. Aber!« Bei diesem Wort dämpften sich mit einem Male sämtliche Geräusche des Essens und die Ohren der rund um die Tafel Versammelten neigten sich dem Sprecher zu,

»Aber..., mehr als *fünfzehnhundert* Entführungen im letzten Jahr, begangen von dem – dem größten Stifter *Ihrer* Partei, der dem Arm des Gesetzes entflohen und wieder auf freien Fuß gekommen ist und nun das Land unsicher macht, das ist zu viel und kann unmöglich hingenommen werden. Bitte hören Sie gut zu, meine Herrn, Sie müssen ihrem Gönner Aschgar Schah ausrichten–« und hier dämpfte der Chief Minister seine Stimme, als fürchte er die Wände könnten einstürzen, »daß unsere Armeeführung bereits ernsthaft erwogen hat, seine Truppen ins Innere des Landes zu schicken.«

Die letzten Worte waren so leise gesprochen worden, daß sie unmöglich zu vernehmen gewesen wären, wenn nicht in diesem Augenblick eine vollkommene Stille geherrscht hätte. Der Chief Minister forschte unbehaglich in den finsteren Mienen seiner Gäste, ob nicht wenigstens ein Gesicht darunter war, das ihm bekannt gewesen, beziehungsweise in seinem Ausdruck ihm nicht gar so feindlich gesonnen. Doch bis auf das bemüht heitere Antlitz des Aschgar Schah, las er nur kalte Ablehnung und hochmütige Verachtung aus den verschlossenen Mienen.

Bald darauf wurde Aschgar Schah verhaftet. Einer, der seine Treulosigkeit mit dem Leben bezahlen mußte, hatte ihn der Polizei verraten.

11.
Wahlverwandtschaft
Drei Herren im Raucherzimmer

S.i.R., der Sergeant im Ruhestand, hatte sich in den wenigen Wochen bei uns zu einem großen Liebhaber des *Charras* entwickelt und suchte nun jeden Tag seinem neuen Laster zu frönen.

Heute nachmittag, nach vielen Stunden Glücksspiels mit fünf oder sieben derselben Sorte wie er, just als er die Karten nach vielen Stunden aus der Hand gelegt und sich nach draußen vor die Zellentür begeben hatte, da stieß er auf mich, der ich, wie stets um diese Zeit, auf dem Wasserfaß sitzend, ein Buch in den Händen haltend, mit der löblichen Tätigkeit des Lesens beschäftigt war. Ich konnte S.i.R. die gute Nachricht hinterbringen von einem in meiner Tasche befindlichen, zwei-Pfennig-großen Stück Cannabis, von allererster Güte, dem aus Quetta stammenden *Schamamam*.

»Diesen Leckerbissen erlaube ich mir als unser heutiges *night-program* vorzuschlagen,« so sprach ich nicht ohne Stolz in der Stimme. Der S.i.R. schenkte seiner Freude beredt Ausdruck und sagte, er habe seinerseits die Vorkehr getroffen und zweihundert Rupien drangehängt, Vergnügen der nämlichen Sorte aufzutreiben, damit die kostbaren Lebensstunden nicht in träger Dumpfheit verdämmerten, sondern geistig angeregt zu ‚etwas Schönem' genutzt werden könnten.

S.i.R. ‚nutzte' seine *Nascha**-Zeit, um nächtelang schmalzige Lieder zu komponieren für seine geliebte *musica,* wie er sich auszudrücken beliebte. *Noor Chant*, die Rosita Rosano Pakistans, mit ihrem Kinderstimmchen, muß einstmals die sexuellen Phantasien des Soldaten und reifen Mannes S.i.R. beflügelt haben und, wie er sich ausdrückte, sein Leben vernichtet – vermutlich war ihm die Wirklichkeit zu schrecklich, zu lustfeindlich, in einem Muslim-Dorf irgendwo im ländlichen Pandschab, mit einem übergewichtigen Eheweib und vier Töchtern, für die er zu sorgen hatte. So kam es, daß er sich dem Glücksspiel zugewandt hatte, jedenfalls behauptete er von sich, ein süchtiger Zocker zu sein, der ewig in Geldverlegenheit stecke. Zu allem Unglück habe er nun auch noch großes Unheil über sich und seine Familie gebracht, als er

mit einem Pfund Heroin in den Schuhen am Flughafen Karachi erwischt worden sei.
Gleich nach unserem kurzen Wortwechsel eilte er mit Weile und sichtlich beschwingt über den festgetretenen Lehmboden des Gefängnishofes zur Zelle 9F/12, *‚barra-number'*, wo Khan-Sahb wohnte, der, wie ich wohl annehmen konnte, die freudige Kunde vom Dasein des klassischen Rauchstücks mit Namen *Schamamam* lauthals schreiend begrüßt haben dürfte. Weil die beiden Raucher den Tag über noch nichts Rechtes genossen hatten, beschlossen sie kurzerhand, mich rufen zu lassen. Sie schickten zu diesem Behufe einen *Bardaschi* aus, der mich bald darauf in des Khan-Babas kärgliche Höhle einließ. S.i.R. saß dort ganz allein und schien bereits auf mich gewartet zu haben. Der *Bardaschi* diente mir eine Tasse dampfend-heißen Milchtee an, die ich dankend entgegennahm. Daraufhin öffnete S.i.R. die Sitzung mit einer langen, scheußlich gewundenen Rede vom Khan-Sahb und seiner stolzen Sippschaft vom Stamme der Afridis, des *Pathanen**-Babas berüchtigter Verwandtschaft am Khaiberpaß, wo seit Generationen von den Vätern auf die Söhne das Drogengeschäft übergehe. Zuletzt erzählte er mir, daß Baba Khan-Sahb im Taumel der Freude geschrien, als er ihm die Kunde hinterbracht habe von dem zweipfenniggroßen Stück Cannabis erster Güte, das in meiner Tasche befindlich daselbst nur Gefahr liefe, verdorben zu gehen und darum vorsorglich schon jetzt von uns Dreien allhier verschmaucht werden sollte, das hieße, sobald Baba Khan-Sahb von seinem abendlichen Bad zurückgekehrt sei und ich weiter nicht Einwände erheben mich zu erdreisten die Absicht hege...
Es gab keinen einleuchtenden Grund, den Plan abzulehnen, und so zog ich ohne weiteres Zögern das winzige Kleinod hervor und übergab das Rauchstück dem Bardaschi. Dieser stufte die Güte der Ware vorsichtig schnuppernd mit *›atscha Mal*‹* ein und begann sein Werk. Er leerte geschwind zwei Zigaretten, wärmte das Harz mit einer Flamme, so daß alsogleich das ‚appetitlich' Stück sein Pferdeapfel-Aroma, *schamamam*-üblich, verströmen konnte und die Zelle bis unter die Decke mit ‚Weihrauch' ausfüllte. In diese Wolke Wohlgeruchs trat der Herr der Klause freudestrahlend ein: Baba Khan-Sahb, 35-jähriger, herrisch-stolzer Pathane vom Stamme der Afridis, klein von Wuchs und bleich von Farbe, wie es den Afridis allgemein üblich und eher dem europäischen Men-

schentypus eigentümlich ist. Die halbe Glatze ließ ihn älter erscheinen als er tatsächlich war. Freilich glückte ihm so das Kunststück, die Baba-Würde trotz seines ‚jugendlichen' Alters glaubhaft vorzustellen. Sein Wort war Gesetz unter den Pathanen-Brüdern im Jail und jede von ihm mit leiser Stimme ausgegebene Weisung wurde nahtlos ausgeführt, während Fakhri mit Schimpfen, Fluchen, Kreischen nur auf taube Dienerohren stieß und freche Widerreden zu hören bekam.
Baba Khan-Sahb trug seinen behaarten Leib, der zur Wohlstands-Fülle neigte, wedelnd, watschelnd durch die Welt. Von Natur ein gut Gemüt, ohne allzu klug zu sein, lebte er, nach seiner Art, auskömmlich vom Handel großer Mengen *Charras'*. Zwei Klagen hatte er am Hals, die ihn seit bald einem Jahr im Gefängnis festhielten: 800 Kilochen und 160. Beide Lieferungen hätten ins Ausland gehen und gutes Geld einbringen sollen, doch konnten sie noch innerhalb der Landesgrenzen beschlagnahmt werden. Nach dem neuen *Control of Narcotic Substances Act, 1997*, kurz CNSA oder ‚9C' genannt – in Benazir Bhuttos letzter Amtszeit fabriziert, kurz bevor sie selber gestürzt und wegen Korruption zu fünfeinhalb Jahren Gefängnis verurteilt worden war – nach diesem jetzt verschärften Recht blühte Baba Khan-Sahb die Todesstrafe. Bis heute aber wurde, zum Ruhme der Richter des Landes sei's gesagt, kein Drogenhändler jemals hingerichtet, allerdings besteht dieses Gesetz noch nicht lange und kaum ein Fall, der bisher unter seinen Paragraphen entschieden worden wäre. Nur ein paar kleine Schmuggler sind bereits verurteilt worden, weil sie es für besser hielten, das jahrelange Gerichtsverfahren durch Schuldeingeständnis zu verkürzen. Ein Fall aber, so groß wie der Babas, würde erst nach vielen Jahren in einem Urteil seinen Abschluß finden. Zu dieser Zeit würde Baba Khan-Sahb längst auf Kaution entlassen und so schnell nicht wieder zu fassen sein. Dennoch nahm es nicht Wunder, daß der Afridi-Sproß sein Haupt unter dem drohenden Schwert gebeugt und in der Anbetung Allahs Zuflucht und Trost zu finden gesucht hatte, denn wie es zu Recht heißt, ‚wo das Gottvertrauen ausfährt strömt die ganze Angst-Teufel-Bagage herein'. Am Tage sah man den Baba nur mit Gebetskranz umherschlendern und zu den frommen Sprüchen seines Glaubens die Lippen teilen. Wir tauschten zur Begrüßung ein paar Artigkeiten aus und ich bat den Baba, die erste Zigarette anzuzünden. Ich mußte ihn kein

zweites Mal darum bitten. Er hielt den Stengel behutsam zwischen Daumen und Zeigefinger an die Lippen, näherte die Flamme eines Feuerzeugs der eingefalteten Spitze und rauchte mit abstehendem kleinen Finger ungerührt und ein wenig mädchenhaft die halbe Zigarette, ehe er den Stummel an S.i.R. weitergab. Dieser, ebenso angeregt wie Baba, rauchte nicht minder ungerührt die andere Hälfte, so daß für mich nur die Kippe blieb, die S.i.R. mir, ohne mich zu beachten, hinstreckte. Die zweite Zigarette wurde sofort in genau der gleichen Weise geraucht, ohne daß es noch einer Aufforderung bedurft hätte.

›*Atscha Mal*‹, ‚guter Stoff' urteilte nun auch der Baba vorsichtig und begab sich entspannt in eine liegende Position.

In der Tat, ein ausgezeichnetes Hasch, vermutlich von der Sonne Afghanistans verwöhnt und ganz rein, ohne ›Marsalla‹ Beimischungen in den Handel gebracht (was auch die Kippe noch ein bißchen genießbar machte). Die Unterhaltung zwischen Baba Khan-Sahb und S.i.R. nahm jetzt eine sonderbare Wendung. Angeregt von dem ersten, prickelnden Effekt des frischen Cannabis, der zuweilen auch als furchteinflößend empfunden wird, begannen die beiden gesetzten Herren zu kichern und bei dem kleinsten Anlaß in ein großes Gelächter auszubrechen.

Die Gedanken des ›Berauschten‹ schnurren entlang eines endlos sich windenden Fadens, wie von einer Spindel ab und laden die Zeit mit einer Art mystischer Bedeutung auf. Ja, Bedeutsames scheint sich zu ereignen. Jeder Satz, jedes Bild steht vor dem inneren Auge wie etwas Wahrhaftiges und will ausgesprochen sein. Doch ehe noch die trockene Zunge ein Wort formen kann, steht schon die nächste Wahrheit da, ein Folgegedanke der vorhergehenden *veritas* – welche im Cannabis viel eher beschlossen liegt als im Wein. Unter älteren Rauchern kommt es deshalb nicht selten zu langen Schweigepausen, wo jeder nur an seinem eigenen Gedankenfaden spinnt und darüber hinaus kein Bedürfnis an Mitteilung zu bestehen scheint. Hier in Pakistan aber stand dies zweifellos nicht zu befürchten. Die Herren verfielen meist in einen Rede- und Lachtaumel, so geräuschvoll wie ausdauernd. *Enjoyment* oder *timepass* nannten sie das.

Die nächsten zwischen uns gewechselten Worte handelten erwartungsgemäß von den Aussichten, entlassen zu werden und wie unter diesen löblichen Umständen das Geschäft fortgeführt werden könne. Khan-

Baba wünschte sich in Europa einen Partner, der seiner von sich behaupteten Größe entspräche, *a big party,* die in Tonnen Rauchharz ihr Glück zu machen suche. Ich gab ihm unumwunden zu verstehen, daß solche Leute bei mir nicht aus- und eingingen, daß aber ich höchstselbst an einem Schmuggel dieser Größe Gefallen finden könnte. Ob er denn Erfahrung im Transfer so großer Mengen besitze? fragte ich. Er wackelte weder bestätigend noch verneinend mit dem Kopf und deutete geheimnistuerisch an, eine letzte Ladung von viertausend Kilochen, welche nach Hollands Küste abgegangen, an eine *party* dort ansässiger Pakistanis, sei leider nicht angekommen und werde jetzt auf offener See schwimmend im englischen Kanal vermutet. Aber, fügte Baba grollend an, seine Landsleute hätten ihn wahrscheinlich auf's Kreuz gelegt. Gleich darauf äußerte er Vorstellungen über einen zu zahlenden Preis, bei fünf Tonnen, die phantastisch anmuteten – und den Afridi-Sproß als Betrüger entlarvten. Er glaubte offensichtlich, die Hälfte des Endverkaufspreises, also des Straßenwertes, herausschlagen zu können, das heißt mehrere tausend Mark für tausend Gramm Ware. Ich gab ihm zu verstehen, daß eine so große Menge unmöglich grammweise zu verkaufen sei und daß bei einer zwei- oder dreistelligen Kilo-Menge der Preis auf unter zweitausend das Kilo falle. Dies wäre doch auch ein ganz schöner Batzen. Khan-Sahb lachte und rieb sich die Hände. Gewiß, Details dieser Art ließen sich zu gegebener Stunde noch erörtern, jetzt wünsche er zu wissen, was meine juristische Affäre an baldiger Entlassung verspreche.

Nichts, erwiderte ich. Mein Fall versuchten Schmuggels von *Charras* liege schon seit anderthalb Jahren auf Eis, und wie bei allen Fällen dieser Art bestehe keine allzu große Aussicht auf eine baldige Lösung des Knotens.

Khan-Sahb schüttelte bedauernd den Kopf und wollte wissen, wieviel Ware bei mir gefunden worden sei.

»Zwo-Komma-acht« gab ich zur Antwort.

»Tonnen?« fragte der Baba respektvoll,

»Nein, Kilos, 2,8 Kilogramm.«

Dem Khan-Sahb sprang die Schamesröte in die Wangen, und sein Versuch eines Lächelns mißriet fürchterlich. Seine Züge nahmen den Ausdruck tiefsten Bedauerns an. Er sprach nur noch in den Tönen aufrichtigen Mitleids. Ich versuchte mich zu rechtfertigen und die herausragende Qualität meines Schmuggelgutes hervorzukehren, doch es half nichts, für ihn waren Mengen unter zehn Kilo nur *samples*, Probierstückchen, die einer auch ohne Bezahlung mitnehmen konnte, als Werbegeschenk sozusagen. Tatsächlich saß ein anderer Khan, ebenfalls ein Pathane aus der Khaiberregion, wegen einer solchen Probe im Gefängnis. Er hatte vergessen, daß sie bei ihm noch im Haus lag, 10 Kilogramm – die Tonnenladung hätte ein paar Tage später von Torkham aus an seine neuen Besitzer abgehen sollen und als da gewiß für große Aufregung gesorgt.

Um den Gesprächsfaden nicht ganz abreißen zu lassen, fragte der Afridi-Sproß, jetzt wieder gefaßt lächelnd, ob er mir denn helfen könne in meinem Fall, zum Beispiel eine Kaution zu erwirken? Seine Familie habe gute Beziehungen und gehöre zur berüchtigten Sippschaft der Afridis, und seinen Oheim Ayub Afridi kenne ja wohl die ganze Welt. Dieser sei eine rare Lichtgestalt unter den international operierenden Drogenhändlern, weltweit gesucht von wenigstens zwei Dutzend Fahndungsbehörden. Nun aber habe sich der schwerreiche Mann in Amerika zur Ruhe gesetzt und der amerikanischen obersten Heeresleitung im ‚Krieg gegen Drogen', der DEA*, ein Geschenk hinterbracht, seinen Kopf nämlich – nachher sei so manche Pensionskasse bei der DEA versilbert gewesen und Ayub hätte in dem richtigen Gefängnis seine Zelle gefunden, wo er seine Zeit gemütlich absitzen könne, um nach zehn Jahren vielleicht, ausgeruht wieder auf freien Fuß zu kommen. In Pakistan wäre es für Onkel Ayub ohnehin zu heiß geworden. Die *Anti-Narcotics-Force,* ANF*, hätte ihn bei nächster Gelegenheit hinterrücks erschossen, da man seiner auf andere Weise nicht hätte habhaft werden können. Hinrichtungen dieser Art wären im Land der Pakis ohnehin keine Seltenheit.

Baba sicherte mir zu, daß ich binnen weniger Tage wieder frei sein könne, wenn ich, sagen wir, ein paar tausend Rupien Bestechungsgeld investieren würde... Wie hoch, begehrte ich zu wissen, wäre ein solches Bakschisch. Baba antwortete, zuversichtlich lächelnd, nur zehn bis fünfzehn Lakh, eine Kleinigkeit also, kaum mehr als 20- 40.000 US Dollar würden den Fall beenden, »und Ruh is«. Er verfüge über die Kanäle und ich das Geld. »Und nun Bruder wähle...« Er blickte mich erwartungsvoll an. Matt lächelnd mußte ich zugeben, daß mir sein Plan zwar ausnehmend gut gefiele, doch verfügte ich nicht über genannte Mittel, da ich diesmal alles verloren hätte und meine liebe Mutter um diese Summe anzugehen, komme mich eine Scheu an. Die Miene lächelnder Zuversicht fiel wie ein nasser Lappen von Babas Antlitz. Er bekundete unverhohlen sein Beileid und sagte, indem er die Glieder reckte und ein Gähnen unterdrückte, er habe mir nur gerne beweisen wollen, daß in Pakistan nicht bloß Betrüger hausten. Dieser Gedanke wäre mir neu, so gestand ich, doch wenn *er* der Meinung sei, nun, dann...

Jaja, auch jetzt sei er noch gewillt, mir nach Kräften unter die Arme zu greifen. Ich dankte ihm artig und lernte staunend was es heißt, ein Betrüger zu sein. Ich erhob mich von meinem Platz und traf Anstalten, mich eilig davonzumachen. Baba stockte mitten im Satz, blickte fragend zu mir auf und reichte mir dann lässig seine weiche Faulenzer-Hand. Zum Abschied sagte er, ich solle nicht zögern, ihn um Hilfe zu bitten, für mein Geld wäre alles zu machen.

»*Well, thats fine with me,*« erwiderte ich frei, »*but I shan't ask you for a favour as long as I am I.*« Baba verzog säuerlich die Miene und versicherte noch einmal,

»*Always do remember, the word of a Pathan is a law in itself, like a written canon.*«

»*Well spoken, Baboo, very well! Allah hoo.*«

...das Herz dem Drachen zugeneigt

»Stell dir vor, mein Freund, du läufst durch Bombays *Jugalatschi-Street* und so'n verlumpter, abgewrackter Bettler zieht dich am Ärmel und quasselt irgendwas von *daß Rupiah, Baba, daß Rupiah,* und du bist sowieso schon sauer und ganz mies drauf, wegen der saumäßigen Hitze und dem bestialischen Gestank in den engen, menschenüberfluteten Gassen und willst ihm eine runterhauen, als er plötzlich seine schwarzen Zahnstümpfe von den Lippen befreit... Es ist dir zum Kotzen, aber was hilft's? Der Lump läßt nicht locker und packt dich am Ärmel und zieht dich in einen dunklen Hauseingang, vorbei an einem *taylor-shop* –

halbverhungerte Buben in kurzen Hosen sitzen auf dem nackten Boden, vor Singer-Nähmaschinen mit Handkurbeln, führen mit fliegenden Fingern endlos lange Stoffbahnen unter der Nadel hindurch, kilometerweise Steppstiche nähend, *ratatatatat-ratatatatat.* Einer von ihnen blickt auf, sieht dich wissend an, nimmt von Kopf bis Fuß Maß an dir... Doch es zieht dich weiter, vorbei an einem kaputten Stromzähler, aus dem die blanken Drähte heraushängen, und hinauf stolperst du, über die Stufen einer ausgetretenen, finsteren Treppe in den ersten Stock hinein: Noch mehr knochendürre Buben vor Nähmaschinen, Steppstiche nähend, ein düsteres Zimmer voll. Daneben, unter den Stufen, in einer dunklen Nische liegt auf einen Haufen Lumpen gebettet ein alter, hohlwangiger Muselman, dem ein löchriger *Lunghi** die Knochen verhüllt, darüber ein ärmelloses Leibchen, das so braun anzusehen ist, wie der Schlamm auf den Regen-weichen Straßen. Sein ehemals glänzendes schwarzes Haar ist jetzt grau und kurzgeschoren. Der Kerl verströmt einen bedenklichen Geruch von tagealtem Schweiß und den anderen Ausscheidungen vieler scharfgewürzter Currygerichte, von denen noch Reste in seinen langen Barthaaren kleben. Als er deiner weißen Haut ansichtig wird, kommt Leben in die verkrüppelten Glieder. Er hebt seinen übergroßen Kopf, öffnet einen Spalt weit die vom Schlaf verklebten Augenlider und richtet sein dunkles Gelicht auf dich und deine fesche einheimische Tracht, die du gerade erst für ein paar tausend Rupien aus dem *Kadi-Bawahn** erstanden hast. Mit schrägem Kopf taxiert er den Preis, den er aus dir herausschlagen kann, und wieviel er dem anderen geben muß, dem Bettler, der immer noch neben dir steht, dich am Ärmel festhält und sich quäkend in Erinnerung bringt, wegen seiner Besitzansprüche. Der Bettler redet demütig daher und hineingewirkt in diesen Sturzbach langatmiger Reden, sozusagen darüber moduliert ist die Gier nach deinem Geld, Geld, das beide Herrn in phantastisch breiten, unversieglich großen Strömen bei dir vermuten. Und weil du ein *Angrätsch** bist, wie unschwer an dir Weißem Manne abzulesen ist, bist du auch ein Hippie, ein Drogenkonsument, selbstverständlich: eine unumstößliche Tatsache, wie jeder Inder, der seine Filme aus Bombay kennt, bereit wäre zu beschwören, ja, wie es selbst die Spatzen pfeifen, von den schiefsten Blechhütten herab: *Dam maru dam, Hare Krischna, Hare Ram, bole schukescham, Hare Krischna, Hare Ram**. Neunhundert

Millionen Inder haben es im Kino gesehen: junge *Angrätschi* strömen in ihr geliebtes *Bharat**, rauchen Haschisch und Opium, ficken, fixen und fiedeln dazu: *Hare-Krischna-Hare-Ram*. Und weil die Inder, wie alle Völker, in ihrer Mehrheit ein gutgläubiges Volk sind, glauben sie an die Wahrheit der Filmbotschaft, wie an jeden einzelnen der hunderttausend blauhäutigen Götter ihres Pantheons, und darum, weil jeder pockennarbige Bettler auf Indiens Straßen darauf wetten würde, daß alle Ausländer Haschisch und Opium rauchen, darum stehst du jetzt hier vor dem triefäugigen Alten und sollst zweihundert Rupien bezahlen.

‚Zwohundert Rupien?' schreist du verblüfft, ‚Wofür, in Schivas Name, so viele Scheine?' Und der Großkopf, von seinen Lumpen erhoben, blickt dich verschlagen grinsend an. Er zwinkert mit dem trüben Auge und hält die geschlossene Faust an den Mund, saugt an der aus den Fingern geformten Höhlung – du kennst die Geste, so rauchen die Inder ihre Biddies und Zigaretten oder auch die, mit Tabak gefüllten, trompetenförmigen Tonpfeifen, *Chillums* genannt. Klar, Hippies rauchen auch Cannabis daraus. Also, um ein Stückchen Stoff sollst du zwohundert Scheine hinblättern? Die müssen wahnsinnig geworden sein, die Kerle oder volltrunken. Du stellst dich dumm und versuchst abzuhauen, die Treppe 'runter und nichts wie weg. Am Ende gibt's noch Scherereien mit der Polizei! Aber der Bettler hält dich fest und zu seiner Verstärkung hängt sich auch der andere Penner an deinen Ärmel. Halb zieh'n sie dich, halb sinkst du hin, von der Hand eines mächtigen Verführers und schon geht's ein Stockwerk höher die Treppe... Fehlen ein paar Stufen und plötzlich öffnet sich unter dir ein schwarzer, gespenstig-tiefer Abgrund, eine Felsengruft, in der feuerspeiend ...

– Deine beiden Führer springen, zerren dich hinüber, weg von dem Phantasma und je höher du steigst, desto heißer wird die Luft, drei Stockwerke über den Niederungen der schamlos kapitalistischen Geschäftswelt des Bazarviertels. Die Hauswände tragen tiefe Risse und hier und da fällt dünn ein Streifen Sonnenlicht herein, wie Goldstaub glitzernd in der heißen Luft. Ein letzter Absatz noch und hinein geht's, durch die Falten eines schmutzigen Vorhangs, in die Welt der künstlichen Paradiese:

Rauch wabert in blauen Schleiern über die Köpfe und Matten hin. Aus Nischen und Ecken kriechen die Schatten, erheben sich wankend die

Wände hinauf, und schneiden den hingestreckt liegenden Mannsbildern Fratzen. Die Köpfe auf Kissen gebettet und bündig daneben hokken die Diener, locken aus Pfeifen den Drachen hervor. Züngelnde Flammen funkeln, lotrecht windet der Rauch sich empor, wabert in blauen Schleiern... Ein Duft wie von stillen Weihern liegt in der Luft, so fein erwärmend die Herzen, wie Heiligen Abend die Kerzen. Und schon weißt du Bescheid, vom Drachen rührt hier die Seligkeit.
Eine feierliche Stille herrscht an diesem Ort, kaum einer spricht ein lautes Wort, und wenn denn eine Stimm' sich hebt, dann stets ganz sacht, darauf bedacht des Nachbarn Traum nicht zu stören.
Anscheinend wacht hier keiner, bis auf den Kassenwart, Herrn Steiner, ein schwach atmendes Fossil, der so versteinert, weil er zuviel an *Gulis** schon genossen hat, so dick wie weiße Bohnen; und was sein Fatum so beschlossen hat, droht nun auch dir: des Grabes Ruh, der Schlange Blick, des Schlafmohns stilles Glück. Chronischer Genuß, die Opium-Halbwertszeit, gebieterisch nach Erneuerung schreit, das heiß' ich die Fütterung des Drachen.
Du hörst des Lumpenträgers Freund, wie er hündisch, fast ergeben, anfängt dem Fossil zu reden, vom Angrätsch und *cups** zu rauchen, ›wieviel Paisa wird das brauchen?‹
Das Fossil benennt die Zahl, seinen Preis fürs Drachenmahl:
›Dien-so-Rupiah.‹
›Wie?‹ schreist du erschrocken, ›Dreimal hundert Flocken? – Doch, bitte, hier der Zaster, meines ist ein teures Laster.‹
Diese Lust ist dir nicht Last, trotz der Angst, die du jetzt hast, ins Drachenheim zu fallen, auszufüllen bis zum Dach, jede Kammer jedes Fach, bis kein Platz mehr für 'ne Regung kleinster menschlicher Bestrebung.

Doch dich reißt ein neu Verlangen auf zu künstlicher Begattung –
steckt in solchem Unterfangen auch der Finsternis Beschattung –
die Verbote machen's schwierig, wirst betrogen und verbannt –
*doch zuletzt des Lichts begierig, bist du, Drachenkind, verbrannt.**

Auf des Kassenwärters Zeichen kommt ein Männchen angelaufen, will dir einen Platz anweisen. Eine Matt' geflochtenen Strohs, ist des Opium-Rauchers Los, schlecht gebettet wie auf Stein, nicht viel anders wird es sein.

Seine Augen blicken stumpf, so als ob sie lang kein Licht mehr eingelassen hätten. Der Grund für seine spitzen Äuglein und die verwaschene Iris ist in den Rückständen zu suchen, welche er aus den einmal gerauchten Pfeifen herausgekratzt und in einer Messingdose als sogenannter Troß gesammelt hat. Wenn der zahlende Kunde nach sechs- oder zwölf Pfeifen entspannt auf das Kissen zurückgesunken ist, dann raucht der schmalbrüstige Mann diese Rückstände, die, neben ein paar Rupien Trinkgeld, sein ganzer Tageslohn sind.

Du siehst ihm mit wachsender Erregung zu, wie er mit größter Ruhe seine Arbeit macht, indem er eine lange Stricknadel ins Fläschchen taucht und die benetzte Nadelspitze im Hitzestrom der Öllampe dreht. Ein Glaskolben sorgt für eine ruhige, gleichmäßige, nicht zu große Hitze über der engen Öffnung. Er dreht die Nadel langsam zwischen Daumen und Zeigefinger, bis das schwarze Tröpfchen Blasen wirft und knusprig wird. Hierauf preßt er die trockenen, aufgeworfenen Opium-Blasen auf dem runden Tonkopf der Pfeife ein wenig zusammen – du hörst das Knistern der angetrockneten Masse – dann taucht er die Nadel ein zweites Mal in das Fläschchen mit dem schwarzen Saft und wiederholt den Vorgang des Trocknens, wie zuvor in genau der beschriebenen Weise. Und ein drittes Mal taucht er die Nadelspitze in das Glas, trocknet das Opium im Hitzestrom des Lichts, um schließlich das zu Apfelkern-Große angewachsene Klümpchen in der flachen Vertiefung abzustreifen, die in der Mitte des kugeligen Pfeifenkopfes eingefurcht ist. Die Vertiefung ist kaum größer als ein Centstück. So sitzt der gehärtete Drachen vor dem Abzugsloch und nun ist es an dir zu rauchen. Deine begierdevolle Erwartung hat sich währenddessen ins Maßlose gesteigert. Der Mann schürzt seinen *Lunghi* gedankenverloren, ordnet die Falten über seinen eckigen Knien, so daß die Umrisse seiner mageren Beine sichtbar werden. Mit einem letzten kritischen Blick mustert er das Ergebnis seiner Arbeit, prüft mit dem Daumen noch einmal die Festigkeit des schwarzen Klümpchens und reicht dir endlich die Pfeife. Jetzt liegt das gut vierzig Zentimeter lange, daumendicke Abzugsrohr in deinen feuchten Händen. Du hebst das von dem vielen Gebrauch gedunkelte Holz an den Mund, saugst einmal kurz am Rohr, um den Zug zu prüfen und legst dich auf dem Kopfkissen zurecht. Du preßt alle Luft aus den Lungen, bringst den Tonkopf der Pfeife nahe an die Öff-

nung des Glaskolbens der Lampe heran und beginnst langsam und stetig an der Pfeife zu saugen. Der am Abzugsloch entstehende Sog lenkt die Hitze auf das schwarze Klümpchen und läßt die trockene Masse langsam verdampfen – nicht verbrennen. Es bedarf einiger Übung, um hier das beste Ergebnis zu erzielen. Wie die Köpfe und Schwänze eines Drachen quellen die Dämpfe unter dem schwarzen Klümpchen hervor, wirbeln im Sog um das Loch herum und stürzen kopfüber in die finstere Welt – deiner Blutgefäße, winden sich -auf und hinab die Wirbelsäulenranke, springen zur rechten Cortexflanke... hoppla, überfluten die Synapsen, Stern- und Pyramidenzellen mit des Glückes Wärmewellen.
Die Welt um dich herum versinkt in diesem vollkommenen Augenblick des allmählich verdampfenden Tropfens. Die Lebenszeit des erdig braunen Hügels ist endlich klein, gemessen an der Sonne Licht, der Quelle all des wärmenden Glücks, doch für den an seiner Krankheit zum Tode siechenden Menschen stillt es eine irdische Ewigkeit lang die Schmerzen. Die Wellen der Unrast in deinem Blut glätten sich, wundersame Träume bestricken dein Aug', so licht und klar wie die Frühsommertage und -nächte, in denen der Schlafmohn herangereift ist. Flausen-Wonne, pelzig ausgeschlagene Gruft, Augenblicke selbstvergessenen Schaffens heben an, wallen fort im Strom des Blutes, dringen vor in jede Faser, schenken ein Gefühl des Wohlseins, freundlich sanft, nicht überschwenglich, sondern von besel'gender Wärme. Du fühlst dich wohl in deinen Gliedern – all der Angst den Boden finden – siehst Zusammenhänge, Harmonien, Wohlesklänge, wo zuvor nur Aneinander, Missklang neben Zufall herrschte. Neben dir der kleine Mann, könnt' er nicht dein Bruder sein?
Jeder andre Herr im Raum, auf den Matten rings, teilt mit dir den schönsten Traum...
Nach dem zwölften Zug gibst du dem, der neben dir hockt, die Pfeife wieder zurück; eine leichte Übelkeit, wie von zuviel Sahne, zeigt dir an, es ist genug. Jetzt die Augen schließen, dem sanften Bilderreigen folgen, der hinter deinen Lidern wogt. Alles im Raum ist darauf eingestimmt, unaufdringlich leise zu sein. Du hörst den Mann, der neben dir die Pfeife auskratzt, hörst den Deckel seiner Messingdose, *Ping*.
Du öffnest die Augen – den Mund: am Eingang bewegt sich der Vor-

hang und herein tritt ein ältliches Kind, barfuß, in kurzen Hosen und Flicken und Flecken am Leibchen. Er trägt auf der Hand ein Tablett, Tassen voll dampfenden Milchtees. Es wirft einen verschlagenen Blick in die Runde, bis sein schweifendes Auge an dir hangen bleibt. Und schon beugt er sich zu dir herab, stellt die Tasse neben dir aufs Stroh. Ein Grinsen fällt schräg aus dem Kinn, entstellt seine kindlichen Züge. Die Haltung des Knaben erregt deinen Argwohn. Und schon spürst du wieder das Zwacken in deinem Gedärm, das du just mit zwölf Pfeifen nur dürftig zum Schweigen gebracht. Mißtrauisch äugst du hinter dem sich eilig entfernenden Knaben her, wie er sich einmal noch umschaut, bevor er durch die Falten des Vorhangs entschlüpft. In diesem ganz flüchtigen kurzen Blick liegt die Niedertracht, Welt!, dieses Kind von der Früh bis zur Nacht in das Joch einer Arbeit zu zwingen. Du glaubst im Blick seiner Augen den Feind schon erkannt zu haben, jenen Feind, der in *Dantes Göttlicher Komödie** in Dreizahl im tiefsten Loch der Hölle steckt, den Erzfeind der Menschheit, der von Luzifer persönlich zermalmt wird. Sein falsches Wesen treibt ihn um, seit das aufrecht einherstrolchende Menschlein das Gras beißt...«

Ich fahre aus dem Schlaf hoch, erschrecke mit diesem dumpfen Schmerz in meiner Brust, wie immer, wenn ich aufwache und mein Blick auf die verschlossene Gittertür fällt. Draußen jenseits der Eisenstäbe herrscht noch tiefe Dunkelheit. Die anderen schlafen und auf der Veranda streicht maunzend eine Katze ums Eck. Ich erhebe mich und wanke schlaftrunken zum Abtritt – ein schmales Becken in der Erde, halb gefüllt mit einer stinkenden Brühe. Ich hocke mich auf den Rand und schlage mein Wasser ab. Noch ein paar Stunden Ruhe, ehe dem Wahnsinn ein neuer Tag schlägt: die Hölle des Karachi Central Prison, grausam, unmenschlich, sinnlos – wie lange noch?

12.
Milieu
Karachi Central Prison
Hölle auf Erden

Ein Feinmensch wie ich, der in einen dampfenden Kessel voll stinkender, meckernder Teufel geworfen wird und unter keinen Umständen, außer er stürbe, diesem Ort entfliehen kann, einem solchen Scheißer kann leicht der Klodeckel auf die Brille fallen und die seltene Gnade zuteil werden, sich selber und die üblen Eigenarten seiner biestigen Natur haarklein kennenzulernen, das heißt, er könnte gezwungen sein, tief erschrocken dem eigensüchtigen Affen in's haarige Antlitz zu schauen.

Und genau ein solcher Ort ist dieses Karachi Central Prison! Ein dampfender Kessel voller Teufel. Der nachtodlichen Hölle, der ich nicht entgehen kann, wie einige bereit wären zu beschwören, diesem Hades darf ich getröstet entgegensehen, er bietet gewiß nicht viel Neues, nach diesem Höllenpfuhl.

Im Karachi Central bedeutet Mittellosigkeit ein schweres Los, ärmer sein als ein Bettler, wie ‚unerwünscht' behandelt zu werden, ‚verschwinde!', doch wohin? Man würde keine Kaution stellen und den Anwalt nicht bezahlen können und wäre gezwungen, mehr als nur die Zeit seiner Strafe abzusitzen. Die kleinen Freuden des Essens und Genießens blieben einem verschlossen und man wäre darauf angewiesen, von der mageren Gefängniskost leben zu müssen, ein schlimmes, ein furchtbares Los. Dagegen öffnen sich manchmal Tür und Tor auf wundersame Weise, wenn die Schwellenhüter am Gericht Geld in rauhen Mengen wittern und mit den entsprechenden Summen geschmiert werden. Bestechung grassiert in diesem Land wie ein ansteckendes Fieber, vor dem niemand gefeit ist. Das Gefängnis bildet darin keine Ausnahme, im Gegenteil, alles was draußen selbstverständlich ist, bedeutet hier eine Lokkerung, Vergünstigung und muß teuer bezahlt werden. Wenn einer nicht mit zweihundert anderen in einer ›Baracke‹ wie Ölsardinen eingeschachtelt hausen möchte, sondern in einer Zelle für fünf- oder sieben Mann auskömmlich wohnen, der muß einige tausend Rupien bezahlen,

entweder an den *Sepoy*, den Wächter der Abteilung, besser aber noch an den *Hawaldar**, den Oberaufseher der vier Abteilungen.
Nach Zahlung der ›Gebühr‹ wird der Glückliche in einer Zelle untergebracht, mit fünf, sieben oder neun anderen Gefangenen – die ungerade Belegungszahl soll der Homosexualität vorbeugen, bei insgesamt viertausend Männern und nicht einer Frau! Aber die Muselmanen Pakistans strafen hart. Bei Entdeckung einer nächtlichen Fummelaktion kann es fünf- bis zehn Schläge mit dem ›Teppichklopfer‹, oder *Dschidder* geben. Rücken und Steiß werden einer äußerst peinlichen und ebenso schmerzhaften Prozedur unterzogen. Weißhäutige Ausländer bleiben im allgemeinen von solchen Strafaktionen verschont. Darüber hinaus läßt sich jede Strafe selbstverständlich mit einer Bestechung aus der Welt schaffen. Ein gut zahlender Gast darf immer mit einer Sonderbehandlung rechnen.

§ 109 regelt im Gesetzescodex des Landes Fälle von Landstreicherei – hier, in diesem Reservat für Gesetzlose verbirgt sich hinter dem *One-O-Nine* die allgegenwärtige Korruption. Ein Einfall der findigen Autorität, ihre Einnahmen zu steigern. 109 also bedeutet in der Sprache der Baracken, die Freistunde vor dem Sonnenuntergang, das heißt die Zeit zwischen dem Nachmittagsgebet *Asr* und dem Abendgebet, *Maghrib.* Oder, noch anders ausgedrückt, die Zeit nach dem *Chaury*-Sitzen, der paarweisen Zählung am Nachmittag und vor dem *total bandh,* dem Nachtverschluß. In diesen ein- bis zwei Stunden bleiben nur die Zellengitter der zahlenden Gäste unverschlossen. Wer sich zu dieser Zeit in der etwas kühleren Abendluft die Füße vertreten möchte, muß wenigstens dreihundert Rupien in der Woche an den *Hawaldar* zahlen.
Doch dies ist weiß Gott nur ein Trinkgeld, verglichen mit den großen Summen, die für andere ›Leistungen‹ der Gefängnisaufsicht fällig werden.
Mit welcher Lässigkeit erpressen sie Hunderttausende von Rupien von denen, die sie vermeintlich besitzen, bloß damit einer nicht arbeiten muß. Das Mittel, die geforderten Summen zu erpressen, nennt sich *Quarantine-Ward.* Eine im höchsten Maße infame Einrichtung, denn die meisten der dort untergebrachten Gefangenen sind Neuzugänge, deren Schuld, nach dem Gesetz, noch gar nicht erwiesen ist. In der Quaran-

täne-Baracke muß hart gearbeitet werden – in der Regel völlig sinnlose Tätigkeiten, wie zum Beispiel, den selben dreißig Meter langen, drei Meter breiten Streifen ›Niemandsland‹ wieder und wieder zu fegen, obwohl dieses Stück Weg von keinem benutzt wird. Oder die harte Arbeit an der *Dobi-Ghat*, dem Waschplatz der Gefängniswäscherei, die jedem blüht, auch dem, der niemals schwere körperliche Arbeit geleistet hat, wenn er nicht bereit ist, sich mit einer großen Summe freizukaufen. Des Nachts wird in der Quarantäne Baracke auf dem harten Steinboden geschlafen, ohne Decken, Körper an Körper, über zweihundert, sich notgedrungen dicht aneinander schmiegender Häftlinge. Wenn einer nicht zahlungsfähig ist oder sich weigert zu zahlen, so kniet er wohl ein- bis zwei Monate in Dreckwäsche und Seifenlauge. Zahlt einer, der also zur Arbeit gepreßt wurde, nur einen Teil oder einen zu kleinen Betrag der geforderten Bestechung, so kann es vorkommen, daß man ihn für ein oder zwei Tage in eine andere Abteilung verlegt, wo er seine Zeit relativ lässig verbummeln kann aber nur, um ihn ‚auf den Geschmack' zu bringen, denn bald schon muß er wieder zurück in die Quarantäne-Baracke und hart arbeiten. Dort begegnet ihm nun jeder mit Häme und besonders der *Munchi,* der Barackenkapo, zeigt sich von seiner häßlichsten Seite. Dergestalt werden die meisten schnell gefügig und zahlen, wenn sie können, die geforderte Summe.

Jeder Wechsel einer Zelle kostet eintausend Rupien und dazu kommen noch die wöchentlichen Zahlungen für das Betreiben eines ‚illegalen' Kochöfchens. ‚Besondere Vergünstigungen', wie zum Beispiel eine offene Tür des Tages schlägt mit 2.500 Rupien im Monat zu Buche und treibt die Kosten für den Lebensunterhalt weiter in die Höhe, so daß einer monatlich leicht auf 10.000 Rupien kommt – dem Gehalt eines Richters – wenn er halbwegs menschenwürdig leben will. Gefängnis, so könnte man sagen, ist ein profitables Geschäft wie jedes andere, nein, besser wie jedes andere, denn die Kundschaft kann nicht entfliehen oder zur Konkurrenz überlaufen.

Oberaufseher Ali Hassan

Der *Hawaldar* ›Alfred Heimlich‹, oder Ali Hassan, wie sein wirklicher Name lautet, setzt mich an jedem Tag, den die Sonne werden läßt, aufs Neue in Erstaunen über seine Kenntnisse in deutscher Geschichte, genauer gesagt, über seine Geläufigkeit in dem schwärzesten Kapitel der Tyrannei, der von Jubelchören begleiteten Untergangssymphonie. Alfred Heimlich kennt die Namen der Generäle, die auf zahllosen Ehrenmalen namentlich Erwähnung zu finden gehofft hatten, aber zu Kriegsverlierern geworden sind nur noch in den Annalen des Untergangs Eingang gefunden haben und als Handlanger eines politischen Hasardeurs der Vergessenheit anheimzufallen drohen. Alfred Heimlich weiß über die großen blutigen Schlachten Bescheid und ist voll des Lobes über den Mut und den todessüchtigen Gehorsam der deutschen Soldaten. Tatsächlich aber weiß er nichts und verursacht mir, dem Nachfahre, bloß ein großes Unbehagen, wenn er mir diese irritierenden Gespräche aufzwingt. Peinliche Erklärungen folgen, Ausflüchte, was den verbrecherischen Charakter Hitlers und seiner Kumpanen betrifft. Zwölf Jahre währte die Schreckensherrschaft der Unterschicht, triumphierte das Gemeine, Ordinäre, wurde mit der Feinfühligkeit eines Schlächterbeils regiert. Wie kann ich A. H. – dessen Initialen zufällig, für ihn aber ‚schicksalhaft bedeutungsvoll' die gleichen sind, wie die des Führers – wie kann ich Alfred Heimlich die Wahrheit nahe bringen, ohne seine Bewunderung für die Deutschen zu schmälern? Denn was ist schon lobenswert daran, seiner Obrigkeit unbedingten Gehorsam zu leisten, Gehorsam bis zur Selbstaufgabe? Was A. H. als Mut und Kampfesstärke preist, war in Wahrheit nichts weiter als die feige Hörigkeit des Deutschen seiner Obrigkeit gegenüber, der sogenannte Kadavergehorsam, nichts weiter als die Angst vor den Folgen einer Befehlsverweigerung, vor dem Eingeständnis einer Schwäche. Im übrigen konnte jedes Zurückweichen, jedes Anzeichen von Feigheit einen Kugelhagel zwischen die Rippen bedeuten. Der Terror des Naziregimes und der Wehrmachtsführung war peinlich effektiv. Alles Lobenswerte am ‚Deutschen Wesen' ging in den selbstentfachten Feuern des Krieges unter, wurde allzu bereitwillig hingeopfert für das propagierte Ziel der Weltherrschaft. Doch erging es den Deutschen sehr schlecht, sie wollten die

Welt mit nacktem Terror gewinnen, gewannen auch einen Teil auf begrenzte Zeit und nahmen schweren Schaden an ihrer ›Volksseele‹ und verloren zuletzt gar ihr liebliches Land, das folgerichtig, aufgeteilt in zwei Blöcke und vier Zonen, von fremden, den siegreichen Mächten beherrscht wurde. Es blieb den Deutschen nichts als ihr nacktes Leben auf einem Haufen verbrannter Ziegelsteine. Sie handelten wie in einem Rausch.

Nahim, wegen verschiedener Raubüberfälle seit zwei Jahren im Gefängnis sitzend, ist der Chief-Sahb unserer Zelle und sitzt im Augenblick mit seinem Vetter Salim, ebenfalls ein *Dacoit**, in einer Ecke und palavert in Sindhi, der Landessprache. Dann und wann schauen sie verstohlen zu mir herüber. Irgend etwas scheinen sie auszuhecken. ›Valentin Käskopf‹ – sein richtiger Name lautet Vaziem Khan – ist ein cholerischer, homophil veranlagter Pathane, der wegen versuchten Schmuggels von 1,8 kg Heroin einsitzt. Er liest gerade seine dritte Tageszeitung, verzweifelt in seinem Bemühen, Schritt zu halten mit dem entweichenden Leben draußen, oder mit seinem eigenen Leben, er ist 53 Jahre alt und sitzt erst wenige Wochen in Haft. Ismelda, der junge ‚Kinderfikker', liest und rezitiert wie üblich den Koran; dazu hat er sich auf einem kleinen Gebetsteppich in dem nach Mekka zeigenden Winkel der Zelle niedergelassen, das Gesicht der Wand zugekehrt; von seinen Lippen fallen die Blüten arabischer Weisheit gleich den Flüchen seiner pandschabischen Heimat. ›Schaffett‹, Javed, ebenfalls ein Pathane, jedoch um viele Jahre jünger als Valentin, hockt neben mir vor seinem Öfchen und rührt in unserem Abendessen: Kartoffeln, Tomaten, grüne Pfefferschoten, frisches Koriander-Kraut, das alles in heißem Butterfett schwimmend und gewürzt mit Salz, *Garam Marsalla**, roter und schwarzer Pfeffer. Dazu gibt es für jeden zwei *Rotis*, tellergroße Fladenbrote, die in der Gefängnisküche gebacken wurden.
Unser jüngster Zellengenosse heißt Abied. Er sitzt auf dem nackten Fußboden gegen das Gitter der Tür gelehnt und blickt wie gewöhnlich schweigend, vermutlich ohne einen Gedanken im Kopf, nach draußen, in die rasch einfallende Dunkelheit. Er ist wie immer sehr *stoned* von den vielen *joints* die er mit seinen Freunden den Tag über geraucht hat. Die 20-Watt-Birne in drei Metern Höhe, spendet ein gelblich-trübes

Licht, nicht unpassend für die Dunkelheit, welche unser Leben befallen hat: sieben Männer, in den besten, leistungsfähigsten Jahren, dazu verdammt, ihre Tage, die niemals wiederkehrenden, zu verdösen, ohne jede geistige oder körperliche Herausforderung.
In Pakistan ist ein Gefangener zweifellos am tiefsten Punkt menschlichen Existierens angelangt, nirgendwo ließe sich noch etwas kürzen, ohne das Leben selbst ernsthaft zu beschädigen. Das Essen ist schlecht und zwingt jeden der Eingekerkerten, der es sich leisten kann, sich selber zu versorgen. Häufig werden die Einheimischen von ihren Familien ausgehalten. Wer Geld besitzt läßt sich von einem *Bardaschi* auf einem kleinen, selbstgefertigten Öfchen sein Essen bereiten. Da kein Gas, Feuerholz oder Kohle zur Verfügung steht, behelfen sich die *Bardaschis* mit fettbestrichenen Lappen, die aufgerollt und gebunden eine Art Brikett ergeben und eine brauchbare Flamme schenken. Auf einem solchen Öfchen bereitet ‚Schaffett' Javed täglich zwei oder drei Mahlzeiten und ebenso oft Milchtee, stark gesüßt. Seine einfachen Speisen sind wirklich schmackhaft und sättigend. Wie intelligent, sparsam und schnell er dabei zu Werke geht, beweist seine außergewöhnlichen Fähigkeiten. Zweifellos besitzt er etwas Genialisches, doch läuft er stets Gefahr, dem Wahnsinn anheimzufallen.

Heute war Gerichtstag. Am Nachmittag, unmittelbar nach meiner Rückkehr in die Anstalt, mußte ich mit der *Lota** in der Hand die Latrine aufsuchen. Die Sonne brannte noch immer heiß auf meinen Scheitel herab und die zehn offenen Verschläge wurden einzig von den Fliegenschwärmen beschattet. Während ich über einem der verschissenen Löcher hockte, den Beutel mit Opium in der Hand, um eben meine abendliche Dosis abzukneifen, stürzten sich zwei Räuber auf mich. Der eine, von rechts kommende, war ein junger Belutsch und schrie, *Gimmi, you son of a bitch, gimmi* und seine Hand fuhr, wie die Kralle nach der Maus, auf die Beute herab, das Opium. Ich war außer mir, hatte nur das hasserfüllte Gesicht des Angreifers im Auge. Zuerst glaubte ich, es seien *Mukadams*, Kapos...
Die Räuber hätten sicher obsiegt, wenn es zum Beispiel nur Geld gewesen wäre – aber nicht dieses Zeuch! an dem mein verdammtes Leben hängt, wie das Kind an der Nabelschnur, diesem Gift, das mich das

Kostbarste dünkt, und das ich niemals losgelassen hätte, niemals. Nicht Vater und Mutter, die Frau, das bedrohte Leben selbst, nichts hätte mich dazu bringen können, von diesem Gift zu lassen. Freilich, Vernunft und Gewissen wollen mich immerfort kurieren von dem Laster, der Sucht, doch wie machtlos sind Vernunftgründe dem Drachen, der mich längst verspeist und nicht einen Knochen ausgespieen hat, nachdem ich anfänglich glaubte, ihn zu verspeisen, grammweise, jeden Tag ein Kügelchen, denn es heißt, ›Opium heilt alles, außer sich selbst‹. Fest in meiner geschlossenen Faust hielt ich den Beutel, wie die Katze die Maus und ließ nicht los, selbst wenn ich in die Scheiße gefallen wäre, die sich unter mir aufhäufte. Der zweite Räuber sagte beschwichtigend, als er meine Aufregung bemerkte:

»*Okay, fifty-fifty.*« doch auch nach Teilen war mir nicht zumute und so warf ich den Beutel unauffällig in meine noch immer halb heruntergelassene Hose, zog den *Shalwar* in die Höhe und atmete tief durch. Mutiger jetzt, da ich wieder angezogen war und mein Leben in der Unterhose steckte, rutschte auch das Herz wieder an den rechten Fleck und ich riet den Räubern schleunigst zu verschwinden, bevor ich anfinge, lauthals um Hilfe zu schreien. Was sie tatsächlich veranlaßte, sich davonzumachen, indem sie mich einen Hundesohn schimpften und ich sie der Vergewaltigung ihrer leiblichen Mutter zieh. So gingen wir mit haßerfüllten Blicken, und ich mit weichen Knien auseinander.

Am ganzen Leib bebend wankte ich zurück in meine Zelle. Niemand schien auf mich zu achten, und so trat ich gleich wieder auf die Veranda hinaus und wollte mich auf- und ablaufend ein wenig beruhigen. Sofort stürzte Nahim, der Chief-Sahb und mein erklärter Bruder, hinter mir her und fragte, ob ich nicht gerade in der Latrine überfallen worden wäre – weiß der Teufel woher ihm das so schnell zugeflogen war – wenn er nicht im voraus schon davon Kenntnis besessen hatte! Ja, sagte ich, außer mir vor Wut, zwei verdammte Hurensöhne hätten versucht, mir auf der Latrine mein Geld zu rauben. Der Chief-Sahb ließ sich aber nicht täuschen und bewies pakistanische Schläue, die Waffe im harten Lebenskampf dieser ungebildeten Teufel, indem er fragte, wieviel ich von meinem Opium noch besäße und ob ich nicht unvorsichtiger Weise daran herumgefingert hätte. Ich war viel zu aufgeregt, um zu erkennen, wie verdächtig sein Benehmen war. Nahim lachte

verlegen, Nahim, der niemals Verlegene! Schließlich erkundigte er sich, wer die Räuber gewesen seien – er wußte es ohnehin. Ich erklärte ihm, davon nichts zu wissen, wenngleich, wiedererkennen würde ich sie schon, ja, und ich könnte ihm zeigen, wo der eine von ihnen wohne, denn zufällig hatte ich den Belutsch am Tag zuvor aus seiner Zelle kommen sehen. Verstärkt von ein paar Männern begaben wir uns sogleich in die nämliche Richtung und fanden den Übeltäter, von fünf-sechs Freunden umringt, draußen vor seiner Zelle stehend vor, wo er mit seiner Heldentat prahlte.
An diesem Tag trug der Belutsch einen lilafarbenen Anzug – denselben, den er eine Woche darauf noch immer tragen sollte, wenn er aus dem *Bannward* wieder entlassen werden würde – er war also leicht zu erkennen, schon aus der Ferne.
Sein Name war Isa-Belutsch, ein *junkie* und *dealer* hier im KCP, der allerdings wegen einer Reihe von Raubüberfällen einsaß, dem Lieblingsvergnügen der pakistanischen Verbrecher, mit einer Waffe in der Hand anschaffen zu gehen. Mein Sindhi-›Bruder‹ Nahim Mir-Jad kannte Isa-Belutsch selbstverständlich und rief ihn zu sich. Der Angesprochene folgte auch willig der Aufforderung, doch wie verändert wollte mir sein Wesen jetzt erscheinen, daß ich glaubte, nicht den selben Mann vor mir zu haben. Der Belutsch versuchte mit einem erzwungenen Lachen und tiefgebeugten Rücken Nahim zu beschwichtigen, dabei verzog er so verschlagen sein Gesicht, daß jedem klar sein mußte, wie wenig aufrichtig er es meinte.
Alles wäre bloß ein Irrtum gewesen, behauptete er, und sie wären doch Muslim Brüder und dieser da nichts als ein hundsföttiger Christ, ausländischer, der nichts besseres verdient hätte, als totgeschlagen zu werden. Nahim widersprach auf seine Weise. Der *Bardesi* wäre zufällig sein Bruder und er solle sich in Zukunft hüten, mich anzurühren. Isa-Belutsch bat mich mit breitem Lachen um Entschuldigung und reichte mir seine ungewaschene Hand, die ich trotzdem willig ergriff. Damit hatten wir die Sache aus der Welt geschafft. Erhobenen Hauptes gingen wir unserer Wege.
Selbstverständlich wird auch Valentin die Geschichte zugetragen und sogleich zeigte er sich wild empört. Er drängte mich, noch am selben Abend die Sache dem *Hawaldar*, Alfred Heimlich, anzuzeigen. Diese

Halunken müßten bestraft werden. Ich sagte, die Sache sei für mich abgetan und ich wäre davon überzeugt, es werde nicht wieder vorkommen. Davon wollte er aber nichts wissen und bestand darauf, daß ich Isa ans Messer lieferte. Ich sagte, ‚Nein, keine Polizei!'.

Anderntags ruft mich der *Charbie-wallah** um die Mittagszeit ins Büro, zum *Hawaldar*.
A. H. gibt sich wie immer sehr freundlich im Umgang mit mir, als wolle er mich ehren für mein Deutschentum – doch was für ein Ganoven-Gesicht dieser Alfred Heimlich von Geburt an mit sich herumträgt. Er kann scheußlich gemein aus dem schwarzen Gesicht blicken, schaurig boshaft, doch mir gegenüber legt er sich Zurückhaltung auf.
Er hat noch keine Ahnung von meinem gestrigen Erlebnis. Neben ihm aber sitzt Valentin, und dieser drängt mich, A.H. die Geschichte anzuzeigen.
Ali Hassan wird aufmerksam und fragt in Urdu, denn er spricht nur ganz wenig Englisch, was der Anlaß unseres Streites sei.
»Los, sag es ihm!« tönt Valentin in mein Ohr und läßt mir keine Wahl. Ich bitte den *Hawaldar* aus der Sache weiter kein Aufhebens zu machen und niemanden zu strafen. Er schaut mich verständnislos an mit seinem Ganovengesicht und dem triefenden Hundeblick und fragt, *what happend?* In einer kurzen Schilderung des Überfalls in der Latrine gebe ich ihm zu verstehen, zwei Burschen hätten es auf mein Geld abgesehen gehabt, ich aber sei mannhaft zum Angriff übergegangen und hätte die Sache erledigt...– ›wie ein guter Deutscher‹, steht unausgesprochen im Raum. Sofort beginnt A. H. sich die Stiefel zu schnüren. Wer die Übeltäter seien, und ob ich ihre Namen wüßte, so fragt er und blickt mich scharf an. Nein, nicht doch, gebe ich leichthin zur Antwort, nicht einmal wenn sie jetzt vor mir stünden, würde ich sie wiedererkennen. Valentin, der alle Details der Geschichte kennt, besser als ich, mit sämtlichen Namen versehen, wirft sogleich ein, es seien Isa-Belutsch und sein Zellenkumpan von 9F9 gewesen. Ich bitte ihn zu schweigen, doch es ist schon zu spät. Ali Hassan beendet seine Verwandlung zum ›Mann des Governments‹, indem er zuletzt sein Mütze aufsetzt und sein Stöckchen unter die Achsel klemmt, sodann ruft er seine vier Sepoys zu sich und schickt zwei *Mukadams* aus, Isa-Belutsch zu holen.

Was nun folgt ist mir schmerzlich in Erinnerung geblieben. Vor allem hatte ich natürlich Angst, man könnte im Verlauf dieser Untersuchung darauf stoßen, daß ich Opium bei mir trage, vielleicht würde einer der Sepoys darauf bestehen, bei mir eine Leibesvisitation vorzunehmen... Und dann ist es mir auch unangenehm, daß Isa-Belutsch meinetwegen bestraft werden soll.
Es ist inzwischen sehr eng geworden im Büro des *Hawaldars*. Neben den fünf Uniformierten sitzen und stehen fünfzehn Gefangene herum, alle in irgendeiner Funktion tätig. Isa-Belutsch wird endlich herbeigeschleppt.
Erst in diesem Augenblick sehe ich, wie klein er ist, als hätte er einen Schrumpfungsprozeß durchgemacht – vermutlich hat er tatsächlich, vor Angst. Er ist ein schmächtiger ‚südländischer' Typ mit krausen, leicht rötlichen Haaren, zu einer Art ‚Afro-Look' aufgekämmt, ein typischer Belutsch eben. Er läuft gebückt und seine Augen sind starr auf die Zehenspitzen geheftet. Er steht unschlüssig in der Tür, von zwei *Mukadams* flankiert, bis Hassan ihn anbrüllt, sich hinzuhocken, wie es einem Gefangenen vorgeschrieben ist im Verkehr mit seinen Bewachern. Um dem Befehl Nachdruck zu verleihen, schlägt ihm einer der beiden Mukadams in den Nacken. Da erst hockt sich Isa auf seine Fersen und erzählt, ungefragt, die ganze Geschichte. Ein anderer habe ihm geflüstert, der Bardesi rauche Heroin, und da er gerade vom Gericht zurückgekommen sei und in der Latrine gesessen habe, den Stoff zu rauchen, da sei ihm, Isa Belutsch, der Einfall gekommen, dem Bardesi seinen Stoff abzunehmen. Er sei nur hinter dem Stoff hergewesen und nicht hinter Geld. Hassan bleibt völlig unbeeindruckt und will wissen, ob Isa-Belutsch eine Ahnung habe, weshalb dieser Bardesi im Gefängnis sitze. Der Gefangene, der wie ein Häufchen Elend auf der Schwelle hockt, schüttelt verneinend den Kopf. Hassan antwortet triumphierend, wegen *Charras* (und nicht Heroin!) sei der Deutsche verhaftet worden. Ob Isa-Belutsch denn einmal gesehen habe, wie der Bardesi Heroin geraucht. Nein, das nicht. Doch hätten ihm die Leute erzählt...
Was für Leute..? Isa ist dumm genug, zwei Namen zu nennen.
Erneut werden Mukadams ausgeschickt, diese ›Zeugen‹ herbeizuschaffen. Und sie kommen, daß mir die Augen übergehen, denn Nahim, mein erklärter Freund und *Chief-Sahb* unserer Zelle ist darunter. Also

hat ‚mein Freund' Nahim sich in Gegenwart Isas darüber verbreitet, der Bardesi rauche Heroin, ja, womöglich stammt die ganze Idee, mich auszurauben, auch von Nahim, einer solchen Ungeheuerlichkeit ist er zweifellos fähig.
Zuerst wird der andere, ein mir gänzlich unbekannter Zeuge verhört. Er beschwört, niemals gesehen zu haben, daß der Bardesi Heroin geraucht, und er hätte auch nie eine solche Behauptung aufgestellt.
Jetzt ist Nahim an der Reihe. Auch er beteuert wortreich, den Ausländer noch niemals beim Rauchen von Heroin beobachtet zu haben – was den Tatsachen entspricht – er sei bereit, auf den Koran zu schwören. Isa-Belutsch ist damit überführt, geschlagen, am Boden zerstört: ohnehin stand das Urteil schon längst fest. Selbst wenn die Beweise schlechter gestanden hätten, Isa Belutsch wäre so oder so geopfert worden und nicht der deutsche Bardesi, der bis zu einem gewissen Grad (der Sünden seiner Väter wegen!) Immunität genießt. Der Belutsch dagegen leidet unter seinem schlechten Ruf. Erst vor kurzem wurde er aus dem *Bannward* entlassen, wo er wegen des Besitzes von Heroin eingesessen hatte.
Die Mukadams packen ihn am Kragen, stellen ihn auf seine Füße und schlagen ihm mit der flachen Hand in den Nacken. Dann geben sie ihm noch ein paar Ohrfeigen und stoßen ihn vor sich her in Richtung *Tower*. Der *Hawaldar*, Ali Hassan, Valentin und ich gehen ein gutes Stück hinter ihnen durch den schmerzend hellen Glast der mittäglichen Sonne zum ‚Turm'. Ein *Subedar**, *Sergeant* des Polizeidienstes, ein Dienstgrad, der noch über dem *Hawaldar* thront, übt hier seine Herrschaft aus, ähnlich einem Polizeichef. *Pechi** wird in ernsten Fällen nur von ihm ausgesprochen, also die Verurteilung zu Prügelstrafe und *Bannward,* dem *Kasuri* oder Karzer des KCP, und beides steht dem ‚Übeltäter' nun bevor.
Isa-Belutsch ist inzwischen bleich geworden unter der olivfarbenen Haut, und er ist sehr aufgeregt. Bei den Ohrfeigen allein wird es nicht bleiben. Der berüchtigte Bannward erwartet ihn, wo jeder Tag noch vor dem Frühstück mit einer Tracht Prügel beginnt.
Der Subedar, übrigens ein leiblicher Bruder Ali Hassans, trägt wie dieser eine furchterregende Schlächtervisage gleichsam wie einen Geburtsfehler mit sich herum, gemein, niederträchtig und unverzeihlich dumm.

Er schlägt Isa-Belutsch ins Gesicht, schnell und hart, doch nicht mit letzter, von Haß getriebener Härte. Sie kennen sich, Isa-Belutsch und der Subedar. Isa hat manchmal Geld, er wird gewiß auch diesmal zahlen, um früher aus dem *Bannward* entlassen zu werden. Er ist also ein zahlender Kunde, was die Behandlung entschieden verkürzt. Nur zweidrei Ohrfeigen und schon wird er in Richtung Bannward abgeführt. Eine Woche darauf sehe ich Isa-Belutsch in seinem lilafarbenen Anzug wieder in unserer Abteilung. Zweitausend Rupien hat er zahlen müssen für den Straferlaß von drei Monaten *Bannward*.

Am Abend nach der Strafaktion wurde ich erneut zum *Hawaldar* gerufen. Wie immer versetzte mich die Vorladung in Unruhe: das nie ganz reine Gewissen, das ‚Herz' in der Finsternis meiner Unterhose! Valentin hatte schon Platz genommen im Office des *Hawaldar*s und lamentierte,

»Kannst du das begreifen, jetzt wollen sie *mir* am Zeug flicken.«

Was längst zu befürchten stand, jetzt war es eingetreten. Ali Hassan, der Deutschenfreund, gab sich ärgerlich und stritt mit Valentin und zwar in einer Strenge, wie ich sie bei ihm nie für möglich gehalten hätte, denn schließlich saß Valentin schon seit Wochen von morgens früh bis abends spät im Office, als sei er *Hawaldar* und nicht bloß ein Gefangener. Stets gut gelaunt und ein wenig von oben herab schenkte er dem *Hawaldar* Kurzweil, eine sehr begehrte Dienstleistung, denn die Langweile macht krank und bringt die halbe Menschheit um Jahre früher ins Grab.

An diesem Tag aber war alles ein wenig anders als gewöhnlich. Valentin war verzweifelt, seine Stimme flehentlich, er war den Tränen nahe. Da ich nichts von ihrem Gespräch in Urdu verstehen konnte, wartete ich, bis mir einer der Herrn seine Aufmerksamkeit schenken würde. Der *Hawaldar* schließlich sagte:

»*You 6-Coli go, Vaziem other room go, don't worry*.«

Ich antwortete, daß ich nicht im geringsten besorgt wäre und mich unter so vielen Brüdern durchaus sicher fühlte. Eine Antwort, die kaum zur Kenntnis genommen wurde. Diese Herrn besaßen die Ungezogenheit, mich niemals ausreden zu lassen, ja, mich oft schon nach wenigen Worten unterbrachen, um in ihrer eigenen Sprache fortgesetzt zu parlieren. So auch diesmal.

Schließlich wurde A. H in irgendeiner dienstlichen Angelegenheit nach draußen gerufen. Valentin stürzte sich sofort auf mich und sagte, ich solle Alfred Heimlich bitten, mit ihm, Valentin, kommen zu dürfen, um zusammen in eine andere Abteilung verlegt zu werden, andernfalls müsse er sein Gesicht verlieren, was ich doch nicht wünschen könne. An seiner Weichheit und der ganzen dämlichen Art erkenne ich plötzlich den verkappten Schwulen in ihm, der sich offenbar in mich verguckt hat. Ich sagte, wenn er soviel Wert darauf lege, so würde ich seinem Wunsch entsprechen, obwohl mir die Entscheidung des *Hawaldars* als sehr vernünftig erscheine. Wenn ich erwartet hatte, von Valentin grob beleidigt zu werden ob meines Wankelmuts, meiner charakterlichen Unzulänglichkeiten, so sah ich mich getäuscht. *Minherr Käskopf* war viel zu sehr betroffen, von der Kälte, mit der ihn der Oberaufseher abserviert hatte. Als Alfred Heimlich wieder in seinem Stuhl Platz genommen hatte, trug ich mit schwacher, wenig überzeugender Stimme die Bitte vor – ähm – Valentin begleiten zu dürfen. Ich hätte mir die Mühe sparen können, denn sie blieb glücklicherweise unbelohnt. Auch das peinliche Flehen und Bitten Valentins, eines 53jährigen Mannes, zeitigte keinen Erfolg.
Am nächsten Morgen wurde ich ein weiteres Mal ins Office gerufen. Ich fand den Oberaufseher Hassan in bester Stimmung vor. Er lag auf einem Betonklotz von Bett, ein buckliger, kleiner Kerl war noch anwesend, hockte zu seinen Füßen und massierte dem starken Mann der Abteilung die Fußsohlen. Der Gedanke ging mir durch den Kopf, daß ich für die gestrige Vorstellung, die Bestrafung Isa-Belutschs würde zahlen müssen, in DM oder Rupien, das war ihm gleich, bloß reich mußte es ihn machen. Eine solche Polizeiaktion hatte ihren Preis, wer Gerechtigkeit will, muß zahlen. Sicher rätselte Hassan noch, wie er die Rechnung würde präsentieren können. Eine Reihe makellos weißer Zähne entblößt, blickte er mich strahlend an.
Ich begrüßte ihn freundlich und streckte ihm lässig meine Hand hin. Er grüßte zurück, ohne sich mehr als nur halb aus seiner bequemen Rükkenlage zu erheben.

»Vielen Dank, Sir, Sie sind sehr freundlich, einen Gefangenen wie mich zu empfangen, Sie wissen doch, ein schwarzes Schaf unter schwärzesten... Ihr Wunsch ist mir Befehl.«

»Vaziem Hospital geht.«

»So? Ist er krank?«

»Herz-Probleme.« Er lachte bei diesen Worten laut auf, als ob die Tatsache, daß Valentin unter einer Herzkrankheit leide, ihn ganz außerordentlich gut amüsiere.

»Vaziem Hospital kein Zutritt, dann Vaziem ich verlegen in andere Abteilung.«

»Ihr Wunsch ist mir... ähm – wie bitte? Ich... ich bin froh Sie in so guter Laune anzutreffen, Sir. In meiner Zelle wird man hoch erfreut sein dies zu hören.«

Wie war dieser plötzliche Sinneswandel des Oberaufsehers nur zustande gekommen, so heiteren Himmels? Erst viele Tage später habe ich den Grund dazu erfahren. Nahim, mein Zellengenosse und *Chief-Sahb* von 6-Coli, hatte Ali Hassan am Tag von Isa-Belutschs Bestrafung heimlich eintausend Rupien versprochen, wenn er Zelle 6 von Valentins Anwesenheit befreien würde. Noch am selben Abend mußte Valentin uns verlassen und gewiß rätselt er noch heute, warum er so plötzlich in Ungnade gefallen war beim *Hawaldar* Ali Hassan.

Nun muß ich meinem Oberaufseher allmorgendlich einen Besuch abstatten, er besteht darauf. Ich entbiete ihm mein Salam, das Respekt und fleißige Wertschätzung ausdrücken soll. Zuerst aber durchschreite ich das Gatter und betrete den *Tschacker*, die Zentrale dieser vier Divisionen mit insgesamt etwa 1700 Gefangenen, bewacht von vier Sepoys und einem *Hawaldar*! Im *Tschacker* befinden sich, umrahmt von Blumen und Sträuchern, ein Office, die Stube des Friseurs und in der Mitte eine Art Tempelchen, in dessen Schatten sich nicht nur ausgezeichnet ruhen läßt, sondern der wegen seiner Lage auch einen freien Blick in jede der vier Divisionen erlaubt. Doch der Oberaufseher zieht es vor, in seinem Office in einem Stuhl zu liegen. Vor ihm steht ein niedriges Tischchen, auf dem er nichts weiter als seine Trillerpfeife und seine Mütze liegen hat. Er streckt die schweren Fliegerstiefel ins niedrige Gehölz und zupft an seiner runden Mütze. Die roten Dreiecke auf seinen Hemdsärmeln, seine Rangabzeichen trägt er, wie anno selig die Nazis ihr Kreuz. Auch sein Gang ähnelt jenem der Scharen von SS-Führern, die sich gewiß ebenso hart aber weit weniger lasziv wie unser Oberaufseher gegeben

haben mögen. Er hätte so gerne ein Gewehr von der Schulter baumeln oder wenigstens eine Pistole im Gürtel stecken gehabt, doch Waffen sind ihm innerhalb der Anstalt verboten. So also sitzt er ‚halb nackt' auf dem Flechtwerk seines Stuhls, wenn ich eintrete und ihm ehrerbietig einen guten Tag wünsche.
Der Oberaufseher ist ein Mann des Governments, wie er nicht müde wird zu betonen, doch handelt er meist in seinem privaten Interesse. Nichts vermag ihn so freundlich zu stimmen wie ein dickes Bündel Bargeld, das ihm diskret in die weich zufassende Hand gesteckt wird. Andernfalls kann er sich gegenüber jenen, die nicht zahlen können oder wollen, sehr übellaunig gebärden.
Heute aber scheint er bestens gelaunt, gibt sich entspannt und leutselig, versichert mir, wie teuer ihm meine Gesellschaft sei und daß er ganz *fond* auf *Germany* wäre. Ich bedanke mich artig und warte, was nun weiter folgen wird. Doch er bleibt diskret. Gewöhnlich sitzt Valentin bei ihm, doch *Minherr Käskopf* ist in Ungnade gefallen und wird ihm nie wieder Gesellschaft leisten.
A. H. erzählt mir, wie der Herzschmerz Valentins von der linken Brust in die rechte Magengrube und danach wieder hinauf in die rechte Brusthälfte gewandert sei, dabei schüttet er sich aus vor Lachen. Ich antworte irgend etwas, doch der Oberaufseher, ohne zuzuhören, läßt seinen Blick nach draußen schweifen und nestelt an seiner Mütze. Ich frage mich, nicht zum ersten Mal, ob ich zu kompliziert für ihn spreche. Wie die Mehrheit der hier Versammelten, ob Insasse oder Wärter, ist er ‚minderbemittelt', ‚geistig arm', wie's heißt. Das Bild, das er sich von Europa und dem gesamten christlichen Westen gemacht hat, ist einzig von wüsten Vorurteilen, schmutzigen Phantasien und endlosen Auslassungen bestimmt. So begegnet er mir einerseits scheu bewundernd, doch zum größeren Teil, wie jeder Rassist auf Erden, feindlich ablehnend, meiner weißen Hautfarbe wegen.
Hassan beschäftigt sich mit dem, wie er annimmt, gewinnbringenden Gedanken, mich aus dem Land zu schmuggeln. Ich müsse ‚nur' eine Kaution zahlen und entlassen werden. Sodann müsse ich mir die Haare schwarz färben und könne anschließend unmöglich noch von einem Khan-Baba aus Peschawar unterschieden werden. Ein *Speed-boat,* so sprach er, werde mich aus der 12-Meilen-Zone bringen, hinaus aufs

offene Meer, wo ich lediglich auf einen Fischkutter umzusteigen hätte. Er habe einen Skipper zur Hand, der mich binnen einer Woche nach Dubai bringen und dort heimlich an Land schaffen könne. Sein Plan gefällt mir ausnehmend gut und reizt meinen Sinn fürs Abenteuerliche.

Jardie – Razzia

Ich fahre erschrocken aus dem ersten Schlummer auf und habe sogleich die unbestimmte Empfindung einer starken Bedrohung. Auch Nahim hebt ruckhaft den Kopf vom Kissen und wittert, als läge Brandgeruch in der Luft. Durchs Gitter der Tür sehe ich in dem dunklen, schwach erleuchteten Hof draußen eine große Zahl von Uniformierten mit langen Stöcken hereindrängen. Weiter vorn in der Reihe von Zellen klappert bereits der Schlüssel und eiserne Riegel werden zurückgeschlagen. Getrampel von Stiefeln, erregtes Geflüster vieler Stimmen, ein dumpfes Dröhnen in mir, jede Faser schreit: ***Alarm***! Was hat das zu bedeuten? Nahim gibt die Erklärung in einem unterdrückten Schrei, *»Jardi«*, [Razzia] um 2 Uhr nachts!

Stiefelabsätze, die Spiegel zertreten. Schmutzige Schuhe, die über unsere Schlafmatten stapfen und grobe Hände, die sämtliche Fächer umstülpen, nach Geldscheinen und Drogen suchen, ohne welche zu finden und dabei ein Chaos hinterlassen.

Nahim verteilt rasch ein paar Stangen Haschisch an seine beiden Vettern, Salim und Äsan. Gerade noch im rechten Augenblick, denn schon treten zwei Konstabler ans Gitter und blicken in die Zelle, beobachten uns, damit wir nichts verschwinden lassen. Der Schlüsselknecht eilt herbei, es ist unser Tages-Sepoy, den ich zum ersten Mal, seit ich hier bin, selber mit den Schlössern hantieren sehe. Gewöhnlich wird diese Arbeit von einem Gefangenen erledigt. Der Sepoy muß den passenden von fünfzehn Schlüsseln heraussuchen, ein großes Vorhängeschloß öffnen und den klemmenden Riegel des Gitters mit dem Stiefel auftreten. Fünf *Hawaldar*s stürzen herein und beginnen rasch die Zelle zu durchwühlen. Nahim ist ganz und gar Unterwürfigkeit, er verbeugt sich viele Male, indem er in besänftigendem Ton auf den Baba einspricht. Der Baba, ein langbärtiger, etwa fünfzigjähriger Oberaufseher läßt sich davon wenig beeindrucken und steht breitbeinig, wie ein Ochse beim Wasserlassen, mitten in der Zelle. Erst als sein Blick an mir und meiner kränklich-weißen Haut hängen bleibt, verliert er sichtbar an Boden. Im gleichen Augenblick marschiert Ali Hassan im Stechschritt heran. Er schaut flüchtig zu uns herein und ruft im Befehlston, *A Foreign national! Cello, cello!* Tatsächlich, die Männer leiten sogleich ihren Rückzug ein. In den Nachbarzellen geht es weniger glimpflich ab. Jedes Öfchen, *Tschula* genannt, wird zerschlagen und in den Hof geworfen, neben zahlreichen anderen Gegenständen, die verboten sind und darum als beschlagnahmt gelten. Nahim reibt sich vergnügt die Hände und sagt lachend,

»Alle Tschulas kaputt, morgen alle Jungs neue Tschulas bauen.« Dabei zieht er triumphierend unser Öfchen hervor, das zu Wichtigem dient, nämlich unser Essen zu kochen. Es ist unentdeckt geblieben.

Ein langes Ausatmen anstelle all des vielen kurzatmigen Schnaufens; Siechtum und Schrecknisse ohne Ende, so vielgesichtig wie Menschen sind. Kann es sein, daß ich dies wirklich gewollt habe, Herr meines Schicksals war?

Wenn ich je die Hölle phantasiert habe, diese Wirklichkeit hat sie übertroffen. Dieses Leben hier kann nur die Strafe sein, auf die Sünde von einst, eine Sünde, schwer genug, diese Hölle der irdischen Welt zu bedingen. Sie gab einst das Grundmaß, auf dem die Welt errichtet worden ist. Luzifer, der gefallene Engel, widersetzte sich seinem Herrn, weil er, wie die Muslime glauben, sich als einziger unter den Engeln nicht verbeugen wollte vor dem neu erschaffenen Adam. Und also wurde Luzifer verstoßen, fiel auf die Erde herab, um als Fürst der Welt wieder zu erstehen. Gehorsam das Ideal, Ungehorsam die Regel. Deswegen ist es das fortwährende Bemühen aller Philanthropen und Tyrannen, Könige und Kanzler, das Menschlein an Haupt und Gliedern zu reformieren, um diese menschlichste aller Bedingungen zu tilgen. Mit harten Strafen ahnden sie den Ungehorsam in jeglicher Form, doch ohne bleibenden Erfolg. Es gibt immer wieder Aufsässige, für die nicht gleich eine Kette zur Hand ist, Hunde, die sich gegenseitig zu Tode hetzen.

Ende einer Dienstreise

Ein Deutscher wurde am Sonntag auf dem Flughafen von Karachi, der südlichen Metropole Pakistans, mit zweieinhalb Kilogramm Haschisch festgenommen. Der Mann soll das Rauschgift versteckt in einem Gürtel um den Bauch getragen haben, wo es bei einer Routinekontrolle entdeckt werden konnte. Der Name des Mannes wurde nicht bekanntgegeben.

FAZ, ›Kleine Meldungen‹

Am Tag meiner Abreise wurde ich nachmittags von einem Schwächeanfall heimgesucht. Ein leichtes Fieber und daraus folgend ein Unwohlsein hinderte mich, die notwendigen Vorbereitungen für das Unternehmen richtig auszuführen. Ich hatte nur einen Gedanken, so schnell als möglich nach Hause zu kommen. Also ging ich das Risiko ein. Ich fuhr mit einem Taxi zum Flughafen und entstieg mühsam und jagenden Herzschlags dem Wagen, geschwächt von dieser verdächtigen Krankheit und über alle Maßen aufgeregt wegen des bevorstehenden Schmuggels – doch wer hört schon auf die besseren Regungen, die Warnschreie aus der Tiefe seines Herzens?

Die automatische Glastür des Flughafengebäudes schiebt sich lautlos zurück. Ich umklammere den Griff meines Handkoffers fester und folge knieweich dem schmalen Pfad, immer um Haaresbreite vom Abgrund der Zollbestimmungen entfernt.

Alles läuft glatt, bis zur letzten und gefährlichsten Kontrolle, dem *Security-check*. Ich streife mit einem Blick das schwarze Gesicht des Mannes am *Checkpoint*, in dessen groben Händen mein Schicksal nun ruhen wird. Der Bursche von der *Airport-police* schaut ganz uninteressiert in meine Richtung, scheinbar wenig beeindruckt von meiner eleganten Aufmachung.

Auf den ersten Blick stellt er sich meinen überreizten Sinnen beunruhigend dar. Er ist breitschultrig, hat große Schaufelhände, einen Kugelbauch und hennarot-gefärbtes, schütteres Kopfhaar. Wenn er sich zu einer aufrechten Haltung ermannt und seine Wirbelsäule annähernd in die Senkrechte bringt, dann nimmt er die Form eines Fragezeichens an.

Mit anderen Worten, noch dem liebenden Auge bietet er ein wenig anmutiges Bild.
Mit bebenden Gliedern vertraue ich mein Handgepäck dem Rollband an und beobachte mit gespieltem Gleichmut, wie es bei langsamer Fahrt in dem dunklen Kasten verschwindet.
Ein zweiter *Customs-Officer*, der sich lässig auf sein Gewehr stützt und offenbar den Apparat zu bewachen hat, weist auf die andere Tasche hin, welche von meiner Schulter herabhängt. Er bittet mich höflich, sie ebenfalls auf das Band zu legen.
Während er zu mir spricht, spüre ich mein Herz heftiger gegen die Rippen pochen. Nervös benetze ich meine Lippen und quetsche sie mit beiden Zahnreihen fest aufeinander, damit sie stärker von Blut durchströmt von der verdächtigen Blässe meiner Gesichtshaut ablenken. Mein bleiches Antlitz muß jedem aufmerksamen Beobachter den Grad meiner Angst verraten. Ich durchschreite zögernd den Metalldetektor, ziehe noch ein letztes Mal mein Hemd unter der Jacke zurecht, um die ungewohnte Ausbeulung über dem Gürtel zu verbergen und nähere mich wankend der letzten Station, auf diesem kurzen Weg ins, nun, Gefängnis? oder, wie ich inständig hoffe, ins enge Gehäuse des Flugzeugs hinein.
Der vierschrötige Polizist legt seine Gesichtsfalten in eine diensteifrige Fächerung und tritt einen Schritt zurück, um mich in die Kabine einzulassen, ins Zentrum des Spinnennetzes, wo er mich bequem in die Zange nehmen kann.
Ein mißtrauisches Paar dunkler Augen blickt maliziös an mir herab, überschattet von den dichten grauen Büscheln seiner Augenbrauen. Er mustert mich ganz ungeniert von Kopf bis Fuß in jener dreisten Art, wie sie Polizisten häufig zu eigen ist.
Er winkt mich noch einen Schritt näher zu sich heran und lockert derweil Schultern und Arme für die abtastende Fummelei an meinem Leib. Gleich werden diese gefühllosen Pranken mit den dicken, wulstigen Fingern an mir herab streichen und zumindest meine Angst auf die Spitze treiben.
Der Bursche läßt sich viel Zeit. Er bittet brummend um meine Bordkarte und während er das Stück Karton achtlos zur Seite legt, blickt er mir ganz kurz in die Augen, prüfend, abschätzig, voller Mißtrauen. Darauf-

hin wendet er sich meinen Schultern zu und tastet mit gefühlvollem Druck und andächtiger Miene, wie beim Gebet in der Moschee, jeden Handbreit meines schmächtigen Leibes ab. Entsetzt muß ich feststellen, wie er sich in seiner effektiven, konzentrierten Weise rasch dem Eigentlichen nähert, was sein tölpelhaftes Aussehen Lügen straft. Ich habe das Gefühl, in eine Falle geraten zu sein. Schweiß bricht mir aus sämtlichen Poren.

Von den Schulterpolstern des Jacketts, die ihn nur kurz in Anspruch nehmen, geht er rasch zu den Armen über und streicht anschließend an meinem Rücken herab, bis sein tastendes Suchen knapp über der Gürtellinie plötzlich ins Stocken gerät. In diesem Augenblick wird mir schlagartig bewußt, was ich bei meinen Vorbereitungen falsch gemacht habe. Dieser humorlose Geselle von der *Airport-police* hat mich erst darauf stoßen müssen. Trotzdem gebe ich den schlimmsten Gedanken keinen Raum sich zu entfalten, um nicht vollends die Nerven zu verlieren.

Hinten am Rücken, auf Höhe der Lenden, verfangen sich die großen, suchenden Tatzen in einer verdächtigen Ausbeulung unter meinem Hemd. Es ist die Bandage, die ich aus fiebriger Schwäche allzu nachlässig um den Leib geschlungen habe. Erneut, und diesmal genauer, rücksichtsloser, untersucht der Bursche was ihm daselbst so sehr mißfallen hat.

Zugleich erscheinen vor meinem inneren Auge die vielen schäbigen Polizeistuben, in denen ich schon gesessen habe und bald werde sitzen müssen. Zeit und Raum krümmen sich in diesem Augenblick des Schreckens, wie die kosmische Schlange, die sich in den eigenen Schwanz beißt.

Am liebsten hätte ich mich unter irgendeinem Vorwand davongeschlichen, zurück in die kühle, wohlbehütete Welt des Fünf-Sterne-Hotels, die ich diesmal so ungern verlassen habe.

Mit unglaublicher Sicherheit finden diese behaarten Vorderfüße, diese vielgliedrigen Werkzeuge, von denen mehrheitlich das Unheil des Menschen in die Tat gesetzt wird, finden diese Pranken ihr Ziel. Von der einen verdächtigen Stelle in meinem Rücken schließt der Mann ganz folgerichtig auf den größeren Zusammenhang, welcher vorn am Bauch sitzen muß. Und siehe, schon bewegen sich diese aufdringlichen Tatwaffen immer weiter auf das *corpus delicti* zu, um es schließlich mit allen zehn Fingern und den Innenflächen seiner Hand fest zu umschließen. Worauf der Kerl mit nur einer Frage aus seinem haarig eingerahmten Mund die Sache auf den Punkt bringt:

»*What is this?*«

Noch niemals bin ich von einer so knappen Rede so vernichtend geschlagen worden. Mit nur drei Worten hat mich der einfältige *Customs-Officer* erweckt aus meinen eitlen Träumen von einem Weg, vorbei an den Dornen und Disteln eines rechtschaffenen Lebens und der Mühsal und Beschwernis einer gottverdammten Lohnarbeit. Ich sehe die Maske des Biedermanns schon im Staub schäbiger Amtsstuben liegen, von gewichsten Polizeistiefeln zertreten und, wie das ganze Unternehmen, häßlich gescheitert.

Immerhin, meine Nerven habe ich nicht verloren, ganz im Gegenteil. Äußerlich bin ich, trotz meiner inneren Anspannung, die Ruhe in Gestalt, unbeeindruckt von dem tobenden Sturm, der mir schon steif ins Gesicht bläst; denn noch bin ich in den dicken Mantel von *Dr. O.* eingehüllt. Ein sehr patentes Allwettermittel, das an kalten Tagen ebenso hilfreich ist wie an heißen. Des Schlafmohns wohlige Wärme schlägt allen Widrigkeiten des menschlichen Daseins ein Schnippchen. Dieser wohlfeile Trost sitzt im Mark und stärkt mir den Rücken. Die kalten Winde zwischen den Menschen beißen mir nicht in die Wangen oder ins Herz. Ein Leben ohne zu frieren, entlassen aus dem Frondienst der vielen Teufelchen aus Trieben und Begierden – bis auf den einen Beelzebub, der sie alle ausgetrieben hat – so bin ich gefeit gegen die Nackenschläge des Schicksals. Allerdings immer nur unter der Voraussetzung, daß der Polizei nicht alles in die Hände gefallen ist, oder ich selber in keinen Schwierigkeiten stecke, im Gefängnis zum Beispiel.

»*Dai kilo*« ruft der Polizist, welcher an der großen Gepäckwaage, über beide Daumen peilend, das Gewicht des Schmuggelgutes festgestellt hat.

Diese Zahl, 2 ½ Kilo, trifft mich wie ein Schuldspruch, wie das Brechen des Stabes über meinem Haupt und löst einen Sturm an Kommentaren bei den Uniformierten aus, welche sich in dem kleinen Büro um mich versammelt haben. Während hier die Reden immer lauter anschwellen, so sind es dort die Stirnadern des Polizisten an der Waage, der sich angestrengt müht, die dunklen, glänzenden Platten des Cannabis-Harzes von der Fläche glatten Edelstahls zu lösen. Ein zweiter, jüngerer Kollege sieht dem anderen sehr teilnahmsvoll zu und ruft:

»*Je first class charras hä*!«

Ja, in der Tat, es ist ein erstklassiges Haschisch. Ich nicke zustimmend, mit stolzgeschwellter Brust. Wie töricht einen die Eitelkeit doch sein läßt!

Ein junger Polizist, der rote Winkel an den Ärmeln trägt, zum Zeichen seines höheren Ranges, schießt zornige Blicke gegen mich ab. Das erhobene Haupt meiner Eitelkeit bringt sein Blut in Zorneswallung. Darüber muß er seine Beherrschung verloren haben, denn ohne ein Wort der Warnung schlägt er mir plötzlich mit der flachen Hand ins Gesicht.

Sein böser Blick und die ohrfeigende Hand – von geringer Durchschlagskraft, wie ich zu meinem Glück sagen darf – sind der Ausdruck eines Hasses, der schon seit langem in ihm geschürt wird. Allein meiner weißen Hautfarbe und meiner gediegenen Kleidung mag es zu verdanken sein, daß ich nicht noch mehr Schläge beziehe.

Ich werde aus dem Airport geschleppt, hinaus in die kalte Novembernacht. Im Neonlicht der Straßenlampen sehe ich einen zerbeulten Jeep mit laufendem Motor bereitstehen. Nach einer quälend langen Fahrt durch die leeren Straßen der Stadt, rollt das ächzende Gefährt schließlich in die Einfahrt einer kleinen, schwach erleuchteten Polizeistation.

»*Cello, come on!*« ruft einer der Polizisten und fordert mich auf auszusteigen. Ich bitte darum, mein Gepäck mitnehmen zu dürfen:

»*Mere samahn**, Officer Sahb, bitte, ich brauche meine Zahnbürste und ein paar andere Dinge...«

Rauhes Gelächter folgt der Übersetzung meiner Worte, und ich werde mit breitem Lachen, unter freundschaftlichem Schulterklopfen fortgezogen, ohne *samahn*, Zahnbürste und einer Reihe anderer, sehr wichtiger Dinge, wie zum Beispiel, mein ganzes Geld und meinen tragbaren Computer.

Innerlich nehme ich bereits Abschied von diesen Dingen und versuche mich mit ihrem Verlust abzufinden. Ich habe lernen müssen, mein Herz nicht allzu fest an materielle Güter zu hängen. Allein, die Festplatte des Notebooks enthält zu viel von... nun, wie könnte ich sagen? – von meinem Herzblut? – von den Bekenntnissen eines Opiumessers?

Einige junge Polizisten schubsen mich quer über den dunklen Innenhof der Polizeistation vor eine Gittertür. Schlüssel klirren, wie sie in allen Gefängnissen dieser Welt klirren, der ächzende Flügel tut sich auf und wird gleich darauf wieder hinter mir verschlossen. Ich stehe in der dürftig erleuchteten Zelle des Polizeigewahrsams und bin nicht allein. Drei einheimische Burschen liegen schlafend auf dem Fußboden und jeder von ihnen ist in eine schmutzige Lumpendecke eingewickelt.
In der elenden Behausung ist es kalt. In der einen Ecke tropft ein Wasserhahn und gleich daneben befindet sich der Abtritt – nichts als ein sehr schmutziges Loch im Boden. Kein zivilisierter Mensch würde jemals wagen, seinen Fuß dorthin zu setzen, wenn es nicht, bedingt durch unsere leibliche Beschaffenheit, Notwendigkeiten gäbe, die kaum je einen Aufschub dulden.
Kurz nachdem sich die schwere Gittertür hinter mir geschlossen und die Mehrzahl der Polizisten sich wieder in ihre Ecken verzogen hat, wo sie den Rest der Nacht verdösen würden, kurz darauf also erscheint außen an den Gitterstäben ein dunkles Gesicht, das ein freundliches Grinsen trägt.

»He, mein Freund, du *Charras* rauchen?« ist die erste, fast geflüsterte Frage in schlechtem Englisch und im Syntax des Urdu. Immerhin, nicht wie gewöhnlich zuerst die Fragen nach Herkunft, Namen und Lebenszielen, nach Frau und Kind, sondern weit origineller, eine Frage, die meine lasterhaften Rauchgewohnheiten betrifft. Eine erstaunliche Tatsache, zumal für einen jungen Mann, der Uniform und Waffe trägt. khakifarbene Hose, grauer Pullover mit Schulterklappen, breiter Ledergürtel und ein schweres Karabiner-Gewehr.

»Oh ja, gewiß.« antworte ich beflissen. Eine Hand erscheint daraufhin zwischen den Stäben und hält mir eine brennende Zigarette unter die Nase, die, nach dem knittrigen Aussehen zu urteilen, noch mehr aber ihres feinen Geruchs wegen, das aromatische Harz des Cannabis-Krautes enthalten muß, besser unter dem Namen Haschisch bekannt. Kein Zweifel, diese Zigarette des Polizisten enthält mit Tabak vermischt jenen feinen Seelentröster, wegen dem ich am *Airport* verhaftet und hier in dieses schäbige Loch eingesperrt worden bin. Ich habe die schmerzliche Empfindung, auf etwas höchst Befremdliches gestoßen zu sein.
Es folgte eine durchwachte Nacht, mit unruhig schlagendem Herzen,

angetrieben von zahllosen Gedanken, von denen einer alle anderen beherrschte: Wie lange würde es diesmal dauern? Noch vermeinte ich als bettelarmer Mann umkommen zu müssen, denn ich hatte alles verloren, bis auf meine dünne Kleidung, Anfang November, und ich mußte befürchten, bald schon von schweren Entzugserscheinungen gepeinigt zu werden nach vielen Jahren der Drachenjagd, wie man unter uns Adepten sagt, als sich herausstellte, daß alle meine Befürchtungen ganz überflüssig waren, so als wäre über mein Schicksal schon vor langer Zeit entschieden worden.
Zum wiederholten Male stellte sich mir die Frage, ob ich dieses herbe Schicksal wirklich verdient hatte, oder ob ich nicht dem Teufel zum Opfer gefallen war? Tatsächlich stand vor einiger Zeit in dem Leitartikel einer angesehenen deutschen Tageszeitung zu lesen, daß der Teufel hinter diesen Drogen stünde, allerdings im Neutrum ausgedrückt und mit ›das Böse‹ umschrieben. Der Einfluß dieses Bösen, das in der Substanz selber stecke, wurde als Argument für die bestehende Prohibition einiger Heil- und Genußpflanzen und gegen deren Freigabe angeführt. Mephisto selber, daran konnte kein Zweifel bestehen, hatte mich verführt, eine große deutsche Tageszeitung hatte dies auf ihrer ersten Seite ausführlich kommentiert, wo doch sonst an so exponierter Stelle nur gewählte und gekrönte Häupter eine Erwähnung finden. Mephistos Einfluß war es auch zu schulden, daß ich jetzt in dieser Gefängniszelle steckte, in der allerdings kein Gretchen saß und törichte Fragen stellte. Diese bekam ich am nächsten Tag zu hören, doch nicht von einer zopfflechtenden Maid, sondern aus dem Mund eines uniformierten 2-Sterne-Polizisten in väterlich-mildem Ton und in höchst unvollkommenem Englisch.
Woher das Zeug stamme, wer es mir besorgt und verkauft hätte, wollte er wissen, Name und Adresse bitte. Selbst von dem Erzverräter Judas Ischariot wurden keine so detaillierten Auskünfte verlangt, wie sie dieser Polizist von mir erwartete.
Wenn ich mich zu keiner glaubhaften Aussage entschließen könne, so fügte er hinzu, dann habe er die Möglichkeit, mich zu *teasen* – vermutlich meinte er, mir eine tüchtige Tracht Prügel zu verabreichen.
Ich bemühte mich, mit unschuldigster Miene ihn glauben zu machen, ein mir unbekannter Mann habe mich verführt, den Stoff nach Hause

zu schmuggeln, so jedenfalls lautete kurz gesagt meine Aussage. Wie er denn heiße, der Unbekannte, wollte der väterliche Typ wissen.

»Helmut«, gab ich zur Antwort.

»Helmut Schmidt?«

»Das weiß ich nicht, vielleicht hieß er auch Kohl, seinen Nachnamen hat er mir nie genannt.«

»Ha! Und das soll ich Ihnen glauben?«

»Oh ja Sir, das sollten Sie.«

»Nein! Ich glaube Ihnen nicht! Ich bin vielmehr überzeugt, Sie stehen nicht das erste Mal vor einer solchen Situation. Womit verdienen Sie ihren Lebensunterhalt?«

»Sir, Sie tun mir Unrecht. Ich bin seit einigen Jahren Schriftsteller und meine Frau ist Lehrerin, unser Einkommen beläuft sich ...«

»Und davon wollen Sie Ihre vielen Reisen bestreiten? Wenn ich mir Ihren Paß ansehe, so waren Sie allein in diesem Jahr bereits dreimal hier in Pakistan. Was haben Sie denn sooft hier gewollt?«

»Sir, ich schreibe ein Buch über diese Gegend, vor allem über den Norden Ihres Landes, denn ich glaube, die frühesten Wurzeln der europäischen Völker reichen hier in diese Gegend hinein.«

»Sie wollen ein Schriftsteller sein? Das begreife ich nicht. Wir schauen zu unseren Dichtern auf und verehren sie. Was soll aus der Welt werden, wenn selbst Dichter jetzt anfangen, solche verabscheuungswürdigen Verbrechen zu begehen?«

»Sir, ich bitte um Vergebung, aber Cannabis und Opium sind uralte Heilpflanzen, für deren Erschaffung wir dankbar sein sollten. Verabscheuungswürdig sind nur jene Politiker, die uns etwas anderes weismachen wollen und den Umgang mit diesen, von der Ausrottung bedrohten Pflanzen, unter schwere Strafe gestellt haben. Das Schlimme dabei ist, daß diese Gesetze einen unglaublichen Schaden in der Welt anrichten, den es früher, ehe diese Gesetze bestanden haben, nie gegeben hat und der ein größerer Schaden ist, als ihn diese Drogen jemals anrichten können. Ich nenne nur die große Zahl der Opfer, die von den Lieferungen einer skrupellosen und immer mächtiger werdenden Drogenmafia abhängig sind, die sich nicht scheut, den Substanzen gefährliche Stoffe beizumengen. Denn, sehen Sie, die profitable Geschäftsgrundlage dieser Mafia sind einzig und allein die Drogengesetze. Die scheinheiligen

Befürworter der Prohibition sind also, ob von der Mafia bezahlt oder nicht, zu Handlangern krimineller Organisationen geworden, und darum sind sie mittelbar für den epidemisch frühen Tod vieler junger Menschen verantwortlich. Sie sollten endlich aufwachen hier, in diesen Ländern, die ein gnädiges Geschick so reich gesegnet hat mit diesen Heilpflanzen. In Wahrheit würden Sie ein menschenfreundliches Werk tun, wenn Sie hülfen, diese Drogen außer Landes zu schaffen und weltweit unter die Leute zu bringen. Das sogenannte Drogenproblem ist doch in Wahrheit nur eine Erfindung der alten und neuen Kolonialmächte, um Sie hier wirtschaftlich zu knebeln und ihre eigenen, in Pharmafabriken gefertigten teuren Arzneimittel gegen lästige Konkurrenz zu schützen. Wie würden die Umsätze dieser Großdealer in den chemischen Fabriken des Westens schrumpfen, wenn jeder Mensch auf Erden, wie es vor ein paar Jahrzehnten noch üblich war, das billige Opium nähme, gegen seine Schmerzen und jegliche andere Brest, die uns Menschen hin und wieder befällt und verschmähte die bunten Pillen aus den Pharmakonzernen?! Denn waren es nicht genau dieselben Mächte, die heute in aller Welt einen Ausrottungsfeldzug gegen diese Heilpflanzen führen, die vor gut 150 Jahren den Handel mit Opium gewaltsam durchgesetzt haben, indem sie einen Krieg mit China anzettelten?! Heute hat sich das Blatt gewendet. Jetzt sind es die ehemaligen Kolonialmächte und namentlich der jugendlich geile Sproß des britischen Empires, die USA, die sich wiederum gegen Sie, die ehemaligen Kolonien wenden, diesmal aber, um den Anbau und Handel mit diesen Drogen gewaltsam zu unterbinden. Merken Sie nicht, was für ein faules Spiel mit Ihnen getrieben wird? Im Ursprung aber ist dieses Problem nichts als die Fortsetzung des alten Glaubensstreites zwischen den christlichen Kirchen des Westens und den Religionen des Ostens, insbesondere dem Islam. Es geht dabei vor allem um Vorherrschaft und Macht, um wirtschaftliche Expansion und die Ausbeutung von Menschen.«

Er war bis zur Sprachlosigkeit beeindruckt, ohne Frage. Seine Hand sank auf die Tischplatte herab und mit müden Augen blickte er in den mild wärmenden Sonnenschein, der durch die offenstehende Tür in lieblichen Farbtönen staubglitzernd herein flutete. Irgendwie schien er dieser Sache nicht gewachsen. Die fremde Sprache bereitete ihm Mühe, und dieser verrückte Ausländer mit seiner Unschuldsmiene und dem unverständlichen Geschwätz eines Süchtigen schaffte ihm größtes Ungemach. Etwas konnte hier nicht stimmen. Da er wohl niemals auf die Idee gekommen wäre, an der offiziellen Politik seines Landes und den ihm eingetrichterten Überzeugungen zu zweifeln, die ihm vorgaukeln wollten, eine Aufgabe zu erfüllen, welche die ganze Menschheit vor dem Untergang bewahre, darum beschwor diese Vernehmung einen ernsthaften Konflikt für ihn herauf. Vielleicht war es sein Instinkt, der ihn noch rechtzeitig vor einer Katastrophe bewahrte, jedenfalls brach er plötzlich die Vernehmung ab, verließ das Zimmer, ohne sich von mir zu verabschieden und kehrte nicht wieder zurück. Nach einer Weile wurde ich erneut in Ketten gelegt und abgeführt.

Auf dem Weg zum Taxi fragte ich den älteren Polizisten, der mich in den vergangenen beiden Tagen schon bewacht und herumgeführt hatte, wo die Fahrt hingehen solle?

»Ins Zentralgefängnis,« gab er zur Antwort.

Das brachte mich ein wenig aus der Fassung, denn sofort erinnerte ich mich der dicken Kugel Haschisch, die ich, leicht auffindbar, in meiner Hosentasche stecken hatte. Außerdem besaß ich noch zwei Päckchen Opium, die tief in einem Geheimfach meiner Hose versteckt waren und einer Entdeckung nicht so leicht anheimfallen konnten. Schon am *Airport* hatte die Polizei diese Schmuggelware übersehen. Ich wußte nur zu genau, daß mit jeder Einlieferung ins Gefängnis eine gründliche Leibesvisitation einherging. Bei diesem Gedanken ergriff mich sogleich eine scheußliche Unruhe. Sobald wir im Taxi saßen und meine Handfessel gelockert worden war, versuchte ich unauffällig, den Klumpen Haschisch aus der Hosentasche zu angeln und in meine Unterhose zu schieben, was mir auch gelang, ohne dabei den Verdacht des neben mir sitzenden Polizisten zu erregen.

Das Zentralgefängnis von Karachi steht auf einem riesigen Gelände mitten in der Stadt und wird von einer sechs- und einer acht Meter hohen Mauer umschlossen. Zu beiden Seiten des großen stählernen Eingangstores ragen Wachtürme mit Zinnen in die Höhe, die an eine mittelalterliche Raubritterburg erinnern – und in gewisser Weise ist es das tatsächlich, eine Burg, die voller Räuber steckt.

Wir betraten das Gefängnis durch eine kleine Pforte im großen stählernen Tor. Mein Name und der meines Vaters wurden in ein großes Buch eingetragen, und dann befahl mir ein Sepoy, durch eine zweite Pforte in das Innere des Gefängnisses einzutreten. »Links halten!« sagte er und befahl mir zu gehen.

Ich trat hinaus in den wärmenden Sonnenschein und ließ meinen Blick über das unerwartet aufgeräumte Anstaltsgelände streifen. Zwischen niedrigen Stauden, blühenden Büschen und Blumen in allen Farben verliefen zahlreiche Fußwege in drei Richtungen und führten zu den ein- oder zweistöckigen Bauten, die zum Teil von einer weiteren Mauer umgeben und bunt angestrichen waren.

Da ich mich links zu halten hatte, schlenderte ich auf eine Gruppe von Menschen zu, die gleich den Gänsen hintereinander aufgereiht in etwa hundert Metern Entfernung von mir auf der Straße hockten. Also hier, unter freiem Himmel wurde durchsucht! Links vom Kopf der Schlange saß ein Uniformierter auf einem Stuhl und schaute gelangweilt und mit griesgrämiger Miene den Leibesvisitationen zu, die von zwei oder drei Gefangenen mit roten Mützen durchgeführt wurden.

Diese Gefangenen mit ihren roten Kappen, die sogenannten *Mukadams,* sollte ich noch kennen- und verachten lernen. Sie waren fürs Grobe zuständig und ersparten den Wächtern die lästige Arbeit des Prügelns. Der Lohn ihrer Mühe bestand ausschließlich in ein paar armseligen Privilegien, welche sie mit Hochmut gegenüber ihren Mitgefangenen ausspielten. Hier am *Checkpoint* kam diesen Kapos die einträgliche Aufgabe zu, die Neuzugänge von Kopf bis Fuß zu durchsuchen.

Mit schlotternden Gliedern stellte ich mich hinten in der Reihe an. Es mochten vielleicht noch zehn oder zwölf Gefangene vor mir in der Reihe stehen, so daß mir eine Galgenfrist blieb, zu beobachten und mir zu überlegen, was ich mit der Kugel Cannabis in meiner Unterhose anstellen sollte.

Während ich so dastand und wartete, wurde ich von dem Uniformierten scharf ins Visier genommen, das heißt, wahrscheinlich wurde ich auf meinen Geldwert taxiert. Es war ein fetter, leicht verkrüppelter älterer Mann mit zwei roten Winkeln an den Ärmeln seines grauen Pullovers, welche ihn als einen *Head Warden* – Oberaufseher – auswiesen. Sein Gesicht war viel zu groß für seine kleine Gestalt, einen Hals schien er nicht zu besitzen und die dunklen Augen stachen finster unter den

schwarzen Brauen hervor. Er saß links neben der Schlange auf einem armlehnigen Stuhl und hatte Mühe, ein dickes Geldbündel mit seiner großen Hand umschlossen zu halten.
Als ich schwitzend und mit immer heftiger pochendem Herzen nach vorne an den Anfang der Schlange rückte, unfähig auch nur irgend etwas wegen des Haschischs in meiner Unterhose zu unternehmen, da fiel mir auf, daß nicht alle Gefangenen in gleicher Weise durchsucht wurden. Einige scherten aus der Schlange aus, oder näherten sich, ohne anstehen zu müssen mit demütig gebeugten Rücken dem Aufseher und reichten ihm ganz ungeniert einen Zehnrupienschein. Manche gaben auch eine größere Banknote, worauf ihnen das Wechselgeld abgezählt herausgegeben wurde. Ohne sich irgendeiner Durchsuchung unterziehen zu müssen, konnten diese Günstlinge ungeschoren ihres Weges ziehen. Ich hatte nun allen Grund, mich meines üblen Geschicks wegen zu verfluchen, denn ich besaß nichts, nicht einmal meine Zahnbürste, geschweige denn zehn Rupien. Mit jedem weiteren Schritt nach vorn wuchs auch meine Angst und ein Gefühl der Ohnmacht.
Jetzt war nur noch ein Gefangener vor mir, und da erst konnte ich erkennen, wie kleinlich genau der kontrollierende Kapo seine Kunden durchsuchte. Die flinken Hände strichen über jede Erhebung, an jedem Fädchen der Kleidung herab und nahmen selbst die privatesten Körperteile nicht aus.
Meine Hoffnung schwand, wie auch das Blut aus meinem Antlitz. Mir wurde heiß und kalt zugleich. Plötzlich rief der Aufseher in Urdu.
»*Dumare woakt lao!*«
Er meinte mich, und da ich des Urdu damals kaum mächtig war, übersetzte mir der Handlanger des häßlichen Bullen und rief in unverschämtem Ton:
»Gib Deine Uhr her.«
»Meine Uhr? Warum?«
»Gib Deine Uhr her!«
Ich war verwirrt und wurde sogar ein wenig wütend. Warum sollte ich dem habgierigen Bullen meine neue Armbanduhr aushändigen, wo er mich sowieso gleich furchtbar fertig machen würde – oder sollte dies meine Rettung sein? Hastig nahm ich meine Uhr vom Arm und gab sie dem ungeduldig wartenden Aufseher, der jetzt in der einen Hand ein

dickes Geldbündel hielt und in der anderen meine Uhr.
›Irgendwie hat er deine Nervosität bemerkt‹, fuhr es mir durch den Kopf. Dann hörte ich, wie er dem Kapo etwas befahl, worauf dieser anmaßend grinsende Bursche einen gehässigen Blick nach mir warf und an mir Maß nahm. Daraufhin begann er mich zu durchsuchen.
O Gott, wie ich diese Durchsuchungen hasse! Die Knie zitterten mir, ich schickte ein Stoßgebet zum Himmel, ›Bitte Herr, laß diesen Kelch an mir vorübergehen‹. Dabei fiel mir sofort ein, daß *Er* diesem Flehen gegenüber schon einmal hart geblieben war – warum sollte Er sich von mir Sünder erweichen lassen? Und in der Tat, gleich würde mir die gallige Neige des Kelches krampfhaft den Mund verziehen.
»Mach die Hose auf!«
Der Kapo meinte mich! Also begann ich mit nervösen Fingern, etwas ungeschickt an den Knöpfen und dem Gürtel meiner Hose zu nesteln. Die Hände des *Mukadams* fuhren hierhin und dorthin, dabei sah er mich spöttisch grinsend an und beobachtete interessiert meine angespannten Züge. Ohne weiteren Umstand hakte er geschwind seinen langen, schlanken Zeigefinger hinter das Gummiband meiner Unterhose und zog...
Ja, ich bekam einen sehr bitteren Geschmack auf der Zunge. Wenn es auch nicht der Saft des Schierlings war – solcher ist größeren Männern als mir vorbehalten – so sollte mir doch die Frage erlaubt sein, mit welcher Sünde hatte ich ein so herbes Schicksal verschuldet? Denn ich versichere bei allem, was mir heilig ist, daß ich stets zu den Lauen, den Mittelmäßigen, den Unentschiedenen gehört habe. Ohne großes Zutun hatte ich mich durchs Leben geschlagen und stets den Weg des geringsten Widerstandes eingeschlagen, um den Dornen der abwegigen Pfade auszuweichen – doch scheine ich gerade dadurch ins dickste Gestrüpp geraten zu sein!
Ich verzichte darauf, die freudige Erregung zu beschreiben, die den Kapo ergriff, als er die Kugel Haschisch aus meiner Unterhose fischte und sie triumphierend dem *Head Warden* übergab. Wie die ausgehungerten Gassenköter, denen man ein Stück Blutwurst vor die Nasen gehalten hat, so stürzten sie sich auf mich.
Der Verlust der Kugel Cannabis hätte mir weiter nicht die gute Laune verdorben, doch was mich am ganzen Körper zittern machte und mein

Herz in rasende Panik versetzte, war die Vorstellung, die Burschen könnten auch meine zwei oder drei *Tolas** Drachenfutter finden. Eine *Tola* entspricht etwa zehn Gramm und zusammen hätte mir dies, nach so vielen opiumseligen Jahren, noch fünfzehn bis zwanzig Tage als ‚Nahrung' gedient.

Da stand ich nun, umringt und angekläfft von geifernden Hunden, die es auf mein Herzblut abgesehen hatten. Ich mußte befürchten, einen grauenvollen Entzug, eine Art von Todeskampf erleiden zu müssen, falls die Kapos bei ihrer Suche auf mein schwarzes Gold stoßen würden. Und all diese Schmach nur deshalb, weil ich nicht einmal zehn Rupien bei mir hatte! Denn hätte ich diesen lächerlichen Betrag von etwa drei Groschen zur Bestechung des *Head Warden* noch besessen, so wäre mir ganz gewiß eine Durchsuchung erspart geblieben.

Gleich dreimal hintereinander wurde mein Leib visitiert und beim dritten Mal befahl der Oberaufseher seinem schleimigen Adjutanten, mir in den After zu gucken, ob ich nicht dort ein Kassiber ...

Ich protestierte mit keinem Wort. Die Burschen mußten zu Recht annehmen, ›dieser Kerl hat noch irgendwo etwas versteckt‹, so blieben sie dennoch erfolglos und fanden nichts weiter. Mein Lebenselixier, die beiden Kugeln Opium waren wie durch eine Fügung des Himmels ihrer peinlichen Suche entgangen.

Doch auch ohne dies brachte mir das entdeckte Cannabis genug Unannehmlichkeiten ein. Noch am selben Tag wurde ich in Eisen gelegt. Eine Spezialität der Gefängnisse dieses Landes: um jedes Fußgelenk legte man mir einen fingerdicken Eisenring, an denen befestigt zwei Eisenstäbe hingen, die bis zu den Knien reichten und dort verbunden von einem kleineren Ring, der von mir festgehalten werden mußte, damit ich laufen konnte.

Als die Splinte eingeschlagen und die ehernen Beinringe verschlossen wurden, fühlte ich eine große Bitterkeit in mir und war den Tränen nahe. Mit fünf Kilogramm Eisen beschwert wurde ich noch am selben Abend in das *Kasuri* oder den *Bannward,* also den Karzer des Gefängnisses eingesperrt.

Im Kasuri herrschte das Leben und die Ordnung eines Friedhofs. Die Gefangenen, es mochten ständig etwa achtzig dort einsitzen, trugen bis auf wenige Ausnahmen sämtliche diese Eisen um die Beine. Sie waren ganztags in Löchern eingesperrt, von schweren Gittertüren und je zwei faustgroßen Vorhängeschlössern gesichert. Es gab weder Umschluß noch Freistunde, der Besitz von Geld stand unter Strafe, der von Drogen unter Lebensgefahr. Das Kasuri dürfte tatsächlich der einzige Ort im KCP gewesen sein, der so gut wie drogenfrei war, weil erbarmungslos eingelocht, mit Prügeln bestraft, weggeschlossen wurde – wirklich entscheidend aber war, daß die ‚Essensträger' täglich ausgewechselt wurden, was jeden Handel unterband.

Mittags und abends brachten die Essensträger in Kübeln die Mahlzeiten heran. Die kärgliche Speise mußte ihren Weg durch die Eisenstäbe der Gitter finden, *Dal* und *Rotis*, wässerige, ungewürzte Linsensuppe und Fladenbrot. Der Speiseplan erfuhr niemals eine Änderung, sommers wie winters, sonn- oder werktags, mittags wie abends nicht.

Diese beiden Mahlzeiten stellten, so bescheiden sie waren, die ungeduldig erwarteten Höhepunkte im Tagesablauf dar. Es waren weder Bücher noch Tageszeitungen erlaubt. Niemand konnte seine Zelle verlassen, es sei denn zu Gerichtsterminen oder Anwaltsbesuchen.

Deshalb waren die Tage, an denen mein Anwalt mich besuchen kam, Augenblicke schieren Glücks, denn ich durfte für eine Weile außerhalb des kalten, unwirtlichen Lochs im Sonnenschein spazierengehen, und ich konnte, was ebenso wichtig war, ein paar Worte mit einem Menschen wechseln, der Englisch sprach. Im Kasuri gab es niemand, der in Englisch oder einer anderen, mir geläufigen Sprache parlieren konnte. Die Wärter und Einsitzenden sprachen flüssig Punjabi oder Puschtu, manchmal auch Sindhi, ja selbst Urdu, die offizielle Landessprache Pakistans, aber Englisch – *no*.

Das eherne Korsett des Kasuri aus Beineisen, Gitterstäben und eisenbewehrtem Beton hatte die Menschen aller Initiative beraubt. Nur die persönliche Kleidung wurde notdürftig sauber gehalten, doch keiner wäre auf den Gedanken gekommen, die Zellen oder Toiletten zu reinigen.

Am ersten Abend im Kasuri saß ich mit drei einheimischen Sträflingen zusammen, die wesentlich jünger waren als ich und doch schon über ellenlange Strafregister verfügten.
Ein großer, schlanker Junge, der Bahat Schah hieß, mochte erst zwanzig Jahre alt sein, und wenn ich seiner Prahlerei Glauben schenken darf, dann hatte er bereits eine Reihe von Raubüberfällen begangen und nannte sich stolz einen *Dacoit*, was ich in meinem Diktionär mit *(ost)indischer Bandit* übersetzt finde. Sein Freund Salim war achtundzwanzig Jahre alt, lachte viel und hatte fünf oder sechs Menschen auf dem Gewissen, wofür er am Galgen hätte enden müssen, wenn er nicht so jung gewesen und zu einer Gesamtstrafe von 105 Jahren ‚begnadigt' worden wäre. Abends pflegte er mit weicher, trauriger Stimme die Lieder seiner Heimat vorzutragen und manchmal sang er ausgelassen die Weisen der Derwische, mit dem Erfolg, daß aus allen Nachbarlöchern des Kasuri das *Mast-Qalander* widerhallte, bis der ganze Zellenblock vibrierte: *Mast-Qalander...*
Der dritte in ihrem Bunde war der nervöse Khalid, ein kleiner, zappeliger Dicker, der schon mit vierzehn Jahren wegen Totschlags ins Gefängnis gekommen war und bis zu jenem Tag bereits elf seiner fünfzehn Jahre abgesessen hatte. Alle drei galten als äußerst gefährlich und waren darum für unbestimmte Zeit im Kasuri eingesperrt.
Als ich mit meinen ungewohnten Beineisen zu ihnen gehumpelt kam, nahmen sie mich ohne Zögern wie einen Bruder in ihre Mitte auf und jeder war bemüht, mir etwas Gutes zu erweisen. Die unverstellte Gastfreundschaft dieser Gewalttäter hatte etwas Rührendes und nahm mich, trotz ihrer charakterlichen Unzulänglichkeiten, sogleich für sie ein.
Bahat Schah lieh mir eine warme Decke für die Nacht, sowie eine Unterlage für den harten Steinboden, denn Betten und Mobiliar waren in der ganzen Anstalt nicht zu finden und die Nächte, Anfang November, begannen schon empfindlich kühl zu werden. Khalid wusch mein schmutziges Hemd und Salim, der Sänger, reichte mir süßen Tee, den er auf abenteuerliche Weise zubereitet hatte, denn schließlich war im Kasuri auch das Teekochen streng verboten. Plastiktüten dienten als Brennmaterial, eine aufgeschnittene Blechdose stellte das Öfchen und ein verbeulter Alu-Topf mußte als Kochgefäß und Kanne herhalten.
Der beißende Gestank und die schwarzen Rußwolken, welche von dem

brennenden Plastik aufstiegen, waren kaum zu ertragen und Salim, der das Feuer unterhielt, um Tee kochen zu können, litt bereits an beiden Armen unter einem juckenden Hautausschlag.
Ich versuchte ihm klarzumachen, daß sein Ausschlag von dem verbrannten Plastik herrühren müsse. Da sah mich dieser große, gefährliche Junge, der mindestens fünf Menschen ermordet hatte, teilnahmsvoll an, weil er mich für nicht ganz zurechnungsfähig hielt. Wie konnte ich bloß glauben, zwischen dem rußenden Feuer und seinem quälenden Hautleiden müsse ein Zusammenhang bestehen?! Letztlich war ihm der Genuß des süßen Tees und vor allem das Ansehen, das er durch dessen Zubereitung bei den anderen genoss, viel wichtiger, als die mögliche Gefährdung seiner Gesundheit und seines Lebens, das ihm ohnehin jämmerlich vorkam und nur wenig galt.
So verging diese erste Nacht mit meinen Brüdern im Leid recht kurzweilig, trotz der Beineisen, des harten Lagers und der rauhen Spießgesellen.
Am Morgen darauf holte mich ein *Munchi* ab, um mich dem Superintendenten der Anstalt vorzuführen. Es wurde nicht ganz deutlich, was mich erwartete, ob *Pechi* (Prügelstrafe), wegen des *Charras* oder *Mulaisa*, dem üblichen Eintrag ins Gefängnisregister am Tag nach dem Zugang und der sich anschließenden Ansprache des Superintendenten.
Die Hände wurden mir auf dem Rücken gefesselt, so daß die Stangen der *Biris* (Fußeisen) am Gürtel festgebunden werden mußten. Schwerfällig hinkend lief ich voran. Nicht lange und das scheuernde Eisen an den Fußknöcheln ließ das Blut in meinen Schuh tropfen. Ich bedauerte mich von ganzem Herzen.
Am Ende des Weges stieß ich auf eine Gruppe von etwa zwanzig Gefangenen, die sich ebenfalls einer Regelverletzung schuldig gemacht und deshalb dem Anstaltsleiter zur Verurteilung vorgeführt werden sollten. Bis zu diesem Augenblick hatte ich keine Ahnung, was mir bevorstand und ich lauschte deshalb begierig auf die Reden der wenigen, die Englisch sprachen und von Schlägen und monatelangen Einkerkerungen im Kasuri zu berichten wußten.
Wir mußten lange ausharren, bis der greise Lenker der Anstalt eintraf. Wir erkannten seine Ankunft daran, daß alle Kapos und Wärter, die sich bis dahin schläfrig und wohlig entspannt in der Sonne gerekelt hat-

ten, plötzlich aufsprangen und wie Hunde, um die Schafsherde kreisend, kläfften und nach uns schnappten.
Vor einem vergitterten Fenster mußten wir uns aufstellen, einer hinter dem anderen, die Arme auf dem Rücken, das Haupt gesenkt und den Blick fest auf den Boden geheftet, damit wir dem ‚Richter' nicht frech ins Auge blicken konnten. Ohnehin saß der alte Herr unsichtbar für jeden in einem dunklen Raum hinter dem Gitter eines geöffneten Fensters und sprach kurz und bündig seine Urteile.
Wie die Kälber vor der Schlachtbank standen wir aufgereiht und hielten unsere Köpfe demütig gesenkt. Die Kapos und der eine *Hawaldar* blähten sich vor Wichtigkeit auf und wiesen die Gefangenen brutal zurecht. Der erste in der Schlange wurde von zwei Kapos flankiert, die ihn an seinen Oberarmen packten, während zwei andere dieser Verräter an ihren Brüdern breitbeinig hinter dem Delinquenten in Stellung gingen. Eine gebrochene Altmännerstimme ertönte kaum vernehmlich aus dem dunklen, vergitterten Fenster und eröffnete die Serie der Schnellverfahren.

»Name?«

»Ismail Khan.«

»Vatersname?«

»Muhammad Khan.«

»Delikt?«

»Schwerer Raub.«

Und so weiter bis die Tat zur Sprache kam, die itzo ihre Strafe finden sollte. Dann erfolgte, nach äußerst kurzer Beratung des Richters mit sich selbst, der Urteilsspruch. Meistens nannte der greise Superintendent nur die Zahl der Nackenschläge, die gleich an Ort und Stelle verabreicht wurden. Die Kapos seitlich des Delinquenten packten ihr Opfer fester an den Armen und die beiden hinter ihm stehenden schlugen mit der flachen Hand abwechselnd auf seine Nackenpartie, manchmal noch von dem uniformierten Aufseher unterstützt, so daß ein Hagel äußerst schmerzhafter Schläge auf den Verurteilten niedergingen. Davon sackten sie in die Knie und mußten von den beiden Kapos an ihrer Seite gewaltsam aufrecht gehalten werden, damit die volle Anzahl an Schlägen ausgeteilt werden konnte. Bei jedem Hieb zuckten die Bestraften wie von einem Stromschlag heftig zusammen, sie krümmten

sich und schrien. Manch einer von den Verurteilten heulte und winselte schon vor dem ersten Hieb, ein anderer suchte sich fallen zu lassen, auf jede nur erdenkliche Weise sich herauszuwinden, doch es half ihnen allen nichts, keiner konnte seiner Strafe entgehen. Bis auf einen hochbetagten Häftling, der wegen seines weißen Haarschopfs ungeschoren blieb, erhielten die meisten etwa 15 oder 20 Schläge von jedem der beiden Kapos.
Immer wieder hörte ich die Worte *powder* und *charras*, Heroin und Haschisch. Einmal wurde die Stimme hinter dem Fenster sogar laut, der Chef war's leid, dieser Drogenplage nicht Herr werden zu können! Und vielleicht sah er den Heiligenschein leuchten über seiner Glatze, und er glaubte die Himmelsschrift entziffern zu können: ›Retter der Menschheit‹.
Ausnahmslos alle Verurteilten wurden weinend aus den Händen ihrer Schinder entlassen, mit leuchtend roten Nackenpartien, als hätten sie zu lange in der Sonne gesessen. Je näher ich dem Kopf der Schlange rückte, desto heftiger tobte ein Sturm widerstreitender Gefühle in meiner Brust. Dieses ganze Prozedere einer Bestrafung kam mir vor wie die törichte Laune eines üblen Tyrannen: schwerste Bestrafung für etwas, das keiner von uns zu verantworten hatte: die Beschaffenheit des Menschen, daß er zu Rauschgiften greift. Wie konnte man mich oder einen anderen dafür bestrafen, daß sich der Mensch auch Schaden zufügen kann und den ‚Rausch' als ein leibliches Bedürfnis, wie Essen und Trinken empfindet? Ich bin noch nie gezwungen worden von einem Dealer, Drogen zu nehmen, außer von mir selbst. Die Prohibition ist der Versuch, das Kranksein zu verbieten und ebenso aussichtslos, wie das Leben von der Peinlichkeit des Todes zu befreien.
Etwas unerwartet stehe ich plötzlich am Kopf der Schlange. Die beiden Kapos ergreifen meine Oberarme und ein anderer hinter mir drückt meinen Kopf noch einmal nachdrücklich herab. Jetzt erst sehe ich, daß ich in einer Pfütze stehe, der Boden an dieser Stelle ist sehr naß und keineswegs bloß von Tränen.

»*Sir, ek foreigner*.« Der Aufseher verrät in Gegenwart seines Chefs Unsicherheit in der Stimme.

»Sprechen Sie Englisch?« fragt die Stimme hinter dem Fenster.

»Ja Sir.«

»Warum hat man Sie hierhergebracht?«

»Sir, ich wurde vor zwei Tagen am Flughafen mit... Kilo *Charras* [Haschisch] festgenommen.«

»Und woher hatten Sie das *Charras*, das hier in der Anstalt bei Ihnen gefunden wurde?«

»Sir, die Polizisten am Flughafen müssen dieses Stück übersehen haben, es steckte noch in meiner Hose.«

»Wußten Sie nicht, daß dies ein schwerer Verstoß gegen unser Recht ist?! Tun Sie das nie wieder, sonst wird man Sie mißhandeln.«

Er sagte: ›*you will be mistreated*‹, ich habe mit eigenen Augen gesehen, was damit gemeint war. Ich durfte gehen.

Widerwillig ließen mich die Kapos ziehen. Zu gerne hätten sie diesem *Bardesi*, diesem Ausländer, der wie ein auf den Hund gekommener Gentleman herumlief, eine tüchtige Abreibung verpaßt.

Nachdem ich den Schlägen so knapp entronnen war, wurde ich wieder in eine Zelle des Kasuri eingesperrt. Es verging kaum eine Stunde des Tages, an der ich mich nicht fragte, wie lange ich in dieser Hölle noch würde zubringen müssen? Ich bat meinen Anwalt bei jedem seiner Besuche flehentlich, er möge alles tun, mich aus diesem Loch zu befreien und in den normalen Vollzug eingliedern zu lassen.

Doch der Oberaufseher des *Bannward* oder Kasuri war ein Aufrechter unter zweihundert Korrupten. Immerhin gelang es meinem Anwalt, ihn zu erweichen, mir die Beinfesseln wieder abnehmen zu lassen.

Noch schlimmer als die Einkerkerung selbst war der Gedanke an den nicht mehr fernen Tag, da mein Vorrat an Opium aufgebraucht sein würde. Bisher waren alle Versuche, im Kasuri etwas zu besorgen, fehlgeschlagen.

Als ich bis auf etwa zehn Gramm alles aufgebraucht hatte, wurde ich eines frühen Morgens zu einem Gerichtstermin gerufen. Ich konnte mir nicht vorstellen, was damit gemeint war. Mein erster Gedanke, noch ehe der Schließer das Eisengitter entriegelt hatte, galt dem Opium in meiner Tasche! Was sollte ich bloß damit anfangen? Ich fürchtete die Durchsuchung bei meiner Rückkunft ebenso, wie den Diebstahl meiner Mitgefangenen, sollte ich das Stück in der Zelle zurücklassen. Die noble Runde meiner Zellengenossen bestand aus Dieben, Räubern und

Mördern und diesen ›edlen‹ Tätigkeiten gingen sie auch untereinander nach. Am Schluß gewann die falsche Eingebung, diktiert von meiner großen Angst und ich ließ den in Plastik verpackten Schatz in eine Nische der Wand zurück. Ich folgte dem Schließer nach draußen und kaum hatte ich die Zelle verlassen, da wurde mir klar, wie töricht und überflüssig meine Handlung gewesen. Die verbliebene Menge war so klein, daß ich sie leicht zwischen den Fingern hätte versteckt halten können. Schon nach wenigen Schritten reute mich zutiefst, das Opium nicht bei mir behalten zu haben. Dieser Gedanke quälte mich den furchtbaren Tag lang bei Gericht. Meine eigene Ungeduld folterte mich durch jede einzelne Minute der Wartezeit bis zum späten Nachmittag. Die meisten Gefangenen waren längst wieder ins Zentralgefängnis zurück gebracht worden, nur ich und zwei andere saßen noch im Gerichts-Verlies und harrten der Ankunft des Lastwagens.
Wie hatte ich nur so töricht sein können? Sicher würden sie im Kasuri schon alle unter Nachtverschluß sitzen. Die peinlichste aller selbstverschuldeten Qual ist die aus Dummheit geborene.
Als ich schließlich in der Anstalt eintraf, ging die Sonne gerade unter und die Dunkelheit brach schnell herein. Überall saßen die Gefangenen schon in ihren Hafträumen unter Nachtverschluß. Ich eilte in schwacher Hoffnung durch sämtliche Kontrollen zu jener Zelle, in der ich am Morgen mein letztes Stück Opium zurückgelassen hatte.
Sooft ich einen der Häftlinge darin auch bat nachzusehen, ob sich nicht ein schwarzes Plastiktütchen dort in jener Nische der Wand befände, ich wußte, daß es vergeblich sein würde, Diebe sind Diebe auch untereinander. Mit Gewalt zog man mich fort.
Ich wurde eingelocht, verzweifelt und niedergeschlagen in Erwartung des drohenden Entzuges, während der vor mir liegenden Stunden und Tage. Als ich meinen neuen Zellengenossen gegenübertrat, muß ich gewiß wie ein Sterbenskranker ausgesehen haben. Doch siehe, es waren dieselben Brüder wie in der Nacht zuvor! Welch ein Zufall, dachte ich, mit denselben Leuten zwei Nächte hintereinander zu verbringen, sonderbar, höchst sonderbar! Tatsächlich ist dies während meines gesamten Aufenthaltes im Kasuri kein zweites Mal mehr vorgekommen. Gewöhnlich muß ein Gefangener an jedem Nachmittag den Haftraum wechseln, und ihn mit zwei oder drei anderen die Nacht über teilen –

doch nicht so an diesem Tag! Hoffnung, ein neuer, schwacher Schimmer wirft sein gnädiges Licht auf mich. Von diesen drei Burschen muß einer das Opium gefunden und an sich genommen haben. Tatsächlich ist es nicht schwer zu erraten, wer dafür in Betracht kommt. Es ist der übelste von ihnen, ein Rauhbein und Großmaul ohne jede Bildung, ignorant und gewalttätig. Er besitzt den unbequemsten Charakter der sich denken läßt für einen, der mit ihm so hautnah wie im Kasuri üblich zusammenleben muß.
In meiner Verzweiflung gestehe ich meinen drei Zellengenossen, ein Opiumsüchtiger zu sein und täglich wenigstens ein Gramm nötig zu haben, um nicht von üblen Entzugsschmerzen gepeinigt zu werden. Schließlich bitte ich sie, mir meine Medizin wieder auszuhändigen. Ich verspreche dem Finder eine großzügige Entlohnung... In wenigen Tagen schon werde mein Anwalt kommen... Ihre Augen runden sich vor Erstaunen. Nein, von ihnen hätte keiner das Stück gefunden, gewiß nicht. Sie hätten ja keine Ahnung gehabt, daß... Warum ich heute morgen nicht einem von ihnen das Stück zur Verwahrung gegeben hätte... und so weiter. Jene beiden Unverdächtigen wirken ganz glaubwürdig in ihrem Potztausend-Getue. Sie hätten das nie von mir gedacht, ich solle doch froh sein, endlich loszukommen von dem Zeug und so weiter.
Ich sage, jaha, freilich, froh loszukommen, und wie, aber... nicht so plötzlich, denn nun hätte ich große Schmerzen zu erwarten. Wenn ich aber das kleine Stück noch besäße, so könnte ich schrittweise absetzen und müßte nicht diese höllischen Qualen erleiden
Der Dieb verzieht keine Miene und läßt sich nicht erweichen und tut so, als hätte er keine Ahnung und wäre so schuldlos wie der Christusknabe im Schoß der Gottesmutter. Ich glaube ihm allerdings kein Wort, auch wenn ich allmählich die Hoffnung verliere, ihn zur Herausgabe meiner Medizin bewegen zu können. Ich ziehe mich in eine Ecke zurück, ohne noch länger an den Gesprächen und Neckereien der anderen teilzunehmen und werde sehr still. Ab und zu spüre ich, wie sie mich mit ihren Blicken mustern.
Das Essen wird gebracht, und meine drei Zellengenossen stürzen sich wie üblich mit Heißhunger auf die schale Linsenbrühe und das trockene Brot. Sie fordern mich auf, ebenfalls zu essen. Doch ich verzichte auf meinen Anteil, denn mein Appetit ist auf andere Speise gerichtet. Erst

in diesem Augenblick, als ich das Essen verschmähe, erst da wird ihnen klar, wie ernst die Sache für mich steht. In ihrem Land, zumal im Gefängnis, ist die Nahrung knapp und niemand verzichtet auf seinen Anteil, es sei denn jemand ist ernsthaft erkrankt.
Ich beginne zu frieren und in meinem Magen rumort es. Ich muß die Latrine aufsuchen. Kaum hocke ich auf den Steinen, unter mir das klaffende Loch, als über und neben mir plötzlich eine Hand zum Vorschein kommt und mir ein schwarzes Kügelchen hinstreckt. Ich blicke auf, und noch ehe ich recht begreife spüre ich, wie mein Herz einen Sprung vollführt.
Gott, war ich erleichtert! Denn es heißt zurecht, das Wesen aller Sinnenbefriedigung ist Erleichterung. Ich werfe das Kügelchen in den Mund und lasse das bittre ›Zeuch‹ wie Honig auf der Zunge zergehen, ja, in diesem Augenblick ist es für mich wohlschmeckender als die feinste Speise.
*Thomas De Quincey**, der berühmte englische Opiumesser hat es vor bald zweihundert Jahren sehr treffend in die Worte gefaßt: »Keine Speise der Welt vermag diese feierlichen Akkorde in meinem Herzen anzuschlagen wie der Saft des Mohns«.

Epilog

Mein endlich vergangener Aufenthalt im Karachi Central Prison war ein Stück des großen Programms der Vorsehung, das schon vor undenklichen Zeiten vom Großen Intendanten persönlich auf den Spielplan gesetzt worden sein dürfte. Diese Aufführung fand nur als ein Zwischenspiel statt, als eine Art Solonummer zwischen den großen klassischen Partien. Der Programmzettel über jenen Teil hätte vielleicht so aussehen können:

SCHWERE WIRTSCHAFTSKRISE IN RUSSLAND
INSOLVENZ DER STAATSBANK – GENERALSTREIK

Victor Mala aus der Haft entlassen

NATO STELLT LUFTANGRIFFE EIN
MILOSEVIC STIMMT FRIEDENSPLAN DER UNO ZU

Was nun eigentlich den Ausschlag gab, daß der Große Regisseur mir die schäbige Partie eines Drogenschmugglers zugedacht hat, während andere für herausragende Rollen in klassischen Dramen, oder für kurze, leichte Partien in Komödien, lustigen Sketchen ausgewählt wurden – obwohl ich wahrhaftig nicht weiß, warum gerade ich diese elende Rolle spielen durfte, so habe ich mir doch einmal sämtliche Umstände wieder ins Gedächtnis gerufen, um mir Aufklärung zu verschaffen über die Motive, die sich mir unter vielfältigen Kostümen verkleidet arglistig aufgedrängt und mich veranlaßt haben, dieser wurstigen Rolle meine Aufmerksamkeit zu schenken, ja, zu allem Elend noch in der Illusion mich wog, ich selber hätte die Wahl getroffen. Vor allen anderen Motiven stand der überwältigende Gedanke an die Drogen selbst. So geheimnisvolle, und höchst gefährliche Stoffe erregten meine ganze Neugier. Die mysteriösen fremden Welten, durch die schon die winzigste Menge einer Substanz meine lichtgleiche Geistesmasse jagen würde, die unaussprechliche, namenlose Gefährlichkeit der Reise, all dies verbunden mit den Wundern eines künstlichen Nirwanas hatte mich bewogen, meinem überwältigenden Verlangen nachzugeben oder besser gesagt, mein *Vetorecht** nicht geltend zu machen. Tausend andere hätten vor dergleichen Aussichten gewiß Reißaus genommen, aber mich quält eine tiefsitzende Begierde nach allem Entlegenen. Ich liebe es, gleichsam auf verbotenen Wegen mein Glück zu suchen und durch unerforschte Landstriche, Wüsten und Wälder mich zu schlagen. Dem Wahren, Schönen, Guten stets verpflichtet, bin ich nie sehr weit entfernt, wo sich ein Bild des Grauens zeigt.

Und damit fällt der letzte Vorhang. Dem mutigen Leser, der mir bis hierhin gefolgt ist, danke ich herzlich und wünsche ihm Lebewohl. Möge er seine Lehren ziehen aus dem, was mir widerfahren ist, damit ihm ein ähnliches Schicksal erspart bleibe.

Anhang

Das Herz dem Drachen zugeneigt
Nachwort von Wolfgang Bauer

In einer Ausgabe der in Frankfurt am Main erscheinenden Zeitschrift JUBAZ fand ich einen bemerkenswerten Text, einen Vorabdruck aus einem bis dato unveröffentlichten Manuskript von Victor Mala, in dem in äußerst anschaulicher Weise ein Besuch in einer finsteren Opiumhöhle in Bombay geschildert wird.
Der Autor führt uns »durch die Falten eines schmutzigen Vorhangs« mitten hinein in die Welt der künstlichen Paradiese. Mit ihm liegen wir auf einer Matte aus geflochtenem Stroh, rücken das Kopfkissen erwartungsfroh zurecht und lassen uns vom Boy das Rohr geben. In einer Pfennig großen Vertiefung im Tonkopf der Pfeife wartet der im Hitzestrom einer Öllampe gehärtete Drache (ein schwarzes Klümpchen Opium) darauf, langsam verdampft zu werden. »Wie die Köpfe und Schwänze eines Drachen quellen die Dämpfe unter dem Klümpchen hervor, wirbeln im Sog um das Loch herum und stürzen kopfüber in die finstere Welt deiner Blutgefäße, winden sich auf und hinab die Wirbelsäulenranke, springen zur rechten Cortexflanke, hoppla, überfluten die Synapsen, Stern- und Pyramidenzellen mit des Glückes Wärmewellen«, so beschreibt in poetischen Bildern Victor Mala den alchimistischen Vorgang des Opiumrauchens.
Das Opium sei ein Zauberer, der alles umgestaltet und zu verwandeln vermag, hatte schon der französische Schriftsteller Claude Farrere 1920 in den ›Opiumnovellen‹ über seine Erlebnisse in den berüchtigten Rauchstuben der Fouchow-Road Shanghais befunden: Das Opium wiegte ihn in alten, wunderbaren Träumen, und er fühlte sich – trotz des draußen auf der Straße tosenden Lärms – auf seiner Liegestatt bald von der erhabenen Ruhe uralter Wälder umgeben.

Über den Fotografen Uli Kollenberg, von dem ein Teil der eindrücklichen Bilder dieses Buches stammen, bekam ich das vollständige Manuskript. Als ich abends mit dem Lesen anfing, wurde ich von dem Text derart mitgenommen, daß ich bis zur Morgendämmerung weiterlas. Mala beschreibt aus eigenem Erleben sowohl die Wirkungen des Opiumgenusses (»ein Gefühl des Wohlseins, freundlich sanft, nicht überschwänglich, sondern von beseeligender Wärme«) wie auch die begierdevolle Erwartung, die sich von Mal zu Mal mehr steigert, bis ihm schließlich Opium als das Kostbarste im Leben gilt. Längst hat der Drache Opium ihn verspeist, obwohl er anfänglich glaubte, alles im Griff zu haben (»jeden Tag doch nur ein Kügelchen«). Mala beschreibt auch die Martern des Entzuges von Opiaten, wie zum Beispiel die vom Heroin, (»ich war nur noch ein zitterndes, welkes Laub«) das er, wie er sich im Nachhinein entsetzt eingestehen muß, anders als das kummerlindernde Opium, ohne Not, aus purer Neugier zu sich genommen hatte, was ihm anfänglich das Gefühl gab, alle Tage sei Sonntag, bis der Konsum zur täglichen Notwendigkeit geworden war. »Mich quält«, so sieht Mala seine Motive, »eine tiefsitzende Begierde nach allem Entlegenen. Ich liebe es, auf verbotenen Wegen mein Glück zu suchen und durch unerforschte Landstriche, Wüsten und Wälder mich zu schlagen. Dem Wahren, Schönen, Guten wohl verpflichtet, bin ich nie sehr weit entfernt, wo sich ein Bild des Grauens zeigt.«

Der Autor bezeugt in allem, was er schreibt, der uralten Zauberdroge Opium stets seinen Respekt. Eine Haltung, die selten ist in einer Zeit, wo es genügt, das Wort Opium laut auszusprechen, um eine Flut negativster Assoziationen hervorzurufen. Er versucht nicht, wie man es in vielen Berichten larmoyanter User lesen kann, der Droge die Schuld an der Achter- und Geisterbahnfahrt zu geben, in die er sich freiwillig und mit Lust begeben hat.

Mala wird auch zum getreuen Chronisten einer fremden, seit den Ereignissen des 11. September 2001 plötzlich brandaktuellen Welt, wenn er seinen Aufenthalt in der orientalischen Hölle des KCP, des Karachi Central Prison schildert (»ein dampfender Kessel voller Teufel«). Zwei Jahre verbringt er in dem Mikrokosmos einer winzigen Zelle zusammen mit Mördern, Totschlägern und Räubern. Es ist ein Ort des Grauens, an dem er die vielfältige Bedrohung durch die Mitinsassen als genauso unerträglich empfindet wie die Erpressung der durch und durch korrupten Wärter des Gefängnisses. Hier muß ein Angeklagter paradoxerweise alles tun, um die willkürlichen Urteile der irrational agierenden Richter mit allen Mitteln so lange wie möglich hinauszuschieben. Malas einziger »Freund« in dieser Zeit ist ein kleiner Vorrat an Opium, der bei

seiner Durchsuchung nicht entdeckt wurde, und der ihm die Nerven stärkt und ihm in gefährlichen Situationen eine »opiathaltige Selbstgewissheit« verleiht.
Für viele der muslimischen Insassen ist er nur ein »hundsföttischer Christ, der totgeschlagen gehört«. Man merkt deshalb auf, wenn Mala ein Gespräch wiedergibt, das er mit einem zum Mullah konvertierten Mudschahidin führte, der als ›heiliger Krieger‹ in Afghanistan und Bosnien ›gottgefällig‹ gekämpft hatte. Er wolle, so der zornige, junge Mensch, die ganze heidnische (also christliche) Welt ausrotten. Der Autor antwortet ihm (im Jahr 1999 geradezu prophetisch!), daß die Amerikaner jeder Muslim-Organisation auf der Welt hart zu Leibe rükken würden, wenn diese jemals eine wirklich ernste Bedrohung darstellen sollten.
Dem Leser bietet sich ein faszinierendes Kaleidoskop aus Beobachtungen, Reflektionen, Reisebildern und geradezu sokratischen Gesprächen mit den Muslimbrüdern Pakistans, das Victor Mala auf Hunderten von Zetteln für dieses Buch zusammengestellt hat. Eingeflochten sind Geschichten von tückischen Räuberhauptmännern, listigen Schmugglern, wiedergehenden Toten, Mördern aus Ehre, edlen Hippies – und auch von Cannabissorten der allerersten Güte, zum Beispiel dem aus Quetta stammendem *Schamaman*!

Für dieses Manuskript konnte es nur einen Verlag geben, den Nachtschattenverlag in Solothurn, der mit dem Wiederabdruck des Klassikers von Fitz Hugh Ludlow's »Der Haschisch Esser« sich bestens als Verlag für anspruchsvolle Werke der »berauschten Literatur« empfohlen hat. (Ludlow hatte auch die Zauberreiche des Opiums erforscht und war dabei seinerseits von den »scheußlichsten Schrecken« verfolgt worden.)
Es gelang mir, den Autor mit dem Verlegerteam im berühmten Frankfurter Literaturcafé »Ypsilon« glücklich zusammenzuführen. Auf dem Weg dorthin sah ich im Vorgarten der Filiale der Dresdner Bank am Merianplatz (zwischen dem Rindenmulch von selbst hervorgekommen) eine kleine Gruppe von Schlafmohnpflanzen kurz vor der Blüte stehen. Ich nahm es als gutes Omen für unser Treffen. Victor Mala zeigte sich als fröhlicher, gesund und munter wirkender, gebräunter, schlanker,

jugendlicher Mann, der, nachdem die Einzelheiten des Projektes besprochen waren, bis in die Nacht mit uns lebhaft disputierte und philosophierte. Vor uns saß also kein hohlwangiges, bleiches Wrack in abgerissenen Kleidern, das abgefahrenen Blödsinn brabbelte und uns mit Leidensgeschichten überschüttete, nein: Mala erwies sich als würdiger Nachfahre all der Opium essenden literarischen *Gentlemen* wie Friedrich Glauser, Michail Bulgakow, Thomas de Quincey, Robert L. Stevenson, Percy B. Shelley, Herman Melville und Marc Aurel. Anders aber als Melville, der in einer Zeit lebte, wo er Schlafmohn noch ganz selbstverständlich im Hausgarten anbauen konnte, mußte Mala wild wachsenden Schlafmohn in verwilderten Gärten und an Wiesenrändern suchen, wenn er sich einen Tee bereiten wollte. Sein wundervollstes Erlebnis war es daher, auf einer Reise durch Ungarn plötzlich vor einem Feld zu stehen, das ganz von Schlafmohn bedeckt war!

Nachdem ich gelesen habe, daß die amerikanische Food and Drug Administration (FDA) ernsthaft erwogen hat, selbst die Herstellung, den Verkauf und Konsum von Mohnbrötchen zu verbieten, wünsche ich Victor Mala, Ihnen und mir, daß bald eine Zeit kommen möge, wo wieder viele Winkel und Gärten mit wild wachsendem Schlafmohn bedeckt sein werden.

Über den Herausgeber Wolfgang Bauer

Geb. 1940 in Frankfurt/Main. Studium der Psychologie und begleitend Volkskunde. Tätigkeit als Berater, Supervisor und Psychotherapeut. Herausgeber/(Mit-)Autor von zahlreichen Publikationen zu Themen des Alten Wissens, der Symbolkunde und der Volks- und Ethnobotanik.

Glossar

Zueignung – in Anlehnung an die erste Strophe ‚Zueignung' aus Goethes Faust I.

1. Morgen

Vergil – römischer Dichter des 1. Jahrhunderts, von der röm. Kaiserzeit bis zum Barock für die Gebildeten Europas der Schulautor schlechthin; hier wird auf **V.** in **Dantes ‚Göttliche Komödie'** angespielt, der Führer des Ich-Autors durch Unterwelt und Paradies; s. Glossar zu 11. Kapitel: **Dante Aligieri**.

Schiva – Hindugottheit, der höchsten Trinität angehörend: Brahma, der ‚Schöpfergott'; Vischnu, der ‚Erhalter'; Schiva, der ‚Zerstörer'. Die Mehrzahl der hinduist. Bettelmönche, sogenannte **Sadhus**, betrachten **S.** als ‚ihren Gott' und eifern dieser Gottheit in vielen der ihm nachgesagten Lebensgewohnheiten nach. Zum Beispiel wird **S.** häufig in Meditationspose dargestellt, nachts im Dschungel auf einem Tigerfell sitzend, mit langen Haaren, in dessen Strähnen der Fluß Ganges aufgestaut wird. Viele Saddhus, die Cannabis rauchen, berufen sich auch darin auf **S.**, welcher der Legende nach dem Genuß von Rauschmitteln nicht abgeneigt gewesen sein soll.

Chillum – Hindi: trompetenförmige Pfeife aus gebranntem Ton, aus der in Indien meistens Tabak geraucht wird, gelegentlich auch Cannabis.

LSD – **L**ysergsäure **D**iäthylamid, halluzinogene Droge; entwickelt 1938 von Dr. Albert Hofmann in der pharmazeutischen Abteilung der Sandoz-Werke, Schweiz; erst 1943 erkannte Hofmann in einem Selbstversuch seine halluzinogene Wirkung. **LSD**, ein kristallines Pulver, ist ein Abkömmling der als Bestandteil der Mutterkornalkaloide vorkommenden Lysergsäure, es hat schon in sehr geringen Dosen eine stark bewußtseinsverändernde Wirkung. Lange Zeit wurde **LSD** in seiner ›giftigen Wirkung‹ gefürchtet und erst im Laufe der Zeit erkannte man es als reiche Fundgrube wertvoller Heilmittel.

Riesen, genannt Verhältnisse – Zitat nach **R. L. Stevenson**, der, lange bevor die moderne Hirnforschung die sogen. Willensfreiheit ‚als westliche Zwangsvorstellung entlarvt' hat, feststellte, daß es keine Willensfreiheit geben könne, da die Verhältnisse, in die wir hineingeboren werden, das Leben weitestgehend festgelegt hätten.

Platon – griech. Philosoph, *427 – † 347 v. Chr., Schüler d. **Sokrates**, Lehrer des **Aristoteles**, Begründer des Idealismus, Ideenlehre etc.

Patanjali – um 150 vor Christus, indischer Grammatiker; Identität **P.**s mit dem Verfasser der Yoga-Sutras, der ältesten, systematischen Darstellung des Yoga, ist umstritten.

Thomas Münzer – Stolberg/Harz um 1490, bei Mühlhausen 1525 verhaftet und nach schweren Folterungen hingerichtet; dt. ev. Theologe, religiöser Revolutionär, Bauernführer, arbeitete für die Einsetzung einer christlichen Demokratie und geriet dadurch, nach anfänglicher Unterstützung, in scharfen Gegensatz zu **Luther**.

Joseph Conrad – engl. Schriftsteller, poln. Abstammung, 1857–1924; Sohn eines poln. Landadeligen; heuerte als 17jähriger in Marseille auf einem Schiff an, und legte zehn Jahre später, 1884, vor Londoner Seeamt die Prüfung zum Kapitän der engl. Handelsmarine ab; Ostindienfahrer; 1893-4 muß er wegen seiner schlechten Gesundheit die Seefahrerei aufgeben und läßt sich in Kent, England als Schriftsteller nieder; große Armut, erst 1912 gelingt ihm mit ***Chance***, dt. ‚**Spiel des Zufalls**', der Durchbruch, künstlerischer und wirtschaftl. Erfolg; insgesamt ca. 30 Romane, von denen viele in der Seemannswelt spielen; bedeutsam für die Erzählung des 20. Jhds. ist sein Werk, ‚**Herz der Finsternis**' Erstveröffentlichung. 1902.

Einstein, Albert – * Ulm 14.03.1879, † Princeton, New Jersey 18.04.1955, bedeutendster Physiker des 20. Jahrhunderts.; deutscher-, ab 1940 amerikan. Staatsbürger; als Sohn jüdischer Eltern mußte er Deutschland verlassen und emigrierte 1933 in die USA; bahnbrechende Arbeit, welche die Grundlagen der Physik revolutionierten; 1905 spezielle **Relativitätstheorie**, 1914-15 allgem. Relativitätstheorie.

Melville, Herman – 1819–1891, amerikan. Schriftsteller, einer der größten Erzähler Amerikas des 19. Jahrhunderts.; bekanntestes Werk: **Moby Dick**. Das Feld Schlafmohn hinter seinem Landhaus in Berkshire erwähnt **M.** in seiner Kurzgeschichte ‚**Die Veranda**'.

Tod, Ende, Finis...– Zitat aus ›**Lord Jim**‹ von **Joseph Conrad**.

Glück ist, nie geboren zu sein und früh zu sterben fast ebenso gut. – griech. Mythologie: Silenos, Sohn des Pan oder Hermes und einer Nymphe, soll diesen Satz zu König Midas gesagt haben, als dieser ihn betrunken gemacht und gewaltsam in sein Haus hatte bringen lassen. Silenos, urspr. ein Wassergeist, war berühmt für seine praktische Lebensweisheit.

Pluto – griech. Mythologie, Herrscher der Unterwelt, des Hades od. Totenreiches; wörtl. bedeutet **P.** ‚Reichtum', der Reiche, dessen Füllhorn der Erde Fruchtbarkeit entstammt. In der Astrologie ist **P.**s Bedeutung über die mytholog. Figur hinaus eher unklar, denn als 10. Planet im Sonnensystem wurde **P.** erst 1932 entdeckt.

Zeus-Jupiter – griech.-röm. Mythologie, der Göttervater, Herr des Olymp; als sechster Planet im Sonnensystem, zugleich größter und einer der hellsten Wandelsterne, steht **Z.-J.** in der Astrologie für Weisheit, Gelehrsamkeit, Großzügigkeit (Jovialität) usw.

Homo sapiens sapiens – lat.: wörtl. der denkende, denkende Mensch.
turkey – engl.: wörtl. Truthahn, unter Opiat-Konsumenten bedeutet es, ‚einen **Turkey** zu haben', unter Entzugsschmerzen zu leiden.
Gora – Urdu: Weißer; häufig abfällig gebraucht für weißen Ausländer.
Sindh – südlichste, an Indien grenzende Provinz Pak., Hauptstadt Karachi.
Begum – arab.: Gemahlin, Ehefrau.
Hakim – arab.: Weiser, islam. Heilkundiger, Zauberer, Wunderdoktor.
Fajr-Asaan – arab.: im Islam der Ruf, **Asaan**, des **Muezzin** zum ersten Gebet des Tages. Die fünf obligatorischen Gebete eines frommen Muselmanen:

1. **Fajr**, Morgengebet, eine Stunde vor Sonnenaufgang;
2. **Dhur**, Mittagsgebet, nach dem die Sonne den Meridian überschritten hat;
3. **Asr**, Nachmittagsgebet, eine Stunde vor Sonnenuntergang;
4. **Maghrib**, Abendgebet, unmittelbar nach dem die Sonne unter die Horizontlinie gesunken ist; während des Fastenmonats **Ramadan** bricht der Gebetsruf zum **Maghrib** das Fasten bis zum nächsten Morgen, wenn mit dem Gebetsruf zum **Fajr** das Fasten wieder beginnt;
5. **Ischa**, Nachtgebet, etwa eine Stunde nach Sonnenuntergang, wenn die Zeit der Abenddämmerung vorüber ist.

»Heißer Scham und reuevoll…« – Erste Strophe aus der ‚Vagandenbeichte', alte deutsche Weise eines unbekannten Dichters.

2. Leib und Leben

Jean Cocteau – * 5. Juli 1899, Paris – † 11. Oktober 1963, Paris; frz. Dichter, Graphiker, Filmregisseur; avantgardistische Strömungen, Surrealist; »die Brillanz seines beständig suchenden Geistes machten ihn für Jahrzehnte zu einer der interessantesten Gestalten des literar. Frankreich« [Meyers Enzykl. Lexikon]. Seine bedeutendsten Werke: Kinder der Nacht (1929), Orpheus (1927), Die Höllenmaschine (1934). In allen seinen Werken kommt zum Ausdruck, wie sehr er sich in jedem Augenblick der tragischen Bindung des Menschen an den Tod bewußt war. Über mehrere Jahrzehnte rauchte er täglich Opium und schrieb auch einige Aphorismen über seine Opiumerfahrungen während oder nach einem Entzug, durch den er sich keineswegs als ‚geheilt' betrachtet, sondern im Gegenteil, die Überlegenheit seines Geistes unter dem Einfluß von Opium anerkennt.
Dacoit; Dacoity od. Daku – anglo-indisch: Bandit, Räuber; bewaffneter Raub.
Pathane – s. Glossar zu Kapitel 11.
Garam Marsalla – Urdu/Hindi: Scharfe Gewürzmischung.
Roti, Chapatti – Urdu/Hindi: Brot; Fladenbrot aus Weizenmehl und Wasser,

manchmal auch etwas Salz; ohne Fett auf einer runden, konkav-geformten Pfanne gebacken. Andere Brotsorten: **Naan, Puri, Parantha**, die sich in ihrer Zubereitungsart von **R.**s unterscheiden, indem sie in Fett schwimmend oder im Tanduri-Ofen gebacken werden.

Sepoy – anglo-indisch: Konstabler, einfacher Polizeiwachtmeister, unterster Dienstgrad.

Charras – Urdu/Hindi: Haschisch, das gesammelte Harz des Cannabis.

Mullagat – Urdu: Besuch.

Munchi – Urdu: Schreiber, im Karachi Central Prison wie in anderen Gefängnissen des Landes ein Gefangener, der unentgeltlich der Gefängnisleitung und Wachmannschaft mit Schreib- und Verwaltungsarbeit zur Hand geht.

Mukadam – Urdu: Gefangener, der, anders als der **Munchi**, nur polizeiliche Aufgaben wahrnimmt und für Ordnung zu sorgen hat, häufig auch Prügelstrafen vollstrecken muß.

Schiite – arab.: **Schiiten** stellen die kleinere der beiden Hauptgruppen des Islam, die im Unterschied zu der Mehrheit der **Sunniten** Anhänger des **Schia** sind, das heißt, die nur **Ali Ibn Abi Talib**, den Vetter und Schwiegersohn des Propheten Muhammad und seine Nachkommen (**Imame**) als die rechtmäßigen Nachfolger des Propheten anerkennen. Rund 100 Millionen Anhänger, ca. 10% der Muslime, nur im Iran und Irak bilden sie eine Mehrheit. Die **Schiiten** sind in mehrere Sekten gespalten, die stärkste glaubt an 12 Apostel oder **Imame** in der Nachfolge Mohammads. **Hussain**, der zweite Imam nach **Ali**, genießt wegen seines Märtyrertods in Karbala besondere Verehrung und alljährlich wird seiner im **Muharram** (1. Monat des muselmanischen Jahres) in blutigen Selbstgeiselungen, Trauerspielen erinnert. Der zwölfte Imam soll in jungen Jahren in einer Felsenhöhle verschwunden sein und die **S.** erwarten seine Wiederkehr als **Mahdi**.

Tschacker – Chukker anglo-indisch: Division, Abteilung. Im anglo-indischen Sprachgebrauch, zu Empires Zeiten, bezeichnete **Tsch.** einen Spielabschnitt während des Polo; im Karachi Central Prison bedeutet der **Tsch.** eine Abteilung mit vier Unterabteilungen, in denen zusammen etwa 1750 Gefangene untergebracht sind.

Bardaschi – Urdu: Sklave, Diener. Im KCP häufig ein armer, mittelloser Gefangener, der inoffiziell für seine bessergestellten Mithäftlinge ‚Hausarbeit' verrichtet, ohne Bezahlung, nur gegen besseres Essen und Unterbringung in einem Coli, also in einer 5-, 7- oder 9-Mann Zelle. Nur in der sogen. B-Klasse, der gehobenen Unterbringung für Akademiker und Steuerzahler, in der meist ehemalige Staatsbedienstete, Militärs einsitzen, wird jedem Häftling offiziell ein Bardaschi zugewiesen, der zu kochen, fegen, die Wäsche zu waschen hat.

dai – Urdu: 2½, Zahlwort, auch: **der**=1½; gilt ebenso für die Uhrzeit 13.30

Uhr=**der**, und 14.30 Uhr=**dai**.

bhai – arab.: Bruder, eigtl. Muslim-Bruder; höfliches Suffix, das dem Namen männl. Muslime angehängt wird und Respekt und Wertschätzung ausdrücken soll.

haram – arab.: Verbot, religiös-islam. Vorschrift; Ge- und Verbote sind entweder im **Koran** niedergelegt, meist aber in einem der zahllosen Gesetzeswerke aufgeführt, welche das orthodoxe Denken der **vier Imame** (Juristen) bis ins 5. Jahrhundert nach Mohammad in großer Fülle hervorgebracht und damit das verbindliche Regelwerk (Scharia) der Muslime geschaffen haben; die Gesetzestexte der **vier Imame** genießen im Leben eines Muselmanen faktisch eine größere Autorität als der **Koran**.

Gapschap – Urdu: Gespräch, Schwatzen, Klatsch.

gaan – Urdu sl.: ‚Arsch'.

3. Bruderschaft

Hawaldar, Subedar – Urdu/Hindi: die beiden untersten der gehobenen Dienstgrade innerhalb der Polizeidienstlaufbahn.

Ramzan, Ramadan – arab.: einmal jährlich der Fastenmonat der Muslime, der, dem islam. Mond-Kalender folgend, rückwärts durchs Jahr wandert.

Zarkat – arab.: islam. Armensteuer, Tribut für die Armen, üblicherweise 2½% des Einkommens, also der 40. Teil!

lande – Urdu sl.: ‚Schwanz', Penis.

Benschott – Urdu sl.: ‚Schwesterficker'.

Policewallah – anglo-indisch: Polizist; **-wallah**, ein Suffix mit der Bedeutung von -mann, z.B. **Duhtwallah** – Milchmann, **Rikschahwallah** – Rikschahmann usw

Lakh – anglo-ind., bzw. arab.: Zahlwort für 100.000 – einhundert **Lakh** bilden ein **Crore** oder 10 Millionen – das Hundertfache, also 1 Milliarde, heißt man ein **Arab**.

Paisa – ‚Pfennig', 1 **P.** ist die kleinste Währungseinheit der pakistanischen oder indischen **Rupie**, 1 Rupie=100 Paisa.

Charras – Haschisch, das gesammelte und zu Platten gepresste Harz des Cannabis.

Powder – engl.: Pulver, synon. für Heroin.

Sepoy – Konstabler, Wachtmeister.

Tikh hai – Hindi/Urdu: in Ordnung, okay.

4. Nacht

Peer Gynt, Henrik Ibsen – dramatisches Gedicht in 5 Akten des norwegi-

schen Dichters **Henrik Ibsen**, (Pseudonym, eigtl. Brynjolf Bjarme) * Skien, 20. März 1828 - † Kristiania (heute Oslo) 23. März 1906; schuf mit seinen Dramen den Beginn des modernen Dramas, vor allem Gesellschaftsdramen wie ‚Stützen der Gesellschaft', ‚Gespenster', ‚Wildente' u.v.a.
Thomas De Quincey – *15.08.1785, Manchester, † 08. 12. 1859, Edinburgh, engl. Schriftsteller, aus reicher Kaufmannsfamilie, rannte von Haus und Schule fort und führte ein unstetes Wanderleben; später studierte er in Oxford und lebte im Kreise der Dichter Wordsworth, Coleridge, Southey; sein berühmtestes Werk, eine sensible autobiographische Studie, ›**Bekenntnisse eines englischen Opiumessers**‹, daneben: ›**Suspiria de profundis**‹, und das meisterhafte Essay, ›**Der Mord als schöne Kunst betrachtet**‹; Herausgeber verschiedener philosophischer Schriften, Kunstblätter.
Pandschab – Provinz im Osten Pakistans, an Kaschmir und Indien grenzend, von fünf Flüssen durchzogen, daher auch der Name, **P.**=Fünfstromland. Reichster und fruchtbarster Teilstaat des Landes mit der Hauptstadt und alten Mogulkapitale **Lahore**.
Maulwi – Urdu: Mullah, Vorbeter, islam. Geistlicher.
Gapschap – Urdu: Schwatzen, Geschwätz
Sallen – Urdu: Gemüse- oder Fleischtopf, scharf gewürzt, in Öl gegart.
Baka Rotis – das bessere der beiden in der Gefängnisküche gebackenen Fladenbrotsorten.
Cay – [Tschai], Urdu/Hindi: Tee, hier: süßer Milchtee.

5. Eros

Voozoo, [Vuhzuh] – arab.: im Islam die rituelle Waschung vor jedem der fünf obligatorischen Gebete des Tages. Streng vorgeschriebener Ablauf: Mit Wasser, ersatzweise Sand(!), dreimal die Hände und Arme bis zum Ellenbogengelenk waschen, dann dreimal den Mund ausspülen, dann dreimal die Nase reinigen, dann dreimal das Gesicht waschen bis zum Haaransatz, dann einmal den Bart, dann ein paar Tropfen Wasser über die Haare von der Stirn bis zum Hinterkopf und zurück, dann die Ohren außen und innen waschen, zuletzt der rechte und linke Fuß vom Fußgelenk bis zu den Zehen. Beim Reinigen von Mund und Nase ist zu beachten, daß die rechte Hand das Wasser bringt und die linke Hand nur benutzt wird, um das Wasser aus der Nase zu schneuzen. Jeder Teil der Waschung wird vom Eingangsvers jeder Sure des Korans begleitet: **Bismilla-i-Rahman-i-Rahim.**
candyman – engl. sl.: unter Drogenkonsumenten synon. für Dealer, Drogenhändler.
Muhammad (P.B.U.H.) – der Name des Propheten Muhammad wird von

frommen Muselmanen nur mit dem Zusatz ‚Friede sei mit ihm' ausgesprochen, im Englischen ‚**Peace Be Upon Him**', daher die in Klammer gesetzte Abkürzung (**P.B.U.H.**), wie es täglich in den englischsprachigen Zeitungen Pakistans zu finden ist.

Diacetyl-Morphin – ‚Heroin'; halbsynthetisches Derivat des **Morphin. Heroin** ist eigtl. ein Markenname der **Bayer-Werke** für **D.-M.**; wurde zw. 1896 und 1915 von Ärzten als ein Wundermittel angesehen und zählt neben **Morphin** und **Penicillin** zu den wirkungsvollsten Arzneimitteln. Vor allem wegen der stark anti-deutschen Ressentiments in Amerika vor und während des Ersten Weltkriegs wird Ende 1915 die Einfuhr von **D.-M.** aus Deutschland in die USA verboten (zuletzt 1915 ca. 1 Tonne); von da an beginnt die, auf polit./ökonom. Nutzen ausgerichtete beispiellose Dämonisierung des **Heroins**; 1917 wird **D.-M.** erstmals in der **Haager Konvention** als ‚gefährliche Substanz' aufgeführt und seine weltweite Ächtung propagandistisch eingeleitet.

Tola – indisches Gewichtsmaß, ca. 11 g.

chota Baja – Hindi: Baby, kleines Kind.

Hamare pass... – Hindi: ‚Ich habe kein Geld.'

Fitzgerald, F.(Francis) Scott – amerikanischer Schriftsteller *Saint Paul (Minn.) 24. September 1896, † Los Angeles 21. Dezember 1940; aus wohlhabender Familie stammend, besuchte die Princeton University, danach Militärzeit, ließ sich 1920 in New York nieder und machte rasch literarisch Karriere. Während der Prohibitionszeit verfiel F. dem Alkohol; er gilt als Repräsentant des Jazz-Zeitalters, ‚verlorene Generation'; berühmtestes Werk ‚Der große Gatsby'; hier: Anspielung auf die Figur des **Dick Diver** aus ‚**Tender is the Night**', ein amerikan. Psychiater in Zürich, der eine Liebesbeziehung zu seiner Patientin, **Nicole Warren**, unterhält; **F.** beschreibt in seinen Geschichten hpts. das wilde Leben der zwanziger Jahre.

6. Arbeit – und andere Krankheiten

Kalfaktor – lat.: *cale-factum, cale-facio* warm od. heiß machen, ‚Feuerbringer'; in dt. Gefängnissen bis heute die umgspr. Bezeichnung für den Hausarbeiter, der Essen ausgibt und die Flure sauber hält. Früher, ehe es eine Zentralheizung gab, muß zu den Aufgaben des **K.**s auch das ‚Feuer bringen' gehört haben, d. h. in ehernen Schalen wurden glühende Kohlen auf die Zellen verteilt, daher stammt noch seine Bezeichnung.

R. L. Stevenson – schottischer Schriftsteller, * Edinburgh 13. November 1850, † Westsamoa 1894, studierte Jura, zunächst Journalist dann freier Schriftsteller; wegen eines Lungenleidens unternahm er viele Seereisen und ließ sich zuletzt auf den Marquesas, einer Inselgruppe im pazif. Ozean nieder. Be-

kanntestes Werk ‚**Die Schatzinsel**' erfolgreiche Abenteuergeschichte; 1886 die Erzählung ‚**Der seltsame Fall des Dr. Jekyll und Mr. Hide**', eine von **E. A. Poe** beeinflusste psychol. Studie über eine Persönlichkeitsspaltung. **R. L. S.** ist ein häufig unterschätzter Erzähler von Format, dessen Romane und Kurzgeschichten höchste literarische Qualitäten besitzen.
Paparver somniferum – botan. Name des Schlafmohn.
Pervitin – Warenzeichen, Methamphetamin, Weckmittel, wg. angebl. ‚Suchtgefahr' dem Betäubungsmittelgesetz unterstellt.
Bardaschi – Urdu: Diener, Sklave.

7. Ehe

Schetan – arab.: Satan.
Roti – Brot.
Masjid – arab.: Moschee.
Dal und Rotis – Urdu/Hindi: Linsen und Brot, billiges Gericht, gilt deshalb als ein Essen für arme Leute. Im Gefängnis wird nur **D. u. R.** ausgegeben.
Okumat – Urdu: Regierung.
Ihd-Fest – arab.: religiös-islam. Feier, z.B. am Ende des Ramadan, **Ihd-ul-Fitr**, der höchste Feiertag im Jahr.
Thamar – siehe AT 1.Mose 38, Vers 9.
Munchi – Ein Gefangener, der Schreibarbeiten ausführt.
Chariat? Sahb tik hai? – Urdu: ‚Geht's gut? Alles in Ordnung?'
Kidder jara-he ho? – Urdu: ‚Wohin gehst du?'
Charpoy – Urdu/Hindi: einfaches Bett, Liege, bestehend aus einem Holzrahmen und einem Kokosseil-Geflecht; in weiten Teilen Asiens verbreitet.
East of Eden – engl.: ‚Jenseits von Eden', 1. Mose 4,16, (nachdem Kain seinen Bruder Abel erschlagen hatte) ›So ging Kain hinweg von dem Angesicht des HERRN und wohnte im Lande Nod, jenseits von Eden gegen Osten‹.

8. Tod

Chutney – anglo-indisch: süß-sauer eingelegtes Gemüse, als Beilage zu Fleisch- oder Gemüsegerichten.

9. Gott

Hassan As Sabbah – Gründer des Ordens der **Assassinen** im Jahre 1090 auf der Bergfeste **Alamut** (der ‚Alte vom Berg') im Norden des Iran; als Anhänger des Geheimbundes der Ismailiten (Schiiten) kämpften die **Assassinen** mit Mordanschlägen gegen die sunnitische Herrschaft der Seldschuken im Iran. Der Orden verlangte von jedem Mitglied (**Fidai**) unbedingten Gehorsam; angeblich soll ihnen zur Belohnung im Haschischrausch das Paradies gezeigt worden sein. (Daraus wurde bei **Silvestre De Sarcy**, einem französischen Forscher des 19. Jahrhunderts, die Legende, die **A.** hätten, um morden zu können, Haschisch rauchen müssen.) Der letzte ‚Alte vom Berg' wurde 1256 von den Mongolen besiegt, was die Herrschaft der **Assassinen** im Iran beendete. **H. A.-S.** genoß im Volk höchstes Ansehen, u. a. weil er alte Herrschaftsstrukturen zerschlug und die Pfründe neu verteilte, wobei es ihm mehr auf persönlichen Verdienst angekommen sein soll und weniger auf Herkunft, Geburt.

Vier Imams, Al-Aschari, Imam Malaki u.a. – 11., 12. Jhd., orthodoxe Juristen, die einen stark reaktionären Einfluß ausübten und die islam./arab. Gelehrsamkeit der ersten fünf Jahrhunderte nach Mohammad beendeten. ‚Weltliches Wissen', wie an den Universitäten von Bagdad, Kairo, Sevilla usw. von muselmanischen Professoren gelehrt und zu Höchstleistungen gebracht, besonders in der Mathematik, Astronomie, Medizin, Philosophie, dieses ‚weltliche Wissen' galt fortan als gottlos, ketzerisch. Über den Islam brach die bis heute andauernde dunkle Zeit der Ignoranz herein. Der Koran wurde überhöht, heilig gesprochen und durfte einzig noch im arabischen Original gelesen werden und blieb damit für die Mehrheit der Muslime ein Buch mit sieben Siegeln; der Auslegung beflissene Gelehrte mußten bis auf das einzelne Wort genau den Vorgaben der engstirnigen Juristen folgen, die nur den vordergründigen Sinn als den einzig wahren ausgaben – z.B. hat **Al-Aschari** geschlossen, Gott habe Augen, denn im Koran stehe, ›Allah sieht alles‹. Der verheerende Einfluß dieser Reaktionäre des orthodoxen Islam kann nicht hoch genug veranschlagt werden. Die vier Hauptsekten der Sunni-Kirche entstanden ebenfalls zu dieser Zeit unter Einfluß und Führung der vier **Imams**, (Juristen, Dogmatiker), die ihre Autorität aus einer einzigen Phrase des Koran ableiten, (Sure 10, Vers 43?): ›Wenn du etwas nicht verstehst, so frage jene, die beständig den Namen Gottes im Munde führen.‹

Demiurg – griech.: urspr. Handwerker etc., nach Platon der Weltbaumeister, der den chaot. Raum nach ewigen Ideen zum Kosmos formt. Philon übernimmt den Begriff des **D.en** als Gottesbezeichnung. Die Gnostiker sehen in dem **D.en** eine Mittelgestalt zw. Gott und Welt, der die Materie nach höherem Vorbild gestaltet. Häufig wird der **D.** auch mit dem Gott des A.T. gleichgesetzt, während Christus, als Gesandter des höchsten Gottes die Menschen aus der Gewalt des **D.en** befreien soll.Von den sogenannten Apologeten wird das gnostische Konzept eines **D.en** abgelehnt.

Deus – lat.: Gott, z. B. Deus absconditus=der verborgene Gott usw.

Momin – arab.: frommer Muselmane, der streng nach den Regeln seines Glaubens lebt.

Inchallah – arab.: ›So Gott will‹.

Schalwar, Schalwar-Kamieß – Urdu: in Pakistan, Indien und Afghanistan die traditionelle Bekleidung muslimischer Männer, bestehend aus einem langen Hemd und einer sehr weiten Hose, die um die Hüfte mit einer Schnur gerafft und gebunden wird.
Judicial Magistrates, District Judges – engl.: im angelsächsischen Rechtssystem sind **Judicial Magistrates** einfache Richter, häufig Nicht-Juristen, vergleichbar den Schlichtern im deutschen Rechtssystem, während **District Judges** Volljuristen sind, entsprechend den Amtsrichtern, Richtern der Strafkammern usw.

10. Welt

Samosa – Hindi/Urdu: in Öl gebackene Teigtaschen gefüllt mit Gemüse oder Fleisch.
Bhutto, Zulfikar Ali und B., Benazir – die **Bhuttos** sind eine aus dem Iran stammende Grundbesitzer-Dynastie, heute im Sindh angesiedelt. **Zulfikar-Ali B.** pakistan. Politiker, von 1970 bis 1976 versch. Ämter, Außenminister, Prime Minister und zuletzt Staatspräsident. Während seiner Amtszeit wurde die Islamisierung Pakistans vorangetrieben, 1976 in einem Staatsstreich von seinem eigenen Schützling **General Zia-ul-Haq** gestürzt und im Jahr darauf, nach einem umstrittenen Strafprozeß, hingerichtet. Seine Tochter **Benazir Bhutto** konnte in den neunziger Jahren in freien Wahlen mit ihrer **Pakistan Peoples Party** zweimal die Macht erringen und wurde beide Male nach Ablauf etwa der Hälfte ihrer Amtszeit vom Staatspräsidenten entmachtet. 1999 wurde **B. B.** in Abwesenheit wg. Korruption zu fünfeinhalb Jahren Haft verurteilt und lebt seitdem im Exil. Ihr Ehemann, **Asif Zardari,** sitzt seit dem Ende ihrer Amtszeit im Karachi Central Prison in Haft.
Murgi-Sallen – Urdu: Hühnerfleischtopf.
Maulwi – arab.: im Islam religiöses Oberhaupt, Mullah.

11. Wahlverwandtschaft

Nascha – Urdu: ‚stoned', ‚angeturnt', ‚high'.
atscha Mal – Urdu/Hindi: guter Stoff.
Pathanen – auch **Paschtunen** genannter Stamm, der vor allem im östlichen Teil von Afghanistan, das heißt zu beiden Seiten der Grenze zu Pakistan ansässig ist. Größter Stamm der zahlreichen Ethnien Afghanistans mit schätzungsweise 6 Millionen Zugehörigen; **P.** gelten als besonders kriegerisch. Schon Alexander der Große soll gegen die **P.** gekämpft haben; später dann die Moghulen und Engländer, allesamt mit spärlichem Erfolg. Die **P.** werden bis heute von dem **Paschtunwali** zusammengehalten, einem Ehrenkodex, der sich neben

dem islamischen Recht als autochthones Regelwerk erhalten hat.
DEA – **D**rug-**E**nforcemant-**A**gency, in den USA oberste Behörde im ›Krieg gegen Drogen‹.
ANF – **A**nti **N**arcotics **F**orce, pakistanischer Ableger der **DEA**.
Lunghi – Urdu/Hindi: Beinkleid, bodenlang; ein 2-Meter-langes Tuch, das um die Hüften geschlungen, am Bauchnabel gebunden und von Männern wie Frauen getragen wird.
Kadi Bahwan – Indien, von **Mahatma Gandhi** gegründete Industrie und Handelshäuser für handgewobene Baumwoll-Produkte; fast in jeder Stadt Indiens findet sich wenigstens ein **K.B.**, also ein Laden, der traditionelle Bekleidung, Decken und handgefertigte Produkte aus Holz feilbietet. Gandhi selbst ließ sich gerne am Spinnrad oder Webrahmen fotografieren, um die arme Bevölkerung auf dem Land anzuregen, seinem Beispiel zu folgen.
Angrätsch – anglo-indisch: ‚Angelsachse', allgemein für Ausländer gebraucht.
Dam maru dam... – Hindi: Text eines populären, einem Hindi-Film über Hippies entstammenden Liedes, das seit den frühen siebziger Jahren überall von Calcutta bis Kabul aus den Lautsprechern plärrt.
Bharat – Hindi: Indien.
Guli – Urdu: Kügelchen, Pille.
cup – engl.: Tasse, hier: Opiummenge für eine Pfeife.
Doch dich reißt... – eigtl. *Und dich reißet..* In Anlehnung an das Goethe Gedicht, ‚Selige Sehnsucht' (West-östlicher Diwan, I/18).
Dante Alighieri... – italienischer Poet, * Florenz, Mai 1265; † Ravenna, 14. September 1321; florentinischer Bürgersohn, der aus seiner Heimatstadt vertrieben wurde u. als Verbannter an verschiedenen Orten lebte, u.a. Paris, und zuletzt nicht rehabilitiert in Ravenna verstarb. Ein Dichter von größtem Rang, verkörpert er doch die gesamte Christliche Gedankenwelt des M.A.. Neben vielen kleineren Arbeiten gilt unbestritten als sein Hauptwerk, das ihm Weltgeltung verschaffte, die **Divina Commedia,** oder **Die Göttliche Komödie**, das **D.** 1290 bereits vorbereitet und geplant hat und in seinem Todesjahr, 1321, schließlich vollendete. Gedruckt lag es bereits erstmals 1472 vor. Formal in dem von **D.** geschaffenen Dreireim, der **Terzine,** verfasst, spielt die Dreizahl, als ‚Zahl Gottes', überhaupt eine große Rolle, hat das Werk doch 3 x 33 Gesänge, der Himmel 3 x 3 Wölbungen und zur Hölle führen 3 x 3 Stufen. Lucifer, als Gegenspieler der Heiligen Dreifaltigkeit, hat drei Gesichter usw. Lehrgedicht, ‚Epos der Erlösung', die Schilderung der visionären Wanderung des Dichters, als sündiger Mensch, durch die drei Reiche des Jenseits: Hölle (Inferno), Fegefeuer (Purgatorio) und Himmel (Paradisio). In diesen als real angesehenen Welten bedarf der strauchelnde Mensch einer übermenschlichen Führung. **D.** findet sie in **Vergil**, dem altrömischen Philosoph und Dichter als

Vertreter der Philosophie und Vernunft sowie in **Beatrice**, dem Sinnbild der Theologie und Offenbarung, die gemeinsam den geläuterten Menschen schließlich zu Gott führen. Während **D.**, von **Vergil** geleitet, die Hölle durchschreitet, begegnet er im Mittelpunkt der Erde **Lucifer**, der mit seinen drei Mäulern die drei größten Übeltäter der Menschheit, die Erzverräter, Judas, Brutus und Cassius zermalmt.

12. Milieu

Hawaldar – Urdu: Im Polizeidienst der unterste gehobene Rang (rekrutiert aus der Mannschaft), Über dem **Konstabler** oder **Sepoy** aber noch unter dem **Subedar** rangierend.

Dacoit – anglo-indisch: Räuber, Bandit.

Garam-Marsalla – Urdu/Hindi: eine Mischung scharfer Gewürze.

Lota – Urdu/Hindi: Handgefäß aus Metall, Ton, Plastik zur Aufnahme von Wasser.

Bardesi – Urdu/Hindi: Ausländer.

Charbie-wallah – Schließer, ‚Schlüsselmann', ein Gefangener, zu dessen Pflichten es gehört, zu bestimmten Zeiten mit einem großen Schlüsselbund die Schlösser der Zellen zu öffnen oder zu verschließen.

Mere Samahn... – Urdu: Mein Gepäck...

Thomas De Quincey – *15.08.1785, Manchester, † 08. 12. 1859, Edinburgh, engl. Schriftsteller, aus reicher Kaufmannsfamilie, rannte von Haus und Schule fort und führte ein unstetes Wanderleben; später studierte er in Oxford und lebte im Kreise der Dichter Wordsworth, Coleridge, Southey; sein berühmtestes Werk, eine sensible autobiographische Studie, ›Bekenntnisse eines englischen Opiumessers‹, daneben: ›Suspiria de profundis‹, und das meisterhafte Essay, ›Der Mord als schöne Kunst betrachtet‹; Herausgeber verschiedener philosophischer Schriften, Kunstblätter.

Vetorecht – der Hirnforscher Benjamin Libet stellte in den achtziger Jahren des 20. Jahrhunderts. Experimente an, die ergaben, daß sich im Gehirn das elektrische Bereitschaftspotential für die Ausführung einer Handlung schon herausbildet, bevor dem Individuum dies als eigene Absicht überhaupt bewusst wird. Libet schloß daraus auf ein *Reservat des freien Willens, das lediglich auf ein **Vetorecht** beschränkt ist.*

Bildnachweise

Titelbild	‚Mohnkopf' Uli Kollenberg/Victor Mala – Gestaltung des Schutzumschlags: Anubis/7Sisters, Berlin.
S. 6	‚Baby mit Schlange' Uli Kollenberg
S. 30	‚Blume des Bösen' aus: ›Völker im Goldenen Dreieck‹ von Paul & Elaine Lewis, Edition Hansjörg Mayer, Stuttgart/London 1984, S. 19, Foto: F. Scholz
S. 48	‚Muslim-Brüder' Uli Kollenberg
S. 62	‚Angeritzte Kapseln' Bildarchiv Dr.W.Saenger, Berlin
S. 76	‚Eros' Uli Kollenberg
S. 102	‚Opium-Ernte', s. Bild S. 30, Foto: Michael Freeman
S. 124	‚Opium-Raucher' s. Bild S. 30, Foto: M. Freeman
S. 144	‚Stilleben mit Rabe' Uli Kollenberg
S. 154	‚Der urbane Mensch' Uli Kollenberg
S. 166	‚Moschee in Peschawar' Victor Mala
S. 176	‚Pathanen Freunde' Uli Kollenberg
S. 190	‚Im Raja-Bazar von Rawalpindi' Victor Mala

Schutzumschlag, Rückseite innen: ‚Victor Mala' Uli Kollenberg, 1994

Danksagung

Mein Dank gilt allen Personen, die bei der Entstehung dieses Buches mitgeholfen haben. Dazu gehören besonders Wolfgang Bauer und Uli Kollenberg, die sich beide schon zu Anfang durch ihren Zuspruch, ihre konkrete Mitarbeit und ihren Enthusiasmus verdient gemacht haben und mir die Kraft gaben, das Werk zu vollenden.
Des weiteren gilt mein unschätzbarer Dank Anupama Grell, die mit unermüdlichem Fleiß die vielen Fehler aufgefunden hat, die mir aus Flüchtigkeit oder Unkenntnis unterlaufen sind. Dennoch sei der Leser um Nachsicht gebeten, falls sich noch immer der eine oder andere Fehler finden sollte. Derselbe Dank gilt auch Roger Liggenstorfer, der Verleger des Nachtschatten Verlags, für seine Ausdauer und seinen nie verzagenden Ansporn.
Zuletzt, wenn auch nicht als Letzte, möchte ich meiner Gefährtin und *weiblichen Schakti* Kanokon danken, für ihre höchst eigene Art der Inspiration, ohne die dem Buch die asiatisch scharfe Würze gänzlich versagt geblieben wäre.